陈洁 著

何以科学家

What makes a scientist

生活·讀書·新知 三联书店

Copyright © 2023 by SDX Joint Publishing Company.
All Rights Reserved.

本作品版权由生活·读书·新知三联书店所有。
未经许可，不得翻印。

图书在版编目（CIP）数据

何以科学家 / 陈洁著. —北京：生活·读书·新知三联书店，2023.8
ISBN 978-7-108-04937-7

Ⅰ.①何… Ⅱ.①陈… Ⅲ.①科学家－生平事迹－世界－青少年读物 Ⅳ.① K816.1-49

中国国家版本馆 CIP 数据核字 (2023) 第 043126 号

责任编辑	王海燕　王　丹
装帧设计	崔欣晔
责任校对	常高峰
责任印制	卢　岳
出版发行	生活·讀書·新知 三联书店
	（北京市东城区美术馆东街 22 号 100010）
网　　址	www.sdxjpc.com
经　　销	新华书店
印　　刷	河北松源印刷有限公司
版　　次	2023 年 8 月北京第 1 版
	2023 年 8 月北京第 1 次印刷
开　　本	880 毫米 × 1230 毫米　1/32　印张 13.75
字　　数	316 千字　图 89 幅
印　　数	0,001 – 6,000 册
定　　价	56.00 元

（印装查询：01064002715；邮购查询：01084010542）

目 录

001 写在前面

001 泰勒斯：好的世界不需要证明

009 毕达哥拉斯：无法承受的伟大发现

017 希帕索斯：死于一个数字

023 墨翟：不想做教主的科学家不是好工匠

029 欧几里得：王者无路，求利请滚

034 阿基米德：羊皮书的前生今世

041 郑国：真正的取胜之道

046 维特鲁威：机缘的重要性

049 老普林尼：生命的意义在于正当地赴死

054 蔡伦：我们可能知道真相吗？

059 张衡：地动仪的前世今生

064 **希帕蒂娅**：信仰和怀疑

069 **宇文恺**：还是学理工科好

073 **黄道婆**：生活本身的伟大

079 **郑和和哥伦布**：此航海非彼航海

085 **谷登堡**：一个关于爱恨情仇的创业故事

090 **哥白尼和布鲁诺**：并非怯懦

096 **血的历史**：一个"常识"的诞生

104 **培根**：新工具，新思维

111 **伽利略**：界限和明智

115 **开普勒**：一百年和六千年

118 **冯塔纳**：真的能比吗？

121 **卡尔达诺**：另类的贡献

124 **帕斯卡**：没有最好，只有最合适

129 **林奈**：人规定自然？

135 **胡克**：有多少秘密正在蒙尘？

140 **牛顿**：时代的形象代言人

144 **富兰克林**：长跑冠军

148 **库克**：一个人和一块大陆

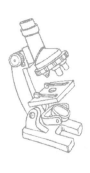

153　卡文迪许：最纯粹的科学怪人

158　班尼克：沙漠玫瑰

163　普里斯特利：可悲的性格和可敬的人格

168　瓦特：创业者和投资人的美好故事

173　拉瓦锡：历史的复杂性

179　伏特：并不真让人安慰

182　琴纳：快还是慢

187　道尔顿：幸运的疾病

190　高斯：贵族滋养的纯粹

195　戴维：人性如笋层层新

198　欧姆：成见伤人

202　法拉第：自我推销的正确方式

206　罗巴切夫斯基：成功、高尚或幸福

210　斯蒂芬孙：功力必不唐捐

215　莫尔斯：无心插柳柳成荫

220　达尔文：物种从不曾进化？

228　焦耳：任何坏事都可能有利

231　孟德尔：被美德成全的科学家

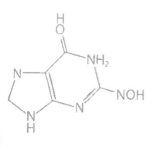

235 巴斯德：日常生活里的科学

239 法布尔：等待阔佬戈多

243 汤姆生：科学家的非科学需求

249 诺贝尔：用钱做最好的事

254 门捷列夫：没有确保，只有信念

261 爱迪生：价值的最后认定

265 贝尔：谁能预见未来？

270 柯瓦列夫斯卡娅：生就女儿身

276 彭加勒：珍贵的错误

280 特斯拉：被埋没和被铭记

287 齐奥尔科夫斯基：永不言弃，如此而已

291 居里夫人：本名玛丽

296 哈伯：万恶的"爱国主义"

301 野口英世：了解比判断更重要

304 爱因斯坦：被神化掩盖的世俗

309 魏格纳：看地球的角度

313 弗莱明：大自然的知音

317 戈达德：只因看闲书

321 诺特：抽象代数之母

324 爱丁顿：阴谋和阳谋

329 玻尔：哥本哈根精神

335 拉马努金：天才和"普通人法则"

341 莱特兄弟：知识和想象力

347 哈勃：通过他的眼睛看世界

350 维纳：神童问题

354 科里夫妇：如此神仙眷侣

358 约里奥 – 居里：浪子回头？追星典范？

362 鲍林：维生素 C 的迷信和科学

366 费米：领错的诺贝尔奖

373 图灵：一份与众不同的感情

376 爱多士：小写的美国

380 梅达沃：皮肤上的舞蹈

384 费恩曼：咖啡盘子的跌落

388 罗莎琳德：智商和情商

391 舒尔金：佛魔一念间

396 沃森：冒天下之大不韪

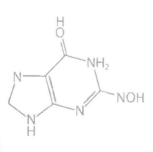

399 黛安：不能不这样

402 陈景润：何以成功，最后一页

407 萨根：允许狂想

412 贝尔：损害和补偿

418 自行车：最伟大的发明

422 附录：吴国盛：science 辞源及其演变

写在前面

嗨！ 写下这行文字时，我正在想象你是谁：是一个想长大后当科学家的孩子，一名选学理科的中学生，一个正为孩子升学操心的年轻家长，抑或只是一位喜欢顺手翻书的读者？

这本书讲述了近百位科学家的故事，着重介绍了他们的人生经历、观念和成就。没有刻意分学科或国籍，只是按时间顺序，遇到有意思的人和事，就讲一讲。一路讲下来，科学成就的先后顺序和继承关系，多少体现在目录上。或许你能因此隐约摸到科学史的脉络，对科学精神和科学的本质也有大致的感悟。

如果还想更系统地了解人类科学的发展历程，则推荐《阿西莫夫最新科学指南》的第一章"科学是什么"，那是最明快的科学简史，也准确说清了科学的本质和内涵，书末还附录了吴国盛老师的文章，介绍 science 这个词的历史和内涵，以及对科学精神的解读。阿西莫夫和吴老师的书都是非常值得延展阅读的。如果暂时没时间或看不懂，不妨记在你的书单里，到大学的图书馆里读。

至于我，之所以想写这本书，是发现很多人对于科学和科学家，实在有太多的误解。

有时候，我们太抬举科学，仿佛它自带神圣光环。我们使用"科学"一词时，常常把它当作"正确"的代名词。我们说，这不科学，意思是，这不对。其实，科学本来就是一直犯错和纠错的过程，是我们错误理解了科学，也滥用了这个词。科学的本质绝不是"这是正确答案"（像权威认证一样的"科学认证"），而是一种思维方式和探求真相的手段。

有时候，我们对科学又过于轻慢，以为人类进步就理所当然拥有科学，每个文明都必然有一座科学的殿堂。其实不然。巫术、神话、语言、技术、伦理，这些是每个文明都会有的元素，科学却不是。科学是个别文明特有的产物，它的出现很特殊甚至是反常的。因为科学产生所需要的基础——我们称其为科学思维和科学精神——很特殊甚至反常，并非所有文明都天然拥有，更别说成为主流。

那些被我们统归于"科学家"行列的人，有些其实并不是严格意义上的科学家。他们有的是尖端技术人员，有的本质上则是哲学家或术士——对，相当迷信的炼金术士——只不过顺带做了些科学探索工作而已。

事实上，穿越到过去，很多大名鼎鼎的人物，如果被你尊称为"科学家"，他会莫名其妙，甚至大为光火，瞪着眼骂你：你才是科学家，你全家都是科学家！他们中的很多人，根本不知道"科学家"是什么东西，有的则认为这是一个贬低和羞辱他的头衔。他们往往只肯承认自己是（自然）哲学家、虔诚教徒，或者干脆，是一个"人"，就是他自己，不接受别的任何标签。为什么会这样？

你或许也思考过，科学和迷信不是反义词吗？为什么那么多诺贝尔奖获得者有宗教信仰？为什么黑暗的中世纪宗教却孕育出了现代科学？如果有此疑问，祝贺你，说明你已经开始感到惊异，启动了好奇心和求知欲，开始提问和质疑，这些正是科学的基础和起源。接下来，请开始思考和找寻答案吧。

一百多年前的新文化运动，提出中国需要引进德先生和赛先生。既然是引进，便是中国自身原本缺乏。德先生是 democracy，今译为"民主"，赛先生则是 science，被日本人翻译成"科学"。很多人都认为，这不是一个恰当的翻译用词，正如 law 译成"法律"就是个糟糕的翻译用词。为什么这么说？

这和各自的文化系统有关，无法在一个文化中找到最恰当、最合适、唯一的词语来对应另一个文化系统中的词。这一观点也是一家之言，还需大家深入思考。

所有这些为什么，在你探寻答案的过程中，本书也许可以提供一些素材和启发。

那么，废话少说，让我们开始讲故事吧……

泰勒斯
好的世界不需要证明

大家对以下场景大概都不陌生：小孩子正兴致勃勃沉浸于某事，突然被大人打断：整天弄这没用的做什么，考试能给你加分？能让你上大学？给你个好工作？

这个"某事"，可以是看课外书、琢磨一个严肃的宇宙人生问题、做家务，也可以是和朋友闲聊，或者单纯地看动漫和玩乐。

说实在的，老师家长批评得不算错，很多事确实"没用"，还会耽误肯定"有用"的高考、工作和赚钱。

所以早在两三千年前，人们也这样理直气壮地质疑和否定泰勒斯（Thalês，约前624—前547），你干的那些玩意儿有什么用？

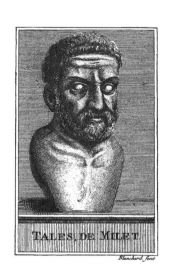

泰勒斯何许人也？每个学习西方哲学史的学生，翻开书遇到的第一个人就是他。没错，他的历史身份是"古希腊第一位哲学家"。从他开始，直到中世纪基督教哲学的发展，整个西方哲学界都被他思考的一个问题所控制：世界的本原是什么？而他给出的答案是：水。万物源于水。

他晚年广招门徒,创建了古希腊第一个哲学学派,以他出生和生活的港口城市命名,被称为米利都学派(也称伊奥尼亚学派)。这个学派培养的学生里,后来有两个人留名史册,阿那克西曼德和阿那克西美尼,他们正是西方哲学史必说的第二个和第三个人。还有一个思想史和科学史绕不开的大佬级人物——毕达哥拉斯,据说他早年也拜访和求教过泰勒斯。

看到这里,你或许会问,这本书不是写科学家的吗?怎么说来说去都是哲学家?

没办法呀,人类早期的知识大家族还没分家,既没有"科学"也没有"科学家",所有的财产都算成老祖宗"哲学"的。所以我们今天才说,泰勒斯是有名字记载的第一个自然哲学家。

泰勒斯的成就主要集中在数学和天文学。他测定一年为365天,估算过太阳和月亮的直径,其中太阳直径约为日道的1/720,这个结果与当今所测定的结果非常接近。他正确解释了日食的原因,并准确预测了公元前585年的日食,尽管不知道他的依据是什么。因而有人认为他是瞎蒙的,但终归人家蒙对了。

泰勒斯还发现过不少平面几何学的定理,如直径平分圆周、两直线相交则对顶角相等、三角形两角及其夹边已知则三角形确定。他最重要的发现被称为"泰勒斯定理":直径所对的圆周角必然是直角。同理,直角三角形中,直角的顶点必然在以斜边为直径的圆上。

然而,关于泰勒斯最著名的故事,不是他的科学成就,而是据说有一天晚上,他一边走路,一边观星,结果扑通掉进了坑里,被一个女奴看见了。女奴失声笑起来,心想这个贵族老爷真傻气,走路都不知道看路,看星星看到沟里去了。对一般人来讲,仰望星空,不如脚踏实地。

泰勒斯老是被身边的人质疑做的事没用，这件事成了压垮骆驼的最后一根稻草。他被惹恼了，决定老虎发发威，免得被当成病猫。

他凭着星空透露的信息，预见到来年气候适宜，橄榄会丰收，于是提前把全城的榨油机包租下来。到了秋天，新鲜橄榄一收，要抓紧时间榨油，否则就烂了，而所有的机器都在泰勒斯手里。

那一年，这位天文爱好者垄断了全城的榨油业，成为全城最霸气的商人，要什么价就什么价，想赚多少钱就赚多少，他说了算。一个收获季就发了大财。看看！貌似没用的天文学和物候学，能切实创造经济效益！（诸葛亮的草船借箭，不也是因为懂气象学和气候学，算得准东风，才打赢了漂亮的一仗。）

事实上，"橄榄榨油机事件"并不是泰勒斯唯一一次彰显知识的用处。

他曾发现小熊星座，并计算出按照小熊星航行，比按大熊星航行要准确得多。这一知识在航海界传播开来，避免了很多沉船撞礁事件，大大减少了船员伤亡和货物损失。

游学到埃及时，泰勒斯为法老做了一件事，立即名声大振：利用日影测量金字塔高度。当他的影子跟身高相等时，金字塔的影长就是其高度。

今天的中学生一听就明白，这不就是最简单的"相似三角形定理"嘛。是的，这就是几何学的现实功用。否则法老命令奴隶们爬塔顶，摔死多少人也未必测得出来。

指引航海，救人性命，这功用可大了去了。可是泰勒斯迷恋天文、几何和哲学思考，并不是为了赚钱或让法老惊艳，甚至不为救人性命。

他只是单纯想知道万物表象背后的秘密、世界的真相和运转的原理。

为什么这么说呢？因为他做了很多"没必要"的思考。

好些几何原理，其实古埃及人、古巴比伦人在他之前就已知道，实践早已证实，这不就够了吗？一般人知道了一年有春夏秋冬，会顺着往下想，怎么根据气候变化安排好生产生活，这才是自然的思路，绝大多数文明的思考走向都是这样的。

泰勒斯却往"上"想，为什么会这样呢？他花很多精力去探讨四季变化背后的原因，并论证那些几何命题的普遍性。用逻辑证明将实践经验的总结上升为抽象的理论，并试图找到各定理间的内在联系，构建起一个完整而严密的科学体系。最后再用一个"本原"概念，将世界所有的体系都统一归结为一个最终的真理和本质。

这种思考的路数，对于现实功利的运用来说，完全是多余的，却是人类思维划时代的创举。

泰勒斯为什么要做这些没用和多余的事？因为他"知其然"还想"知其所以然"，他对"然"感到惊奇，要考究原因。这是一种单纯的好奇心和求知欲。"明白了"本身就是求知的核心价值和意义所在，由此衍生出来的功用，只是次生价值。

在西方，往上思考、追求思考的纯粹性而非功用，形成一个悠久而深刻的传统，这个传统是整个西方文明的基石之一。

亚里士多德在其《形而上学》一开篇就说：求知是人类的本性。我们乐于使用我们的感觉就是一个证明；即使并无实用，人们总爱好感觉，而在诸感觉中，尤重视觉。无论我们将有所作为，或竟是无所作为，较之其他感觉，我们都特爱观看……要知道，这本书在西方知识史上有纲领性地位。

西方哲学（或者说西方整个的知识构架）就是从自然哲学开始的。古希腊的人们探索大自然的秘密，为什么太阳东升西落，为什么月有阴晴圆缺，为什么春天花开冬天下雪，为什么星星眨眼彩云飞，为什么鸟飞鱼游人却双足直立。总之，就是烦人小孩的状态：整天东瞅瞅西瞧瞧，看到任何东西，都要问为什么，一直问成十万个为什么。

小孩子探求这些有目的吗？没有。知道了能有什么用？他还不知道要有用。只是纯粹的好奇，世界为什么是这样？他想知道，仅此而已。

对于不理解的人来说，这些提问和探究就是麻烦，"没用"而且多余，其存在的合理性需要证明："为什么要问这个呢？"

发现大自然的秘密，和证明这些秘密有用，是两件很不相同的工作。泰勒斯两方面的事都做过，但重心显然是前者，后者只是顺带。人的生命和精力都有限，如果每一项发现还要劳动他自己去证明，他的成就不知会少多少。

而且，真的能证明吗？一方面，证明和理解似乎很容易，泰勒斯只要发一次大财，就能让全城人敬畏知识。很多时候，一个人为爱好和梦想做的事，另一个人用功利去理解，照样能解读得丝丝入扣、合情合理。

但另一方面，就算泰勒斯证明了天文学能赚钱，几何学能折服法老，又算哪门子"证明"？他让人心悦诚服，倚仗的还是这些人能理解的钱和权势，他无论如何也没法让他们明白，自己做的一切只为发现真相那一刻的狂喜。他若一本正经地说"我从仰望星空中感觉到灵魂的愉悦和精神的快慰""求知让我快乐"，人们只会大惊，他原来疯得这么彻底！

如果一个人只能理解长度，手里又只有一把尺子，别人是无论如何也不能让他明白，一小条黄金比一大块木头重。尺子说木头＞黄金，天平说黄金＞木头，都是对的。但有些人未必知道从尺子和天平两个角度看世界。

还有另外一种认知上的局限，是时间轴层面的。试问泰勒斯发现的不是小熊座，而是一颗几百亿光年外的星星，人类可能永远不能到达、永远不会真正了解，也更不能从中获利，这件事还有没有价值？如果有，如何证明？

就我个人而言，自然坚信人类发现的每一个大自然的秘密都是有用的。如果暂时没用，只是人类暂时还不知道如何利用。但这只是我个人的信念，对于"眼见为实"的人来说，这话形同痴人说梦，但凡在其死后发生的事，确实都不存在。一个着眼于未来的"可能性"，另一个只认眼前证据的"确定性"，都有道理，却难免鸡同鸭讲。

世界就是这样，理解必须有一定的基础性共识，"发现一两颗星星毫无价值，拿星象物候知识赚到了钱才算修得正果"和"赚得几个钱有什么意思，发现星河流转的规律那一刻，才是生命的高峰体验"，意见的分歧源自不同的价值观。两种思路都有合理性，对人类发展来说也都必要，只是这样的两种思维没法讨论也没法达成共识，就像平行线，没法交叉，只能并存。

所以，证明和说服、理解和交流并不是人际关系的全部，甚至不是主要部分。比它们更重要的，是每个人给别人也给自己画出界线，隔出各自的空间来，互不否定也互不打扰，互相宽容。

一个出游必坐头等舱、非星级宾馆套房睡不安稳的享乐主义者，没法理解背包睡袋、风餐露宿会是一种快乐；玩户外的则嘲笑怎么有人傻到花钱买无聊：跟着三角小旗和小喇叭旅游，在每个牌匾或招牌前平白无故露出笑脸，伸出两个指头摆 V 字，咔嚓照相后立马上车走人，兴致勃勃赶往下一个景点。

这样的两种人，甚至不需要理解对方。兴致勃勃各玩各的，就天下太平。怕的是他们要争辩"什么是（最）好的旅游方式"，而且认为这种问题有正确答案。

不能在"旅游方式"上达成共识，就在"每个人都应该按自己喜欢的方式旅游"上达成共识。

科学和哲学、宗教都一样，是一座座殿堂，古老又骄傲，永远站在那里，风雨不动安如山。你来则来，它给你生命的愉悦、思想的快乐、探索的激情、灵魂的宁静和精神的慰藉；你不来就不来，它不迎不拒。它不打广告，不屈尊去证明自己的存在价值，尤其不用背离自我的手段、不依照背离自我的价值标准去证明。金钱本身展现着魅力和色彩，不需要科学和哲学来证明其价值，同样，科学和哲学耸立的殿堂自有其风采，也不需要金钱的证明。

曾经有句流行语，强悍的人生不需要解释。其实，所有的人生都不应该要解释。每个人都是一座殿堂，长成自己想要的样子，而不需要证明自己存在的合理性。

不需要活得成功才能得到尊重，不需要高人一等才有人的尊严，同样，也不必秀朋友圈以证明幸福，不需要罗列书名证明自己博览群书。

关汉卿说："南亩耕，东山卧，世态人情经历多。闲将往事思量过，贤的是他，愚的是我。争甚么！"这里头有负气的意思，没必要。但他不想自我证明的心情，我能理解。

最好的境界，是"暮倚高楼对雪峰，僧来不语自鸣钟"。文人看文人的风景，和尚敲和尚的钟。赏雪的不鄙薄和尚对美景的麻木，僧人也不嗔怪文人酸腐，溺于感官而不觉悟。

人类不必奢求太多的相互理解，只需要形成一个最大的共识：在不违背底线（自力更生且不伤害他人）的基础上，所有人和事都有权按自己最舒适和自在的方式存在。

宽容比理解更重要。每个人的灵魂不同，要认可并接受世界上有跟自己不同的存在，他们都跟自己一样合理。不要试图以一己之见否定、侵犯和压制他人。正义、捍卫和弘扬一类激动人心的词，往往危险可怕。反之，大家各回各家，各找各妈，各行其是，就能相安无事。

宽容包含了隔膜，但从某种程度上说，人类的隔膜不仅永恒，而且有益。没有这一层隔膜的距离，人何以确定自我的独立个体，彰显自己的与众不同？

更进一步的话，价值取向不同还能互相欣赏和精诚合作，越发是美好人间。

所以，泰勒斯本不必证明。好的世界自然会博大包容，让所有的生命都自由、自在。一个人不需要用成功来证明自己活得有价值，有资格存在。孩子不需要用成绩好或听话来证明自己值得爸妈的爱，他们的爱永远都在那里，没有附带条件。

那才是好的爱，好的世界。

毕达哥拉斯
无法承受的伟大发现

毕达哥拉斯（Pythagoras，约前580—约前500）的代表性成果是毕达哥拉斯定律。这个平生最大的成就也带给他最大的打击，几乎摧毁他的信仰大厦，让他感受到毕生无法面对的痛苦和恐惧。

据说这个定律是这样诞生的：某一天毕达哥拉斯去赴饭局，但不知道为什么，主人迟迟不开饭。等饭的毕达哥拉斯百无聊赖，看着餐厅同样的正方形地砖发呆，慢慢地看出神，看出门道来了：

以任一正方形地砖的对角线为边长，画一个大的正方形，其面积正好是两块地砖的面积之和；如果以两块地砖组成的矩形之对角线为边长，得出的正方形面积是五块地砖的面积；以三块地砖的对角线为边长构成的长方形，面积是十块地砖的面积……他由此得出结论：$a^2+b^2=c^2$，直角三角形的两直角边的平方之和，等于斜边的平方。

毕达哥拉斯对这一发现很是骄傲，杀了一百头牛来庆贺（要知道，毕达哥拉斯可是严格的素食主义者），所以著名的毕达哥拉斯定律在当时被称为"百牛定理"。

毕达哥拉斯定律是人类最早得到论证的平面几何定律之一，也是最广为人知的数学定律之一,就连童话故事《绿野仙踪》里的稻草人,也以"明白了毕达哥拉斯定律"来表示自己智商有所提升。1955年,希腊发行过一张纪念邮票,用三个正方形拼出一个直角三角形,被称为"新娘椅",集邮的人都知道该邮品的珍贵。

其实,有充分的考古证据表明,在毕氏之前近一个世纪,古巴比伦人已经掌握这一定律。中国人也会强调《周髀算经》里记载的"勾三股四弦五",这可比毕达哥拉斯早半个世纪,知识产权据说属于中国最早有确切记载的数学家、周公智囊团成员商高(也叫殷高,因为他生活在由殷商入周那段时期)。

不同的是,古巴比伦人和中国人得出结论,都只是大量经验事实的归纳总结加上假设,是思考的初级阶段,毕氏却秉承泰勒斯的做派,用逻辑给出确切的论证。他明确说过:"在数学的天地里,重要的不是我们知道什么,而是我们怎么知道的。"单凭这一句语,荣誉也该归于他。

说了这么多,都是为了证明,毕达哥拉斯定律有多么了不起,是毕达哥拉斯及其学派的学术代表作和象征。

可是,知我罪我,成败皆萧何。正是这个具有代表性的定律,最终给了毕达哥拉斯毁灭性的一击,几乎导致毕达哥拉斯学派理念的"崩溃"。

问题出在简单的直角等边三角形的论证上,设直角边都是1,很轻松地得出斜边的平方是2,可这个斜边$\sqrt{2}$到底是多少?优秀的数学家毕达哥拉斯算出来一个无法理喻的数字:1.41421356……。无穷无尽。

隔着两千多年的时光,我都能感觉到毕达哥拉斯背脊的森森凉意和内心的巨大恐惧。

在这之前,人类理解的"数"都恒定确切。现在,他居然无可辩驳地证明了:世界上存在一种不成比例、说不清楚到底是多少的数。他对这一发现毫无思想准备,他坚不可摧的数字系统里,也没有为无理数预留任何空间。数字竟然会不确定?世界也不再确定和精准。这是多么可怕的结论啊!

之后,人类又陆续发现了更多的无理数,圆周率 π=3.14159265……,黄金比例是 0.61803398……,e=2.71828182……都是没完没了、无法确定的数字。

数字的伤害性能有多大?你也许觉得,不要矫情啊,数字而已,至于吗?

还真至于。

这涉及三观和信仰问题。毕达哥拉斯及其学派的最高信仰是:万物皆数。他们对数字有奇怪的嗜好和坚定的信仰,相信整个宇宙都是按照数字模型设计并运转的,数是宇宙的程序和节奏。

美不是什么说不清道不明的感觉,而是黄金分割线;音乐不是什么美妙的声音或转瞬即逝的灵感,而是数字:一根弦,指尖摁在不同的地方,弹出的声音不同,这些声音可以直观地标注为弦上下部分的比例。所以古希腊神话里的九位缪斯(希腊语 Μουσαι,拉丁语 Musae,英语 Muses)被称为艺术女神,也是音乐(music)一词的词根,其实她们还掌管科学。一个事实是,数学头脑好的人,学音乐很容易上手,反之亦然。

正因为此,毕达哥拉斯学派才会宣称:"一切都源于数"(正如泰勒斯说"一切源于水")、"数统治宇宙"、"数学支配宇宙"。因为数和谐,整个宇宙才内在统一。而从公理出发,运用逻辑推演,可以不容置疑地达到宇宙任何真相的角落。了解了"数",就了解了"宇宙",这个结构完整、严丝合缝的世界。

而他们说的"数",仅仅只是——用今天的术语表达——有理数。

在形成"万物皆数""灵魂不灭"的思想之后,他们却不得不面对无理数,也就是无理的世界!所谓世界观崩塌、信仰全失,说的就是这种情况。

"无理数"这个名词就很说明问题:没有道理的数字,不讲道理的数字。

整数、分数、0,那都是"好学生",有规矩、讲道理、成比例("有理数"的希腊文 λογος,原意就是 rational number,成比例的数)。而无限不循环的数,不能用两个数的比来表示,真是很没有道理,像调皮捣蛋鬼一样不靠谱、没定准,让人悬着心。数本来应该像焦仲卿的誓言一样,磐石方且厚,可以卒千年。无理数却不精准、不稳定、捉摸不定,让人没有安全感。

这么一想就会明白,无理数的出现让多少人心碎!它不仅是对毕达哥拉斯学派的致命打击,甚至无差别攻击了全体希腊人的心灵。一个数,无限,又不循环,永远不能绝对精确地呈现。对于追求理性、逻辑、周密和严整的人来说,是一个多么有破坏性的存在。它无视人的心理需要,导致严重的认知危机。

面对无理数,毕达哥拉斯认知破碎信仰坍塌。他理解和信仰的数是这样的,数字的真相却是那样的。他一心要建万年基业亘古稳定,无理数却"背叛"了他,让他的整个世界根基松动、摇摇欲坠。情何以堪?

为了解释清楚毕达哥拉斯的心碎,我需要多举几个例子。事实上,无理数的发现只是数学界三次危机的第一次。

其后,英国的主教哲学家贝克莱(George Berkeley,1685—1753)证明无穷小既等于零又不等于零,几乎毁灭了微分和积分。

美国的加州大学就是为了纪念他,将创始校区命名为加州大学伯克利分校(University of California,Berkeley),该校是世界著名的大学之一,在各类世界高校排名中都名列前茅,志向远大的同学可以考虑报考或是去进修。

接下来,罗素引发了第三次数学危机,又一次伤害了数学和逻辑大厦,还差点儿震翻哲学界。

一直以来,逻辑是西方人精神的避难所、真理的休憩地、智慧的神圣殿堂、检验真理的最高标准。弗雷格(Friedrich Ludwig Gottlob Frege,1848—1925,德国数理逻辑和分析哲学的奠基人)的工作就是试图证明数学跟逻辑一样,是一门高度抽象和超验的学科,不依据经验和实践,纯以逻辑推演构建而成。

弗雷格用十多年的时间终于完成了这项浩大工程,在《算术的基本法则》即将出版时踌躇满志地宣布:算术是分析判断,因而是先验的。这样算术就会仅仅是一种扩展形成的逻辑,每一个判断都是一种逻辑定律,或是其推演物。在科学中应用数学就是在观察到的事实中应用逻辑关系。计算就是推理。

就在这个节骨眼上,小年轻罗素(Bertrand Russell,1872—1970,分析哲学的主要创始人)来信了。这封信被弗雷格称作"罗素炸弹",其实罗素只是在前人基础上提出的罗素悖论,其最著名的通俗化演绎就是"理发师悖论":理发师只给那些不自己剃头的人剃头,那么他给不给自己剃头?

简单地说，弗雷格证明了算术是纯粹的逻辑，罗素却告知，逻辑学不合逻辑。

弗雷格的半生心血，顿时碎成渣渣。他最终还是咬着牙出版了他的著作，但在书后加了一段痛苦的自白：一位科学家不会碰到比这更难堪的事情了，即在工作完成之时，它的基础垮掉了，当本书等待印出的时候，罗素先生的一封信把我置于这种境地。

数学并不是唯一遭受过这种残酷打击的学科。人类科学史上，类似的毁灭性事情还发生过多起。

当生物、地质、考古等学科证明了地球上的物种是演化的、有生有灭时，不知道有多少安歇在上帝精神殿堂里的科学家（注意：是科学家，而不是牧师或普通信徒）感到难以忍受。

物理学更是数学的难兄难弟。相对论敲碎了牛顿的经典物理世界，量子力学又深深伤害了相对论。

在经典物理学被证明有限之后，德高望重的荷兰物理学家洛伦兹（Hendrik Antoon Lorentz，1853—1928）痛切地哀叹，他为什么没有在世界坍塌前几年死去？！这样就不至于在思想的地震中，眼睁睁看着自己毕生努力构建的理论大厦毁于一旦——其起因不过是大厦底部的一小块砖头被抽掉而已。

一切都像罗素说的，"虔诚的天主教徒遇到了邪恶的教皇"。发明带来的不是欣喜和成就感，而是恐慌：经过多年经营、无数代人的艰难探索，一个完美和谐的世界眼看大功告成，逻辑自洽，美丽动人，功德圆满，固若金汤。可是，只需要一点点多余的发现，一个不经意的小破绽，整个帝国大厦就轰然坍塌。说崩就崩，一点儿没商量。

真理好生无情，只管自顾自地"青山遮不住，毕竟东流去"，徒留下真理探索者们。弃我去者，昨日之美丽世界不可留；乱我心者，今日之断垣残壁多烦忧；明日之美丽新世界，又遥遥无期如海市蜃楼。老天！到哪里去安顿和拼装那些被撕裂了的人类思考？

从无理数，到数理逻辑，到量子力学测不准定律，人类在追求完美和确定的道路上一再遭受致命打击，世界飘摇不定，找不到永恒确切的真理。无论你得到多么严密的真理，它的背后总藏着另一个相反的真理，也许，这才是宇宙的真相？

人类或许可以设法自我安慰，只有不确定性才能保证人类的自由意志。但是，真理的确定性和自由的可能性，都是根植于人性深处的本质需求，非要分出哪个更重要吗？

真正的问题终于出现了：越是令人难以承受的真相，越是对心灵的锤炼和对精神的残酷考验。是勇于面对、自我修正，还是消极回避、掩耳盗铃？这是真伪科学家的分界线。

而毕达哥拉斯，很遗憾地做出了反科学精神的选择。

毕达哥拉斯被罗素说成"历史上最有趣又最难理解的人之一"，他年轻时远赴米利都，投在泰勒斯门下，那时泰勒斯已经很老，所以有说他多半是跟着泰勒斯的大弟子阿拉克西曼德学习，之后又游学巴比伦和埃及。应该说，他的学识和见识是开阔的，不开阔的只是他的心。

无理数是毕达哥拉斯的重要发现，本来是一个通向数学新世界的洞口，他却没有勇气和能力去面对。他用一具尸体堵住了那个透光的洞口，留下一个关于谋杀的历史谜案。人类历史上第一次，有数学家因为自己的思考而死于非命。

入我门，就要听我话，疑我世界，就取你性命。毕达哥拉斯创建了学派，也决定了这个学派的氛围、传统和组织原则，这个组织的可怕，你马上就将看到。

希帕索斯
死于一个数字

孔老夫子说:"君子矜而不争,群而不党。"这里,"群"指团结群众,与人和谐,"党"则是个贬义词。所谓党同伐异,结党营私,党恶佑奸,朋党之争,都表示将少数一群人的利益或观念置于大众和公民之上。中国老祖宗看重的,从来就是"天下",全体人,文化能覆盖的所有地方和所有人。这是传统中国的开阔境界,视角高越的人类关怀。

希帕索斯(Hiappasus,生卒年月不详,活跃期在公元前470年左右)若能理解传统中国的思想境界,在加入毕达哥拉斯学派时或许会有所保留,也就能保全性命,免除杀身之祸?但历史没法假设。

他那样热衷于探索真相和智慧,精神独立又思想自由,认同赫拉克利特的"火是万物的本原",他跟毕达哥拉斯学派的精神底色并不契合。

毕达哥拉斯学派是个什么样的存在?

毕达哥拉斯是哲学家、数学家,更是导师和"教主"。他在意大利半岛南部定居后建立的这个学派,有学术之名,也有宗教色彩,还有秘密组织的形式。

没有人能否认毕达哥拉斯学派的历史功绩,他们作为"合理而牢固地联系在一起的一般观念体",对数学这门学科的影响也相当深远,"以一种有计划的方式在整个世纪发生影响"。正是受其影响,希腊数学长期偏重于几何,以至于所有的代数问题,包括最简单的一次方程,都要用几何方式求解。数学界的这种格局和模式,直到丢番图(Diophantus,约246—约330,代数学的创始人之一)出现才得以扭转,那已经是800年后的事了。

而且,毕达哥拉斯学派支持女性从事科学研究,一开始就有女信徒,毕达哥拉斯的妻子是当时有影响力的数学家。单这一点,就胜于同时代的孔子和释迦牟尼。

但是,相较于科研团体,封闭的毕达哥拉斯学派更像是社会团体和宗教神秘组织。他们内部有严密的组织和纪律、很多秘密仪式和苛严戒律,甚至充斥诡异的气氛。这多少有点儿像中国的墨家。

加入组织的新人要宣誓效忠,永不加入其他团体,永不向外界透露任何内部秘密和学术成果,否则会被处死。新入伙的没资格见到"教主",先被毕老师关在门外"听课"一段时间,通过组织考验和考核,才能登堂入室拜见"教主"。

在这个严重"自闭"的团体内部,所有人禁欲、苦行,保持整齐划一的生活方式。有些离奇的禁忌,我们现在已经很难理解。比如不吃肉、动物内脏和豆子(因为豆子形似睾丸,会引人想入非非、误入歧途),不能用刀拨火,面包不能掰开吃,得啃着吃。

教派内的所有财产公有,科学发明也公有——所谓公有,现在看起来,就是归在毕达哥拉斯一人名下。学派取得了不少成绩,第一对亲和数220和284、cosmos(宇宙)这么重要的词、现在运用过滥的"黄金分割",这些很大概率是"集体智慧的结晶",哲学史家劳特利奇(Routledge)甚至怀疑毕达哥拉斯本人毫无数学创见,连"毕达哥拉斯定律"都应该是"毕达哥拉斯学派定理"。

但在现实中,毕达哥拉斯学派往往"简称"为毕达哥拉斯,包括学派取得的成果。正如我们不知道《吕氏春秋》各篇的作者,只能记住书名上的那个人——吕不韦。一切荣耀都归于他。

毫不奇怪,学派里的一切都带着毕教主的个人色彩。而世上有这样一种人类基因:秉性顽强、坚定、自信、聪明、富有感染力,但恰恰因为太坚定自信,以至于狭隘、僵化、绝不通融,容不下异己;又因为有感染力和领导力,所以善于拉帮结派、党同伐异,容易成为一群狂热之徒的精神导师或事实上的领袖。

具有这种基因的人,在政治领域可以是独裁者,如希特勒;在宗教界是血腥残酷的革命者,如加尔文;在学术圈则可能是学阀和学霸。

毕达哥拉斯恰好是这样的人。

我从不假装自己喜欢他,就因为他那么完全地属于组织,这个组织又那么严密。太过严密的组织必然扭曲人性。在毕达哥拉斯心里,在毕达哥拉斯学派内部,最高原则从来不是人性,也不是真理,而是毕教主认可的价值,美其名曰"理性"。

他认定人类区别于其他动物,不在于智力和热情,而在于理性。所以他强调人在日常生活、感情表达方面都应该节制。然而,做自己感情的奴隶,比做暴君的奴仆更不幸。任何草率的行为、冲动的言辞,都被他称为"卑劣",他说"愤怒总是以愚蠢开始,以后悔告终""不能制约自己的人,不能称之为自由的人"。我猜度他的自律和节制应该让人生敬甚至生畏。

但一个人有多自律和节制,往往就有多执拗和冥顽不化。人固然需要自律,但自律太过也有隐患。毕竟能贯彻"严于律己,宽以待人"

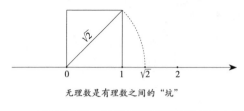

无理数是有理数之间的"坑"

原则的人可谓凤毛麟角,于是,如果一个人为了遵守理念对自己都这么狠,就很难预计他对别人会多狠。

事实证明,毕达哥拉斯能狠到取人性命不眨眼的程度。

当毕达哥拉斯学派说"万物皆数"时,他们所谓的"数"是整数,或者整数之比(分数),在他们看来,数美丽和谐、精确可控。宇宙依据数字而构建,也美丽和谐、精确可控。

据亚里士多德说,毕达哥拉斯本人已经意识到,边长为1的等腰直角三角形,斜边的长度是一个神秘的、无限的非整数——$\sqrt{2}$。因为这个数将动摇整个数学的根基,它变成了学派内的最高机密和最大忌讳。

希帕索斯却发现了这个秘密,他大为惊奇,开始热情地思考和讨论它,还妄想将它镶入数学体系中,为此不惜拆装毕老师已经"建成"的数学大厦的整体结构。

就是这一点,碰了毕老师的底线。数学大厦岂容你想拆就拆,拆散了组装不起来怎么办?你让一帮以数为信仰的人,到哪里再去寻找灵魂的圣殿和精神的避风港?总之,这是一个致命的数字。它的存在毫无道理,最好的办法,就是让它不存在。

数字无法消灭,就只能消灭知道这个数字的人。希帕索斯在探索真相的道路上走得太远,既不肯闭目塞听不思考这个数,又不肯装聋作哑假装没有这个数。既然他不肯停止思考,自然只能让他灭亡。

关于希帕索斯的死有不同的说法:有的说他风闻学派下达了追杀令,仓皇登船而逃,遭遇海难身亡;也有的说他在出逃路上被学派教徒抓获，直接扔进了大海。不管怎么说，他都是因为$\sqrt{2}$而丧生大海。

从现有资料来看，因无理数而死的人很可能还不只希帕索斯一个。古希腊数学家普罗科拉斯在给欧几里得《几何原本》作注时写道："据说，首先泄露无理数秘密的人全部都丧了命，因为对所有不能表达的和不定型的东西，都要严守秘密，凡是揭露和过问的人，必会遭到毁灭，并万世都被永恒的波涛吞噬。"

重点是那个"都"字。死于一个数字的人并不只希帕索斯一人，他只是留下了名字而已。

所幸，"数字无法消灭，就只能消灭知道这个数字的人"这句话，也能反过来说，发现无理数的人可以"都"被杀戮，但无理数永远没法被消灭，总会不断被重新发现。

无理数的发现，连同芝诺悖论，终于引发了人类科学史上的第一次数学危机。

多介绍一句芝诺，他提出了关于运动的四大悖论，其中最有名的是"阿基利斯追不上乌龟"和"飞矢不动"。而芝诺和老师巴门尼德都曾经是毕达哥拉斯学派的信徒，真是"祸起萧墙"。

无理数危机爆发后，不断有数学家尝试化解，据欧几里得《几何原本》第五篇记载，公元前370年的欧多克斯提出迂回曲折或者说自欺欺人的解决方式：无理数被允许在几何中使用，但在代数中却是不合逻辑和非法的。也就是说，无理数只是一种量度中的符号，而不是真正的数。

如此强行剥离数和量的鸵鸟手法，或许可以暂时安慰数学家们受伤的心，但并没有真正解决问题。随着新的无理数（如圆周率）被不断发现，拥护无理数存在的人越来越多，无理数也变成了一个必须直面和解决的问题。

　　直到 1872 年，德国数学家戴德金用"有理数的分割"来定义无理数，并建立起实数理论，无理数在数学世界才算被"扶正"，获得了合法地位。无理数引发的第一次数学危机，持续了两千多年后，至此圆满化解。

　　希帕索斯们的灵魂，若还漂浮在地中海的水面上，此时不知是微笑还是伤感。或许他最痛的彻悟，是每一个自由求知的灵魂，都需要保有完整和独立的自我，一定要慎入各种派别，越严密的派别越要警惕，因为严密必然只是组织的成功，也必然以牺牲个体和个性为代价。

　　只有菠萝派和香芋派可以例外。

墨 翟

不想做教主的科学家不是好工匠

在毕达哥拉斯之后,另一个版本的毕氏学派出现在中国大地,那就是墨家。

别看现在墨家在诸子排名里靠后,不敌儒、道、法,但在先秦时却是另一番气象。孟子说"天下之言,不归杨则归墨",《韩非子》则记载"世之显学,儒墨也"。要知道,孔子是在潦倒不得志中去世的。孟子相传是孔丘孙子(孔伋,字子思)的学生,他去世时,韩非子还没出生。

也就是说,杨朱之学曾盛极一时又衰败,几近湮灭,与此同时,儒家熬过漫长的冰期,缓缓崛起。而在此起彼伏的过程中,墨子开创的墨家始终是江湖一大门派,久盛不衰,红火了约两百年,几乎覆盖整个战国时期。

秦汉以后,种种原因,墨家式微。但其余威民国时被唤醒,复兴了一阵,之后又沉寂下来,不温不火,直到现在。

一般人熟悉的墨子,是诸子百家之一,是提出"兼相爱,交相利"的思想

家。其实墨子的思想很丰富,不仅涉及哲学、政治学、经济学、军事学,还对自然科学有广泛涉猎。

只是作为科学家的墨子,每每被忽略。以至于我们的中学教科书,最开始将张衡封为科圣,后来才想起,还有个年代早得多的墨翟,好像是真正开创中国科学先河的人。

于是,墨子和张衡谁才算正牌科圣,还成了公案,争执过一阵。两相比较,张衡获尊号在前,而墨子年代更早;张衡是独立科学家,墨子是科学团队领军人;墨子做出贡献的范围更广,但张衡出道更早……当然,我没打算强分尊卑,定夺圣和贤。

2016年8月16日,中国自主研制的世界上第一颗空间量子科学实验卫星发射升空,命名为"墨子号"。不得不说,这个命名透露出的信息,不仅是墨子曾经的影响,更是肯定他在中国科学史上的地位。毕竟在诸子百家中,墨家是唯一在科学和技术领域有所成就的。

墨子大约生活在公元前468年至前376年,战国初期,一个动荡的时代。史料保存不多,他的生平别说我们今天知道得不多,司马迁都不清楚。《史记》里记录墨子只用了24个字,是从《墨子》及先秦其他著作中拼凑出来的资料。

墨翟是宋国人,后长期生活在鲁国,手工业者出身。当时的社会分为士、农、工、商四个阶层,工是倒数第二,称得上出身低微。不过,社会地位虽然不高,他却生活无忧,还能追求比"生存"更高的人生价值。战国诸子的出身各不相同,但做的事都差不多:读书讲学,周游列国,到处游说君王,宣传自己的思想主张。

我们今天了解墨子思想,主要通过《墨子》这本书。该书今存53篇,通常分为《墨论》《墨经》《墨守》三部分。

《墨论》反映墨子的主要思想，包括他核心的十大主张：兼爱、非攻、尚贤、尚同、天志、明鬼、节用、节葬、非乐、非命。

《墨守》反映墨家以防御为核心的军事思想。

《墨经》内容比较杂，既有对"墨论"思想主张的进一步深化，也包括墨家的逻辑思想和科学思想。

跟毕达哥拉斯学派的情况一样，《墨子》是墨翟本人所著，体现了本人思想；还是墨家合集，反映墨翟及其后学们的思想，这一点学术界众说纷纭。但没有人怀疑墨翟在墨家的核心和引领开创地位，也没有他窃占弟子成果的质疑。所以为叙述方便，本文统称墨子如何如何，而不必为墨家弟子们抱屈。

墨子在科学领域的成就，用今天的话来说，既在科学理论上有卓越成就，又在实践领域做出了贡献。搁在当代，简直可以申请中国科学院和中国工程院双料院士了。

他首先是一位理论科学家，在数学、物理学、光学方面都有所贡献。英国科学史专家李约瑟研究《墨经》后认为，墨子奠定了在亚洲可以称为"自然科学"的基本概念的东西，勾画了堪称科学方法的一套完整理论。[1] 这些科学概念和方法，不仅在中国，即便在世界科学史上也有重要地位。

《墨经》中有对几何学基本要素点、线、面、体、圆等的总结和概括："若尺有端"（端点是形成直线的必要条件）；"平，同高也"（平是不同物体有相同的高度）；"方、柱、隅四权也"（方是四边、四角相等的平面图形）；"圆，一中同长也"（圆，是由一个中心无数等长半径构成的平面图形）。

这很难得，毕竟墨子比几何学之父欧几里得早了百来年呢。

---

[1] 参见李约瑟著《中国科学技术史·科学思想史》，科学出版社1990年版，第201页。

对于力学，《墨经》中说："力，形之所以奋也。""力，重之谓。下与重，奋也。"意思是说力是物体运动变化的原因；重量也可以叫作力，自下而上举起重物，是力引起物体运动变化之一例。《墨经》也说："负而不挠，说在胜。"这是关于杠杆原理的论述，大意是使用桔槔机提取重物时，本端负重，而标端不会翘起来，论证的理由在于，标端的重力距，胜过本端与重物的重力合力距。类似例子在《墨经》中有好几处。

光学方面，《墨经》提出小孔成像原理："景倒：在午，有端与景长，说在端。""景：光之人，煦若射，下者之人也高，高者之人也下。足敝下光，故成景于上。首敝上光，故成景于下。在远近有端，与于光，故景障内也。"

大意是：形成倒影的条件，在于光线交错、有一个小孔并且有一定长度的影子，论证的关键在于小孔的存在。光线达到人的身上，光线的照耀就像射箭一样是沿直线进行的。光线照到人的身上，人下部的影子形成于高处，高处的影子形成于下处。因为人的足部遮蔽从下边照来的光线，所以形成的影子在上边。头部遮蔽从上边照来的光线，所以形成的影子在下边。因为人站在离墙有一定远近的地方，墙上有一个小孔，并且被光线照射，所以倒影在室内形成。

这是目前有资料记载的最早的小孔成像原理。

《墨子》中还记载了平面镜、凸面镜、凹面镜成像的基本原理。其关于光学的研究，用《中国科学技术史·物理学卷》的评价，"比我们所知的希腊的为早，印度亦不能比拟"。

在天文学领域，墨子用"久"来表示时间，用"宇"来表示空间，宇宙是一个连续的整体，是连续不断的时间和空间，时间和空间是无限的。

理论建树这么多，墨子更感兴趣的却是社会生活实践。这与他手工业者的出身有关。

墨翟是与鲁班齐名的杰出工匠，尤其善于制作车子。《韩非子》记载他曾经用木头制作老鹰，能够在空中飞上一天。可惜跟张衡的地动仪、诸葛亮的木马流车一样，没有更具体的记录——我们不知道那是什么，怎么做到的——只留下名称和传说，长久地流传。

墨子是他那个时代的国防军备武器设计大家。关于这一点，最著名的故事记载在《墨子》和《战国策》里，是他跟鲁班比试攻城与防守的案例。

楚王准备攻打宋国，责令工匠的祖师爷鲁班制成攻城的云梯。墨子听说了，认为这是不正义的侵略战争，不远千里来到楚国加以劝阻，但遭到鲁班的拒绝。墨子转而提出，跟鲁班模拟比试攻守双方的武器，鲁班演示进攻一方，墨子防守。墨子解下皮带当作城池，用木片做兵器，鲁班九次运用不同的攻城器械，都被墨子抵挡住。鲁班攻城的器械用尽了，墨子守城的办法还绰绰有余。楚国于是放弃了攻宋。

这真是一个好办法，应该作为解决国际纷争的示范。不要真的打架或开战，以至于劳民伤财、生灵涂炭，双方只要秀一秀肌肉，比一比国防武器，自然见分晓。可惜这么好的开创性方式没有作为传统继承下来，毕竟，战争并不只是武器的 PK。

最后简单说一下墨子在世时最重要的身份标签。墨家的领袖被称为"巨子"，类似于教主。墨翟一般被认为是第一代巨子，据说他的教派有严格的纪律和等级，成员要求禁欲，研习武术和武器，行侠仗义，舍小家而奉大家（墨家）。

孟子大骂墨家兼爱是无父，无父是禽兽，正说明墨家在儒家的宗法等级和周礼的社会等级秩序之外，试图另外建立一套独属于墨家的新秩序。他们建成了，而且红红火火地几乎覆盖了整个战国时期。《吕氏春秋》记载了战国末期的三位巨子，孟胜，田襄子（田让），腹䵍，都是耿直、生猛的主，不怕死也不怕杀人，随随便便就能带着近两百号人赴死，很能体现墨家的风范和当时的势力。

只可惜，因为后继无人，墨家的逻辑思想、科学思维连同团体组织、社会影响力，都没有得到很好的继承和发展，终于在历史长河中沉寂下去。从某种意义上说，这不只是一个学派的衰败，更是一个知识系统、一种思维方式、一种文化建构方式的没落。蔡元培在《中国伦理学史》中说："先秦唯墨子颇治科学。……墨学的中断，使中国科学不得发达。"

而在世时如丧家之犬的孔子，却因为有出色的徒子徒孙，慢慢地由衰转盛，直至如日中天，那一套道德学说和社会结构解读，成为中国文化的代表。

欧几里得
王者无路,求利请滚

马其顿帝国的亚历山大大帝一生征战,打到北非一个大港口,很高兴地建起一座城市,并以自己名字命名,这就是历史上赫赫有名的亚历山大城。不久他远征亚洲,将这座海港城市交给自己的手下托勒密管理。

说明一下,这个托勒密是将军兼政治家,可不是几百年后那个天文地理学家、地心说的代言人克罗狄斯·托勒密(希腊语 Κλαύδιος Πτολεμαῖος;拉丁语 Claudius Ptolemaeus,约 90—168)。

亚历山大大帝英年早逝后,埃及迎来了托勒密王朝,亚历山大城被定为首都,建设起恢宏的大学城、图书馆、剧院,成为当时的世界学术和文化中心,号称智慧之都。欧几里得(Euclid,希腊名 Ευκλειδης,约前 330—前 275)就是亚历山大城的早期居民。

他的身世我们知道得很少,只知道他大概一辈子都住在亚历山大城,更准确地说,活在亚历山大学院里头。

欧几里得出生时,长寿的柏拉图(前 427—前 347)已经去世多年,亚里士多德(前 384—前 322)的生命也即将走到终点,希腊文明已经跨过高峰,正转入下降和转移的后期,而承接希腊辉煌的,就是埃及的亚历山大城。

阿根廷作家博尔赫斯曾说，天堂应该是图书馆的模样。如果此话当真，亚历山大城的大学城可谓货真价实的天堂。

大学城建在托勒密一世的王宫旁边，师生同住其中，一切吃住费用全免，还有众多奴隶伺候，保障众人没有后顾之忧，专心学习和研究。

为了扩充藏书量，亚历山大城利用自身是西方世界（很可能还是全世界）当时最大的港口、交通要塞、世界商贸中心的优势，采取"只要雁过，一定拔毛"的政策。所有过往船只，靠港后的第一件事就是交出所携带的图书，无论品质和品种，通通都要。火速送到大学城，火速誊抄。抄完归还原书，才让船只离港，除非书不要了。

就在这样的天堂图书馆和象牙塔里，欧几里得度过了一个学者单纯而幸福的一生，他彪炳史册的著作《几何原本》，被猜测是亚历山大学院的自编教材，奠定了欧洲数学的基础。欧几里得自己是欧氏几何学（Euclidean geometry）的开创者，被誉为"几何之父"。

同学们或许难以想象，今天数学课上学习的几何，大部分内容就来自两千多年前的这位学者。可惜几百年后，就在这个城市、这个学院，发生了极其悲惨的暴力事件，此刻正在凝聚的学院风气和希腊传承届时将遭到毁灭性损害，具体可参看后面的"希帕蒂娅"一节。

早在古希腊时期，几何学就是重要的基础学科之一，据说柏拉图学园的门口就挂着门牌："不懂几何者，不得入内。"但《几何原本》才是古希腊数学的集大成和发展的顶峰。

《几何原本》不是简单地发现了几个原理和运算法则，而是将几何学纳入严密的逻辑演绎系统运算中，从一系列定义、公理、公设基础上，运用严谨的逻辑推演，提出5大假设（Postulates）、5

大公设（Common Notions）、23个定义（Definitions）和48个命题（Propositions），建立起完整的学科范式，使几何成为一门独立和严格的科学。

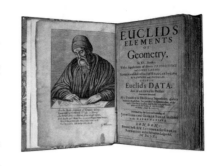

此外，欧几里得还写了不少关于透视、圆锥曲线、球面几何和数论的论文。

在大学城，曾长久地流传一则校史逸闻：欧几里得的几何课作为超级爆款网红课，影响力溢出大学，竟然在全城掀起学几何的热潮，连住在隔壁的托勒密一世都听说了，要来赶时髦。

可是国王的学渣本色暴露无遗，他总是学不通，气急败坏地问欧几里得，可有捷径和窍门？

欧几里得的回答能把天下君王都噎死：陛下！几何和数学可没有单为王者留一条路。"几何学里没有国王的专用通道"就此成为名言，几千年来彰显着科学面对权贵时，另一种层面的高贵和尊严。

据说还曾有学生问学了几何有什么好处，欧几里得没有像泰勒斯那样费心证明运用几何原理能赚钱（确实能），而是干脆命令奴隶给学生三个铜板（当然啦，不是铜板，是埃及通用钱币），并把他们轰出学院，大有"想赚钱莫入此门"的意味。

古希腊哲学家赫拉克利特（Heraclitus，约前544—前483）曾说："找到一个事物原因的解释，比做波斯人的国王还好。"这种求知的愉悦，非此中人大概没法理解。欧几里得可谓完美地传承了纯粹求知的希腊精神传统。权贵也得遵循学术的路数，想要实利则请"圆润"

滚开。

然而，几何学到底有没有用呢？

欧几里得去世那年，埃拉托色尼（Eratosthenes，前275—前193）诞生在非洲利比亚（当时属于埃及），他后来做了大学城的图书馆馆长。

我们今天地理课学的部分知识，如划分寒带、温带和热带，区分几大洲（当时只知道亚欧非三个洲），用经纬网格为地球定位，都来自他。"地理学"一词是他的创造。

这位地理学奠基人，惊人地准确测出地球的周长。就是用的几何学方法。

正午时分，太阳同样照耀着亚历山大城和九百多公里外的另一座城市。阳光在这里能直射到井底，在那里却不会，井壁上的阴影显示出阳光与井之间的夹角。利用这个夹角的数值和两城间的距离，就可以算出地球表面的周长。

这时候的中国战乱纷纷，秦正一个个吞并六国。而三四百年后的汉代，天文学家还在争论，到底是盖天（地是平面，天如同倒扣的碗）还是浑天（天如鸡蛋，地是里头的"蛋黄"）。

我们喜欢说我们有什么技术比西方先进几千年，这当然值得骄傲。但也要知道，其他文明同样创造了很多辉煌成就，有的也比我们先进几百几千年。

大家都各有优劣，要能够欣赏他人的成就，知道自己的不足，这才是一个高雅、理性、而且有能力进步的人该有的胸襟和见识。

最后值得聊聊的，是《几何原本》获得"中国签证"的故事。

差不多两千年后的1607年，该书由最早来华的耶稣会士之一利玛窦（Matteo Ricci，1552—1610）和明末开明官员徐光启合作，从拉丁文翻译为汉语（当然，是文言文）。该译本后来被梁启超盛赞"字字金珠美玉"，虽然当时读过的人不多，能重视和看懂的人更少，但不妨碍它成为中西文化交流史上的一件大事。

荷兰的汉学家安国风博士写过一本《欧几里得在中国：汉译〈几何原本〉的源流与影响》，探讨了一个问题：《几何原本》里的抽象性、演绎性和公理化等特征，对于中国来说是完全异质的文化，为什么偏偏在晚明得以传播，并影响明清之际中国传统数学思想的嬗变？

徐光启在中译《几何原本》的前言介绍，就涉及安国风所提问题。徐光启说，他不能按希腊传统，说几何只求真理不求功利，这样的说法在中国完全没有文化土壤（果然很"异质"），他辨析的是"授之以鱼"和"授之以渔"，强调几何作为基础学科，看似没用，其实是大用和根本之用。

徐光启说，人之常态是"鸳鸯绣出从君看，莫把金针度与人"，几何学不仅是"金针度去从君用，未把鸳鸯绣与人"，而且连"开草冶铁，抽线造针"的方法，"植桑饲蚕，湅丝染缕"做线的方法，都在其中。知道了做针和做线，多少鸳鸯绣不成？（"有能此者，其绣出鸳鸯，直是等闲细事"。）

时间之流里，欧几里得怼国王轰学生，徐大人是如此见解，康熙大帝认认真真学微积分留下不少习题册，到了各位洋务派大人那里，则委委屈屈只肯承认洋人绣的鸳鸯还凑合，针线还是我们自己的好。

看来，后人未必强过前人，历史也并不必然向前，还可以向后转。

阿基米德
羊皮书的前生今世

阿基米德（Archimedes，约前287—前212）的历史地位毋庸我多言，若要开列一张有史以来最伟大数学家的名单，他和牛顿、高斯属于那种无论如何也会上榜的人。他又与牛顿、爱因斯坦并称为三大科学巨人，被誉为"理论天才与实验天才合于一人的理想化身"。他是大咖中的大咖，给后世留下了很多脍炙人口的故事，每一个都适合中学生写作文时加以引用。

他被称为"力学之父"，确立了静力学和流体静力学的基本原理，代表名言是"给我一个支点，我将撬动整个地球"，一听就豪气万丈，让人很容易忽略它其实只是在说杠杆原理。他用杠杆原理将一艘新造的巨船推下水，折服了国王和臣民。

还在亚历山大留学时，他就曾为解决引尼罗河水灌溉的难题，发明了圆筒状的螺旋扬水器，被后人称为"阿基米德螺旋"。

阿基米德学成之后，回到他的祖国，位于西西里岛的希腊城邦叙拉古，担任赫农国王（说明一下，国王是他家亲戚）的顾问，帮助国家解决生产实践和日常生活中的各类技术问题。罗马入侵叙拉古国时，他是国家首席军事科学家，设计制造了很多尖端武器，包括巨大的抛石器、起重机等，并利用凹面镜聚光原理，烧毁过敌人的战船。

他的物理学在战斗中发挥了如此巨大的功能，以至于罗马军队的统帅马塞拉斯将军叹息，这根本就是一场"整支罗马舰队与阿基米德一个人的战争"，"阿基米德是神话里的百手巨人"。

国王想知道工匠打造的金皇冠里有没有偷偷掺银，又不愿破坏皇冠。阿基米德冥思苦想数日，终于从洗澡水溢出浴缸获得启发，想到用体积和浮力原理加以测试。这就是著名的浮力定律，也叫阿基米德定律（Archimedes law）：浸在液体里的物体受到向上的浮力作用，浮力的大小等于被该物体排开的液体的重力。

阿基米德激动地跳出浴缸，嘴里呼喊着"Eureka"（音"尤里卡"），裸着就奔了出去。

希腊语 Eureka 意为"我发现了，我知道了，我有办法了"。如今，灵感一现有了重大发现，就被称为尤里卡时刻。

很有希腊特色的是，他明明是顶级物理学家，却认为机械制造发明都是低等的智力活动，只是研究几何学之余的消遣，所以他的数学著作不下十种，却没有留下一本物理相关著作，只留下了这么多故事。

他的死也是一段传奇，公元前 212 年的一天，叙拉古人在庆祝他们一年一度的阿尔杰米达节时，罗马士兵偷偷攻入城，而七十五岁的阿基米德正在研究几何。

几个罗马士兵闯进他家，他留在人间的最后一句话就是"别碰我的圆"——瞧瞧，人家死前研究的是几何，不是物理。

结果，大老粗们手起刀落，他的血滴进圆中。

马塞拉斯将军知道阿基米德的价值，气得暴跳如雷，将杀害阿基米德的士兵当杀人犯给处决了。将军为阿基米德举行了隆重的葬礼，修建起庄重的陵墓，墓碑上根据阿基米德生前意愿，刻上了"圆柱内切球"，因为是他发现了圆柱体的表面积：球的表面积＝圆柱体的体积：球的体积＝3：2，并认为这个比例美且和谐，堪称"美妙"，是他几何学上最得意的发现，值得刻在他的墓碑上。

跟阿基米德墓碑异曲同工的是数学家丢番图。他的墓碑上是一道数学题，大意是：这里葬着丢番图，他的童年占一生的六分之一；又过了十二分之一后，开始青春期长胡子；又过七分之一后结婚；五年后得子，可怜这个儿子的寿命只是其父的一半；悲伤的父亲用研究数论来抚慰自己，又过了四年，他也走完人生旅途。告别数学，离开人世。

你可以算一算，丢番图活了多大，分别是什么年纪结婚、生子和丧子的。

还有一个鲁道夫·范·科伊伦（Ludolph van Ceulen，1540—1610），是荷兰莱顿大学历史上第一位数学教授，一辈子主要研究圆周率。阿基米德是历史上第一个用"割圆术"方法来计算圆周率的人，鲁道夫用的就是这个办法，只不过更精确，算到了小数点后35位，是当时世界上最精确的数值。于是，这个数值被刻在他的墓碑上。

π=3.141 592 653 589 793 238 462 643 383 279 502 88

好了，无论你年龄大小，读到此处，不妨停下来想一下，你希望自己的墓碑上刻点儿什么？是一串音符，一个头衔，一本书名，与终身伴侣的合影，还是某个宗教或学派的徽标？

世上所有的墓碑，都在回答一个问题——此人是谁？你希望答案是什么？

如果你知道答案的方向，就用一生去追逐吧，让你墓碑上所刻配得上自己无憾的一生。如果一时还想不到，不妨从此刻起找寻答案。不必停下生活、学习和工作去冥思苦想，期末考试还得好好准备，工作任务也要完成，但心里始终留一小块地方，始终想着这个问题。让墓碑上的理想图案引领你的生活，是一种不错的活法。

要知道，一出生就被给定的东西（国籍、家乡、姓氏、家族里其他人的成就），通通不值得骄傲，只有你为之付出过努力的东西，才是真正属于你自己的荣耀，才可以在死后用来定义和评价你的人生。

最后还有一个小故事。

随着时间的流逝，阿基米德的陵墓被荒草吞噬。同样被湮没的，是他的手稿，在他去世不久就不知去向。而现存阿基米德著作最早的抄本，拥有奇迹般的生平。

话说在12世纪的欧洲，没有纸张，羊皮纸是昂贵而稀有的记录工具。所以当一名僧侣得到一本二百年前的羊皮书时，他高兴坏了。显然他看到的只是"羊皮"，没有"书"。羊皮上确实有"一个不知道是谁的古人"写的几篇"破文章"，用的是早已弃用的希腊文，所以谁会在乎？

他毫不犹豫地洗净上面的墨痕，将羊皮书剪成两半，倒了个儿地用胶水重新装订成小开本书册，骑缝装订，双页开。虔诚的教徒写上虔诚的祈祷文，再包上皮革封面。他完全不知道，他的拉丁文上帝压在阿基米德的数字上面。

不知道有多少人通过这本祈祷文感受过上帝的光芒，总之，阿基米德是消失了。所幸的是,尽管传教士把墨迹洗尽,墨汁还是渗透并沉淀到羊皮纸的纹理深处。

当年抄录阿基米德著作,用的是一种特殊的墨水,主料是碾碎了的五倍子〔一种中药,用五倍子蚜虫在树上寄生而成的虫瘿(insect gall)制成〕,混合硫酸铁、树胶、水和醋等。这种混合液体的主要成分是单宁酸(Tannin,也叫鞣酸),茶叶里就有这种成分,绿豆用铁锅煮会发黑,苹果、梨用铁刀切开后变黑,都是因为细胞里的鞣酸与铁产生化学反应,生成了黑色的鞣酸铁。

事实上,传教士抄祈祷文,用的也是这种墨水。不过两份墨水相差二百多年,对现代射线的反应不同。也许老的迟钝,而年轻的更敏锐一些?

转眼到了八百年后的1906年,丹麦学者约翰·卢兹维·海贝尔在伊斯坦布尔的教堂图书馆查资料,注意到祈祷文墨迹下隐约有文字,这位学者好奇心重,也足够细心,用放大镜看出了端倪。书不能外借,他就抄录了一部分,又请摄影师拍照。阿基米德最早的存世抄本,终于徐徐露出水面。

可惜,时不利兮书即逝。紧接着,希腊和土耳其之间爆发战争,祈祷书在战火中失踪。没有人知道它在近一个世纪中经历了什么,也没有人知道它何以于1998年,突然经由一名法国收藏家,在纽约克里斯蒂拍卖行的一次拍卖中现身。

此时它身上已经布满蜡迹和霉菌,字迹模糊,起拍价八十万美元,最后成交价二百万美元。当时,希腊政府曾出面,希望能拍下这份国宝,使其回归,无奈输给了一个神秘的美国富翁。关于这位富翁,我们能知道的唯一真相就是他不是当时的世界首富比尔·盖茨。(难道是传媒大亨默多克，股神沃伦·巴菲特，或者开沃尔玛超市的某一位沃尔顿？）

不管这位神秘富翁是谁，该先生将拍得的羊皮书借给马里兰州巴尔的摩市的一家艺术博物馆，雇用各路专家展开研究。

整个研究过程值得大书特书。它更像一台精微的手术，用的也确实是医疗仪器。拆解、固定，一张张地清除霉斑、污渍，然后是解读"隐形"了的文字：用多光谱成像技术拍摄一系列图像，再用做卫星云图分析的软件，进行计算机分析。

此路不通后，又改用共焦显微镜法成像，此路又不通。直到2005年5月，位于斯坦福的同步辐射实验室，用直线加速器上产生的X射线（不同于日常体检的X光）读取论文，这才终于再现了这部174页的文稿。美国人热维尔·内兹（Reviel Netz）写的《阿基米德羊皮书》讲述了这个传奇故事，有兴趣的同学不妨一阅。

该羊皮书的重要性，不仅仅在于它是现存最早的抄本，还在于经过长达七年的研究，人们对于阿基米德的工作有了新的认识。

羊皮书的内容除了众所周知的《论平面平衡》《球体和圆柱体》《测圆术》《论螺线》《论浮体》等，还有两篇论文——《十四巧板》和《机械定理方法论》——是我们以前不曾知道的。前者研究古希腊的一种玩具，类似于中国的七巧板，只不过更复杂，涉及组合排列等数学问题。

更重要的是后一篇文章，它表明阿基米德已经思考过数学的"极限"和无穷极数问题，而且提到了"无穷数"的概念。"无限细分"就是微分，"无限求和"就是积分。也就是说，阿基米德的思考已经非常接近现代的微积分。

要了解微积分的意义,可以用一个事实来表示:科学史一般认定微积分是牛顿和莱布尼茨于1666年分别独立创立的(他俩为这事掐架的故事,可参看后面的"牛顿"一节),而这一年就被作为近代物理学诞生的元年。

在同一篇著作里,阿基米德还通过分析几何体的不同切面,计算出其面积和体积,成功打通了数学和物理之间的通道。

面对历尽沧桑复活的文本,我们要感谢世上所有细心的人,是他们帮助愚钝麻木的普通人,注意到并发现各种真相。历史和宇宙的秘密从来不彰显,不张扬,都只是蛛丝马迹、草蛇灰线。粗心的人无意于那些微小痕迹,却不知漏掉的竟是整个世界。

西谚云:天使存在于想象中,魔鬼藏在细节里。艺术的秘密在于细节,科学也一样。德国化学家李比希(Justus von Liebig,1803—1873)让新元素溴从眼皮下溜走了,而王懿荣没有错过"龙骨"的纹路(虽然这个广为流传的甲骨文发现故事,现在已经遭到质疑)。当年,海贝尔没有错过阿基米德,阿基米德和我们都有福了。

郑 国
真正的取胜之道

西陲边疆的虎狼之国秦国国力壮大后,生出"席卷天下、包举宇内、囊括四海之意,并吞八荒之心",采取"远交近攻"的连横战略,交的是燕、赵,攻的是最近的韩。

韩国由强晋三分(韩、赵、魏)而成,能从春秋时期一百多个诸侯国的乱战中,一直活到战国末期,天下七分得其一,可见实力也不弱。但韩国毕竟是战国七巧板里最小最弱的一块,被强秦打得焦头烂额,情势岌岌可危。

公元前260年,韩国失去上党富饶之地,只得请"本是同根生"的赵国来帮忙助战,结果不但没挡住强秦,还连累赵国落得个长平一坑,生生断送了四十万兵士,以及看起来是青年才俊的小帅赵括。天下大势,由此初定。

连赵都扛不住,韩清晰地意识到危在旦夕。国将亡矣,奈若何?

明的不行,便来暗的。韩桓惠王派出了韩国版的007——郑国先生。选择郑国是因为他跟吕不韦是老乡,他前往秦国,设法见到主政的吕同乡,说服秦国修筑大型水利工程。

这本是韩王定下的"疲秦之计"。"使水工郑国间秦作注溉渠,令费人工,不东伐也"。当时的诸侯国没有职业军人,都是兵民一体、工兵一家。大兴土木意味着占用劳力、削减兵力、损耗财力，秦国的战事因此受牵制，国力衰弱，韩国偷得喘息的机会。

憨厚又专业的郑国，用乡音乡情，很容易就打动了吕不韦。吕大人听着在理，大笔一挥项目批下来，拨款拨人，勘测划地。公元前246年，韩桓惠王二十七年，秦王政元年，作为阴谋的国家大型基础建设项目开工了。这就是今天的郑国渠。

一切都按原计划执行，诸事顺利。工程进展稳步推进，从表面看也确实达到了韩王的目的：郑国渠的修建动用了十万劳力，耗时十年，是当时"国际上"规模最大、耗费最巨的工程。

唯一的失算是，郑国太过实心眼，他很快就忘了自己"国际间谍"的身份，专心致志做起水利工程师来。

本来，弄点儿假大空的面子工程，造些华而不实的标志性建筑，最能达到疲敝秦国、削弱其国力的目的，如果建到烂尾、溃堤、坍房、塌桥，当然更好。可郑国不，他一旦投入，便全身心地投入，扎扎实实地勘测、忘我地计算和设计，引水入泾河瓠口，"并北山，东注洛，三百余里，欲以溉田"，越干越起劲儿，对工程质量要求还高。

结果，郑国渠造得相当成功，大大促进了秦国的农业生产；郑国渠造得太坚固耐用，到现在还泽被关中。

在农业社会，水利是国家固本培元、关系民生的大计。秦国本来就地处《禹贡》里的"雍州"，是中原的上好地段。后来有了都江堰，四川盆地成为天府之国、秦朝的第一粮仓。现在建成郑国渠，又添一关中粮仓。《史记·河渠书》记载："渠就，用注填阏之水，溉泽卤之地四万余顷，收皆亩一钟，于是关中为沃野，无凶年，秦以富强，卒

并诸侯。"[1]

后代学者考证,郑国渠绵延一百多公里,灌溉了一百多万亩良田,能够保证供应六十万人口。郑国渠帮助秦国,使其再无军需粮草方面的后顾之忧,马肥人壮的秦军铁骑,手持强弩,迅速踏破中原。

关于郑国渠的价值,还有一个来自《汉书·沟洫志》的佐证,一百多年后,汉武帝一时兴起,在郑国渠的南边,"穿渠引泾水,首起谷口,尾入栎阳",兴建白渠。郑国渠和白渠合称"郑白渠"。当时就流传着民歌:"田于何所?池阳谷口。郑国在前,白渠起后。举锸为云,决渠为雨。泾水一石,其泥数斗。且溉且粪,长我禾黍。衣食京师,亿万之口。"[2]后来累世维护修整,一直用到今天。

公元前221年,郑国渠建成十五年后,天下归一。秦出动消灭齐

---

[1]《史记·河渠书》。
[2]《汉书》卷二十九,《沟洫志》第九。

国、横扫天下的,正好是六十万大军——能受益于郑国渠的人数。

至于郑国先生本人呢?吭哧吭哧干得正起劲儿,后事败,身份暴露,被捕入狱。他为自己辩护,"臣为韩延数岁之命,而为秦建万世之功",实非虚言。但这当然没能保住他的项上人头。

这就是他,叫作郑国的韩国人,中国古代科技史上失败的间谍,国际隐蔽战线上最成功的水利工程师。

细想起来,从东周始到秦始皇,其间五百多年的群雄争霸,多少英雄、豪杰、能人、野心家,纷纷往小小的历史舞台上挤,把别人往台下踹,秦最终能后来居上,一统江山,是有其原因的。

其中很重要的一点,是它不是致力于削弱别人,而立志于让自己强盛(当然,对于秦式强大该如何评价,又是另外一个问题。这个评价可不高)。从商鞅变法开始,直到嬴政称帝,都是如此。而韩国派郑国修渠、燕国派荆轲搞暗杀,这一类的做派,都是反其道而行之。

世间总有竞争,竞争总有胜负。所以,某个具体参赛者的胜负,仅仅只对他本人有意义,而竞争的根本和真正意义,在于促进整体水平的提升。

一个人要想强过别人,有两种办法,一是让自己比别人更强,一是让别人比自己更弱。前者取其强,后者取其弱。竞争中最糟糕的,就是这种"取弱"的思路。胜则胜矣,却没有提高"强"的绝对值。

武大郎开店,自己不需要通过锻炼和增加营养,努力长高,只要把比他高的都开除就行。他要成了君王,比他高的就不是失业而是丢命。这样一来,武大郎的店面和国家是稳稳的,人的身高却被限制了。

如果这是竞争和选择,那么竞争带来的,不是人类的进步、发展和提高,只是人和人之间的敌意、伤害和阴谋。优汰劣胜的格雷欣法则[1],是人类整体水准的衰落。小胜而大败,个人胜而整体败,这样的竞争,怎么可能带给人希望?

所以,应该感谢郑国和他的郑国渠,那是伫立在中华文明发源地的一个巨大的象征,向整个民族展示了真正的取胜之道,在于自己的求强、求快、求胜利,而不在于背后使绊子,害得别人跌一跤,自己还被倒下的庞大对手活活压死。

---

[1] 16世纪英国伊丽莎白女王的财政大臣格雷欣提出,经济领域有可能出现劣币驱逐良币现象,被称为"格雷欣现象"(Gresham's Law)。

维特鲁威
机缘的重要性

达·芬奇的这张素描：四肢伸展的裸男，两个动作，分别外接圆和正方形，广为人知。但未必有多少人能流利地说出这幅名画的名字：维特鲁威人（Vitruvian Man）。

为什么起这么个古怪的名？因为在人类还没有统一的丈量标准时，是古罗马工程师和建筑师马可·维特鲁威·波利奥（Marcus Vitruvius Pollio）首先提到，将人体的自然比例应用于工程丈量，并总结出了人体结构的比例规律。

其实，利用人体做长度测量、构建尺度，并不是什么稀罕的想法。英语的 feet 既是"脚"，也是"英尺"，中国早期的思路和做法也一样。《说文解字》解释古代长度单位"寸、尺、咫、寻、常、仞诸度

量，都以人体为法"。"尺"是象形字，画的是手握拳，伸长拇指和中指。"一尺"就是俗语所谓的"一拃"。至于"咫尺之间"，咫是女人拇指和中指间的长度，尺是男人丈量的长度。周朝则定下来八寸为咫，十寸为尺。

"寻、常"也是两个长度单位，甲骨

文里的"寻"字，是一个人两臂平举的长度，也就是维特鲁威人图中正方形的边长。两寻为一常。

《仪礼·公食礼》曾对宴席有详细记载，"司宫具几，与蒲筵常，缁布纯，加萑席寻，玄帛纯，皆卷自末"，"寻、常"的注释就是："丈六尺曰常，半常曰寻。"

这一段的意思是，对于没有按照规矩在食礼前斋戒的，吃宴席的招待法不同：由司宫准备几案以及一丈六尺长的筵，筵是蒲草编织，黑色（浅黑带点儿紫）布作边，筵上加八尺长的席，席用细萑编成，黑色（深黑带点儿金红）帛作边，筵和席都从末端卷起。

筵席相叠，就是坐垫。降格的座位尚且如此铺张，可见周代食礼之盛况。

中医针灸至今还以"膝下两指"或"腕外三指"来确定穴位，"清华简"中的《五纪》也记载人体与数算相结合作为尺度的方式：武、跬、步，是依据足（下肢）建立的长度单位，拳、扶、咫、尺、寻，则是依据手（上肢）建立的长度单位，这方法称为"标躬惟度"。

只不过，维特鲁威用身子丈量尺度，想要做的事有点儿大。毕竟人家是搞建筑的。

我们现在对维特鲁威其人已经知之甚少，只知道他大约生活在公元前1世纪到公元1世纪之间，担任过恺撒的军事顾问和奥古斯都的军械监制官。他曾经独立完成法诺城里的一座教堂（巴西利卡教堂）的设计和建造，并主持过罗马城著名的供水和排水系统工程。

实践之余，他还写了本专著《建筑十书》。这本书被推测完成于公元前27年，因为其声明献给新掌权的罗马第一个皇帝奥古斯都，而恺撒的义子屋大维获得"奥古斯都"称号是在公元前27年。

《建筑十书》是一本系统的建筑学理论著作,内容包括建筑领域的各个方面:建筑师的修养和教育、建筑构图的一般法则、城市规划原理、市政设施、公共建筑物和住宅的设计原理、建筑材料等,还提到了一些机械设备,比如水表的制造等。

尤其是它确立了建筑的三元素:实用、坚固和美观。这个"三元素说"至今还是建筑学的基本原则和命门所在。

当然,以现在的角度看,该书有些观念未免"古旧"和"落后"。比如,西方建筑中常将女性或女神的身躯设计为立柱,维特鲁威对此给出钢铁直男式的解释:这是对女性的惩戒。

比《建筑十书》内容更有意思的,是它的命运。这本书曾经一度失传,直到16世纪才被重新发现,正好赶上文艺复兴。

好巧不巧,它是中世纪以前唯一遗留下来的建筑学著作,欧洲建筑要从历史里找点儿传统,它成了唯一选项。毫无悬念的,《建筑十书》被认定为人类第一部建筑学专著,对文艺复兴时期、巴洛克时期和新古典主义时期的建筑界影响巨大,奠定了欧洲建筑科学的基本体系,至今仍是西方建筑学界的经典。

总之,似乎怎么加誉都不过分。

老普林尼
生命的意义在于正当地赴死

跟柏拉图《克里特雅斯》(*Critias*) 一书中记载的"大西国"（Atlantis，亚特兰提斯）一样，西方古籍里记载的"庞贝城"（Pompeii），长期被当作关于远古的虚构传说。直到后来在维苏威火山南部挖出刻着"Pompeii"的石块，人们才不可思议地瞪大眼睛张大嘴：啊？竟然是真的？！

到了1748年，挖掘出了被火山灰凝固的人体遗骸，人们才意识到，庞贝不仅是真的，而且就在这里！

随着后续的考古发现，历史被一点点重构和还原，一些曾经被忽视和难以理解的文献资料，也得到了新的解读。

公元79年8月24日中午（当时的罗马人将日出到日落这段时间分成12等份。记载为7时，应该是今天的下午一两点。这是一个惊人准确的时间，应该感谢小普林尼的记录），位于意大利的维苏威火山突然爆发。它是世界上最有名的活火山，在这次对世界影响最大的喷发当中，一次性埋葬了两座文明发达的城市：赫库拉尼姆城和庞贝城。

对整个城池来说，没有比火山喷发的灭顶之灾更可怕的，而对于完整保存历史遗迹来说（虽然这么说很残酷），似乎又没有比火山灰掩

埋更好的保存方式了。在厚达五六米的火山灰下面,古城被完整地凝固在某一刻,包括人们绝望扭曲的身躯和手里紧握的圣像。庞贝古城的挖掘至今还在进行中。

古城开始挖掘时,人们才注意到一封私信。那是写给历史学家塔西佗的一封报丧信,信中说,"我的养父"率领一支舰队驻扎在那不勒斯湾,附近火山爆发。养父为了获取火山爆发的第一手资料,独自前往观察。养父肺部本来就不好,又吸入过量的火山灰以及二氧化硫等有毒气体,随即中毒身亡。

写信的人叫普林尼(Gaius Plinius Caecilius Secundus,61 或 62—约 113),后世叫他小普林尼,因为他的舅舅即信中说到的"养父"也叫普林尼——盖乌斯·普林尼·塞孔杜斯(Gaius Plinius Secundus,

23—79），常被称为老普林尼或大普林尼（Plinius Maior）。

在此容我吐个槽，欧洲人的名字是有多贫乏和简省？彼得（Peter）的儿子就叫"彼得儿子"（Peterson），约翰（John）的儿子就叫约翰生（Johnson），父子同名就称大仲马、小仲马，敢不敢再来个爷爷老仲马？欧洲史一直很难捋利索，就是因为乔治和玛丽们太多了。国王的数量是国王名字的好几倍，加上外号都不容易分清楚。单单一个英国就有八个亨利和八个爱德华，这还不算扎堆的。法国有十九个路易，十位查理，西班牙有十三名国王分享一个名字"阿方索"，葡萄牙不遑多让，再添六位阿方索。

言归正传，老普林尼终身未婚，从姐妹那儿过继来一个继承人。临死前将一切交付给这个十八岁的养子兼外甥，其中包括一百六十卷笔记和三十七卷《自然史》草稿，那是他的心血。

他没有看走眼，之后数年，小普林尼细致生动地记述了养父的生平事迹，整理出版了那本"像大自然本身一样丰富"的《自然史》，并按照老普林尼的意愿，将它题献给当时的罗马皇帝提图斯（79—81年在位）。因为老普林尼服兵役时，是皇帝的亲密战友，两人私交挺好。当然，这是小普林尼转述的老普林尼的话，有没有粉饰或攀附就不可考了。

这部百科全书记述了天文、地理、人类学、生理学、动植物学、矿物冶金术、化学、文化艺术等。在第六卷中甚至有关于"丝之国"的描写，说那儿有一种特产的树，树上长一种绒毛，采下来漂洗晒干了，就是丝绸。"丝之国"还能生产质地很坚硬的钢。当然，他说的是中国。

之后的几个世纪，高鼻碧眼的欧洲人绞尽脑汁也研究不明白，丝绸是怎么制造出来的,那是中国的"最高商业秘密"。最后据说还是在东罗马皇帝查士丁尼的重赏之下,两个印度僧人充当国际间谍,将桑蚕技术偷到了君士坦丁堡。为什么成功的是僧人呢?因为那时中国正处在南北朝时期,出了个著名的信佛皇帝梁武帝。

必然地,《自然史》里不缺"荒谬可笑"的错误,除了"丝之国"的描述,还记录非洲某个部落的人没有脑袋,口和眼睛都长在胸部,这听起来简直像是《山海经》《穆天子传》或《镜花缘》,而不是科学著作。

不过,没必要对古人太苛刻,毕竟,对于远方的描写,从来都是失之毫厘,谬以千里。迟至19世纪末期,欧洲大陆的科学家对于美洲和美洲人的描述,仍然荒诞不经,说那儿的男人不同于地球其他任何地方的,他们的乳房会像女人一样流奶水。

不管怎么说,《自然史》在很长一段时间内没有遇到挑战。一方面,老普林尼在书中始终贯彻一个基本观点:大自然生产的一切都是为了供人利用,为了人的存在,"天地很仁,为人类生万物",这个人类中心的价值立场很对基督教的胃口,得到教会的大力扶持。

另一方面,《自然史》也确实有科学和历史价值。在15世纪以前,《自然史》一直是欧洲最权威的自然科学著作,影响巨大。对它真正有分量的批评,迟至17世纪才产生。

老普林尼一生写了七部书,其中六部都散佚了,但仅凭一部《自然史》和独特的死亡方式,就足以留名青史。人们至今仍把爆发强烈、岩浆黏度大、火山碎屑物达90%以上、分布广泛、火山口形成锥顶崩塌的火山喷发类型,称为普林尼式喷发(Plinian eruption)。

火山突然爆发,任何有常识的人都知道逃生,老普林尼却反其道而行之。如果他知道此行的结局是死亡,他还会赶往现场做科学观测吗?我知道假设没有意义,但还是猜度,他有相当的概率考虑科学多过考虑生死。或者说,在那一刻,他想到的也许只是亲历火山爆发是多么难得,他兴奋、激动,急于前往记录,没有"余心"考虑安危,也感觉不到恐惧。

对于有的科学家来说,科学和真理是他们的使命。没有使命的生命只是活着,而没有价值内核的"活着",与死亡无异。活得不精彩,死亡也失色。所以,才会有很多科学家和医生会"以身试法",用自己的血肉之躯做实验,也会有老普林尼这种火山爆发时的"逆行者"。

《双城记》里,西德尼·卡尔登为了成全自己所爱女子露西的婚姻,代替她的丈夫被处死。临刑前,他想:"我现在要做的事,远比我过去所做的一切都美好;我将获得的休息,远比我所知道的一切都甜蜜。"

对真正的科学家来说,情况也是这样。人生总有些事,是不得不做的。生命的存在有其本质意义和天生使命,为了这个使命,人要顽强而精彩地活着,也可以正当地赴死。这或许就是人可以区别于其他动物的一点:生命为了成就其意义和价值,可以无所畏惧地走向生命的反面。

蔡 伦

我们可能知道真相吗？

蔡伦（约62—121）是国际名人。美国《时代周刊》评选"有史以来最伟大的发明家"时，他榜上有名。有好事者编写风行一时的畅销书《影响人类历史进程的100名人排行榜》，入选的中国人共八个，其中有两位冲进前十。一个自然是孔子，另一个就是蔡伦。

不仅如此，该书还提出一个问题：2世纪以前，中国落后于西方，汉代时却赶超并最终成为世界上最发达的国家，为什么？作者给出的答案是：蔡伦发明的造纸术推动了文明的传播和发展。

同理，中国之所以在15世纪又开始落后，则是因为谷登堡发明了活字印刷术，而中国还停留于雕版印刷术，这是对李约瑟难题的千百

个回答中的一种。将蔡伦的贡献放到决定中西文明发展缓急的高度，并强调造纸术不是文明发展到一定程度的必然产物，而是特殊人才对人类社会所做的特殊贡献。

当然，对于"蔡伦发明了造纸术"这件事，学界一直有疑问和不同看法。

早在1933年，考古学家就在今新疆巴音郭楞蒙古自治州尉犁县附近的罗布淖尔，发掘出了西汉时期的古纸"新疆纸"，那是一种白色麻物，方块薄片，表面还有麻筋，算是现代纸张的雏形吧。

后来，又陆续在西安出土了"灞桥纸"（用来垫衬青铜镜的88片古纸残片，时间不晚于汉武帝），在甘肃出土了"中颜纸"（西汉宣、哀帝时期的麻纸），在内蒙古居延出土了"金关纸"和纸质地图等。这些都是西汉时期的东西，而蔡伦是东汉人。于是，纷争渐起。

除了上述考古发现，还有些史书记录也对蔡伦不利。《北堂书钞》里说，汉武帝的儿子卫太子长了个大鼻子，武帝身边有个奸臣叫江充，这边哄卫太子"你皇爸爸不喜欢你的大鼻子"，那边骗武帝"你儿子嫌你身上有味儿"。结果，卫太子去见父皇时，"持纸蔽其鼻"，惹得武帝龙颜大怒。

这段史实的关键字，是"纸"字。

据此，有学者提议，将旧有论点修正为：造纸术发明于西汉，东汉蔡伦进行了重要改进和完善。

但似乎更多的人还是支持"蔡伦发明造纸术"一说。理由是，上述文献记载和考古发现的所谓纸，不过是丝质纤维漂过后的"似纸物"或"植物纤维纸"，没有经过挫、煮、打、抄等工序，不是真正意义上的纸张。况且，墓葬的具体年代也未必确切。

老实说，我对"纸"的精准定义和蔡伦的历史定位都不感兴趣，有趣的是另一个问题：这场争论何以成为可能？

说蔡伦发明造纸术，很早就有史书上的历历记载。范晔的《后汉书·蔡伦传》说："自古书契多编以竹简，其用缣帛者谓之为纸。缣贵而简重，并不便于人。伦乃造意用树肤、麻头及敝布、鱼网以为纸……"

再往前追溯，《东观汉记·蔡伦》里记了三条，第一条与纸张无关，只记录了这个人的风范。"蔡伦，字敬仲，为中常侍。有才学，尽忠重慎。每至休沐，辄闭门绝宾客，曝体田野"。汉朝公务员享有专门用来洗澡的假期，蔡伦碰到"休沐"，就一个人跑到野外去裸睡，享受裸体日光浴。这样的放浪形骸，跟他工作中的谨慎作风（"重慎"）既矛盾，又吻合。

第二条说到了造纸。"黄门蔡伦……造意用树皮及敝布、鱼网作纸，奏上，帝善其能。自是莫不用，天下咸称蔡侯纸也"。

还有第三条，"伦典上方，作纸，用故麻造者谓之麻纸，用木皮名榖纸，用故鱼网名网纸"。

这就说清楚了，蔡伦造纸，是在古人的基础上，而且根据原料的不同，分作不同种类。而且，此事有历史记载为证本身也大有因缘。

蔡伦的历史标签，跟造纸这件科技含量满满的事脱不了干系，但他作为一个人的一生，主要干的事可不是这个。他当了四十六年宦官，历经四朝，在后宫打滚，被深深卷入权力斗争中。

他奉旨改造造纸术，研制出来后，受到汉和帝嘉奖，所以，他的事迹被记录在史册，技术被推广到民间，影响巨大。他还被封为"龙亭侯"，食邑300户，纸张也就叫作蔡侯纸。他能有"传"入《东观汉记》,据说也是汉和帝钦点的。

成,是出色完成了帝王家交代的任务;败(死),也是同样的缘故。

蔡伦第一次受到"重用",是窦皇后派他监视情敌宋贵人。宋贵人生子刘庆,被封为皇太子。窦皇后设计废太子,迫宋贵人自杀。桩桩件件,蔡伦都参与其中。

后来,窦氏又害死另一个梁贵人,将其孩子养在自己名下。这个孩子就是后来的汉和帝刘肇。刘肇十岁即位,真正临朝的是窦太后。

窦氏年纪轻轻主政,主要的依靠力量自然是她兄弟,也就是外戚。汉和帝长大后推翻她,倚仗的是宦官。历史上常说的,东汉陷入外戚和宦官轮流掌权的怪圈,就是从这位窦太后与汉和帝"母子"开始的。蔡伦是窦太后的人,前面说的汉和帝对他的种种赏识,有一部分其实是太后所为。

再后来,和帝在宦官帮助下亲政,将害死他生母的窦太后打入冷宫,蔡伦又参与其中。所以,权力在"母子"间有交替,蔡伦的风光无限,却一如既往。

可惜风水轮流转。终于,宋贵人的孙子做了皇帝(汉安帝刘祜),将自己的亲爹、废太子刘庆追尊为"孝德皇"。而帮着窦太后迫害宋贵人母子的蔡伦,自然在劫难逃。追查下来,他被勒令服毒自尽。

汉安帝取走了蔡伦的性命,但没有费心从史书记录中剔除他的姓名,改动他的事迹。

那时的史书皆由官修,收藏不多,传播亦有限。掌权者发点儿狠,蔡伦就可以"消失"得无影无踪,后人可能压根儿连这个人曾经存在都不知道。没有痕迹的人或事,自然无从引发争论。

如果这样,今天的我们只会记得,是劳动人民的智慧,让中国在春秋有了铁犁,在汉代有了纸。这么说并不完全违背历史真相。

闲翻《史记》,有时会惊出汗来。有的人和事,比如陈涉起义,按照常理,此等"甿隶之人""迁徙之徒",根本没资格进史书。要不是眼光独特的司马迁聊记一笔,简直连影子都没有。我等后人,就只知道:天下苦秦久矣,群体性事件频发,到处激出民变,过去的贵族项羽、未来的皇帝刘邦纷纷起兵……

你看,历史这么读下来,一点儿毛病都没有,而且按照记大人物大事件的习惯,这样的历史才"正常"和"正确"。

暴秦逝去远矣,我们只能借用司马氏的眼睛看过去幽邈的岁月,他是唯一的窗口,是摄影师的镜头,窗口和镜头之外的林林总总、纷繁复杂,我们不在现场,完全无从知晓。

如今讲述的历史,之所以跟惯常的版本不同,是因为司马迁的价值观"不正常""不正确"。

以前我们根据史书(以及抄史书的史书)说蔡伦发明了造纸术,后来考古发现,他改进了造纸术。对于逝去的时间中那些"客观历史的真实",我们究竟可能知道多少?

永远不要忘记一点:我们现在、此刻所知道的一切,都只是相对的,可以修正的,甚至可能是假的。因为它们都有所本,而这个"本"同样需要被反思和质疑,直到真的被确定。

所以,即使"掌握了伟大真理"的人们——如果有的话——也请时刻保持认知和心灵的开放度,不要为了省事或安全感而让认知系统闭合,因为你永远不知道,挖出的墓里有没有纸,未来又会挖出什么新的墓。

张　衡
地动仪的前世今生

中学课本里，张衡（78—139）是绕不过去的存在。他的身份标签是"东汉科学家"，最主要的成就是发明地动仪、制造浑天仪。

地动仪是人类历史上第一架测定地震及方位的仪器，比欧洲早一千七百多年，浑天仪是世界上第一台用水力推动的大型天文仪器，也叫漏水转浑天仪，"皆以左手抱箭，右手指刻，以别天时早晚"，"妙尽璇玑之正"。

张衡还"研核阴阳"，对月食进行了科学解释，发现月亮其实并不发光，"皎皎明月"是太阳光的折射。他算出一周天（地球绕日一周）是三百六十五又四分之一度，与近世测定的 365 天 5 小时 48 分 46 秒相差很小。他用"渐进分数"法算出圆周率是十的平方根，还发明了测影仪器"土圭"。有这样的成就，他怪不得会被尊为科圣。

更难得的是，张衡还文理不偏科，可谓三百六十度全方位无死角学霸兼文艺特长生。他是东汉著名画家，又跟司马相如、扬雄和班固并称"汉赋四大

家",中国古代文学史绕不开他的《四愁诗》和《二京赋》。他在《观舞赋》里对舞蹈的描写,"连翩络绎,乍续乍绝,裾似飞鸾,袖如回雪",至今读来,尤在"爚如羿射九日落,矫如群帝骖龙翔。来如雷霆收震怒,罢如江海凝清光"(杜甫《观公孙大娘弟子舞剑器行》)之上。

时至今日,张衡的成就被铭记于天空:月球背面有一座环形山叫张衡,1802号小行星的名字也叫张衡。

中学生对于历史课本上那个端庄华美的地动仪,大多印象深刻。遗憾的是,此地动仪非彼地动仪。

张衡发明的地动仪,很可能从没派上过实际用场,而且我们一直不知道它长什么样。

史书记载,只有一次候风地动仪有动静,"一龙机发而地不觉动,京师学者咸怪其无征",后来陇西来报,那儿果然发生了地震,山都崩了,"于是皆服其妙","自此以后,乃令史官记地动所从方起"。

显然,地动仪是了不起的阶段性成果,对地震的方位有准确判断。但尚不能测定震中,也不确定是地震前预警还是地震后报警。地动仪有了警示后,还需要"寻其方面,乃知震之所在",这才能发挥实质性防灾或救灾的作用。

只可惜后续的科研情况,付之阙如。史书上这一段就写完了,下面接着记载的就是"政事渐损,权移于下"、张衡上疏陈事之类的政治活动,再没有关于地动仪的记载。

有意思的是,地动仪本质上是科学仪器,现实中却主要被当作政治礼器,它真正发挥的作用,并不是防震救灾,而是督政监政、"舆论监督"。皇帝是天之子,天文地理都属于"天",所以地动仪一震,群臣就可以上书了:我们是不敢说您,可您爸爸批评您了不是?您得加强执政能力了。快想想最近有什么表现不好的,要不写份检讨书,呈给你的天爸爸,请求原谅?我觉得吧,您应该是在……方面做得不对。

趁机把自己的主张塞进省略号里。

《后汉书》卷五十九《张衡列传》,一共七千多字,重点是他的政见而非科研。传中收录了他几篇"未必佳"的文章和上疏奏折,对地动仪的全部记载总共不到两百字,而且都是外在形式的描述,"以精铜铸成,圆径八尺,合盖隆起,形似酒尊,饰以篆文山龟鸟兽之形""外有八龙,首衔铜丸,下有蟾蜍,张口承之",关于内部结构,仅"中有都柱,傍行八道,施关发机"十二个字,具体的机关和运作原理只字未提,更没有图解说明。

最可气的是"其牙机巧制,皆隐在尊中,覆盖周密无际"这几句。后人想看到的是论文,官修史书却仅限于外表描述,甚至不是一篇好的说明文。

张衡本人是留有资料的,他写过相关的书,画过相关的图,但都散佚了,我们今天只知道书名是《鼎录》和《地动铜仪经》。张衡作为太史令,位不高权不重,还常年不升迁("所居之官,辄积年不徙"),在河北沧州当了很久的地方官(河间相),晚年虽然入朝当了尚书,但在宦官专权的大环境下,也少有作为。他又不像大普林尼或孔子,有得力的后代和弟子传承衣钵。于是,大概在张衡死后不久,或者换了个皇帝后,地动仪就失传了,成为真正的"千古之谜"。

后来的剧情是这样突变的:千余年后,一个日本小青年研究了张衡,在国际地震学年会上宣布,应该用张衡的"验震仪"取代当时的报警器。张衡由此引发国际关注。

随后,被称作"现代地震学之父"的英国人米歇尔(John

Michell，1724—1793）受到张衡的启发，设计出现代社会第一台地震观测仪器，至今运用于全世界。那是1894年的事，中国正被甲午海战搅得焦头烂额，根本无暇知道有国际地震学会这回事，也没几个人知道中国有个张衡。

今天我们熟悉的张氏地动仪，是1951年由科技文物专家王振铎复原制作的。对史书描述的还原度很高，端庄华丽，美中不足的是，确实只是"模型"，地动它不动，如今放在中国历史博物馆里展览。

一件科技新产品，先人设计出来，老外继承发展，我们却不能还原和复制，这成了不少人的心病。于是，国家花大经费和大力气，成立专门的课题组，来研究复制问题，并且取得了可观的成绩。

1997年7月7日的《人民日报》报道了一项突破："人类历史上第一架地震仪——东汉张衡候风地动仪，失传一千八百年后，最近在郑州复制成功，再现'机发吐丸，蟾蜍衔之'的壮观景象。地震专家测试认为，这台复原仿古青铜候风仪的外形几何尺寸、内部机构、基本原理及验震功能都符合历史文献上有关东汉张衡候风地动仪的描述，具有重要的历史意义和科学研究价值。"

十一年后，汶川地震爆发，曾有人在网上发帖问：四川地震前，地动仪有动静吗？这是网上的问题，现实的人没谁给出答案。

地震难以预测，是个全球性的难题，绝不可以用来苛责古人和今人。我想说的只是，十多个世纪前，一个非凡的地动仪造出来，既不曾有效地预防当时的地震灾害，又没有被承袭并促进后来的相关学科发展，就此"失踪"，太遗憾了。

不单是地动仪，张衡运用传动齿轮和凸轮杠杆原理，发明过指南车、记里鼓车（类似于古代计程车，后世《晋书·舆服志》记载："记里鼓车……形制如司南。其中有木人执槌向鼓,行一里则打一槌。"),张衡还制作过一只"假以羽翮,腹中施机,能飞数里"的木鸟。这些东西,在漫长的历史长河中,都是几次被独立发明,旋即遗佚,然后又再度被发明,再度销声匿迹。而且这些发明创造,最终也没有发挥实际作用,比如记里鼓车,就一直只是皇帝出行时的仪仗罢了。

所以,想到张衡,我每每悲怆和感伤多于骄傲和自豪。没有传承的个人辉煌,灿烂如烟花,也寂寞如烟花,其实不过是悲壮的图腾。近代中国究竟有多少这样堪称伟大的图腾,积攒成了后来的积贫积弱和衰退落后?

希帕蒂娅
信仰和怀疑

大家闺秀,时代骄子,出身名门,长于学院。十岁时就曾根据一根小木棒及其影子的长度,算出金字塔的高度。十七岁在全城公开辩论芝诺的悖论,舌战群雄,一举成名。二十岁留学海外,成为人类有史记载的第一位女科学家和哲学家。如此辉煌的经历,属于一个叫希帕蒂娅(Hypatia,约370—415)的奇女子。

终生未婚,在四十五岁风韵犹存的时候被暴徒绑架,头发被生生拔光,全裸的肉体被锋利的蚌壳一片片刮割,直至露出根根白骨,最后,奄奄一息但还在颤抖的躯体被砍去手脚,投入熊熊烈火。如此惨烈的悲剧,同样发生在这个叫希帕蒂娅的女子身上。

希帕蒂娅生于埃及,父亲是数学家和天文学家,亚历山大大学城博学院的院长。当时,这座传承古希腊文明的古城是西方世界知识文化的中心。从欧几里得到希帕蒂娅,能看出这座城市和这所大学的历史之悠久,传统之深厚。

从小,希帕蒂娅就在自家的客厅里聆听当世大学者的高谈阔论,加上父亲的倾心培养,她的天赋和才华如锥处囊中,锐不可当。

二十五岁,她从雅典学成归国,很快就名动天下。据史载,她曾协助父亲点校批注托勒密的《天文学大成》,编辑古希腊欧几里得

的《几何原本》、丢番图的《算术》和阿波罗尼奥斯（Apollonius，前262—前190）的《圆锥曲线》等学术经典著作。她给世界各地慕名而来的年轻人讲授数学和哲学，发明了提取蒸馏水的设备，设计制作了星盘（反映星空的天文仪器）和滴漏（计时器），她还是新柏拉图主义学派的领袖。

很遗憾，埃及知名度最高的女性，是号称"埃及艳后"的克丽奥佩托拉七世（托勒密王朝的最后一任法老），而不是希帕蒂娅这位以才华和智慧著称的科学家，更遗憾的是，她生不逢时。

埃及从公元前30年起被罗马占领（这也结束了克丽奥佩托拉七世的统治和生命。她可能是自杀，但更可能是被屋大维杀害）。罗马本来就有仇视埃及人的传统，到了四百年后的希帕蒂娅时代，罗马已是基督教的天下，作为罗马帝国一个行省的埃及，自然也在基督教的势力范围内。埃及的传统却是多神教信仰，与基督教的一神教直接冲突。

在这样的历史背景下，希帕蒂娅坚守希腊的精神传统[1]和埃及的本土文化，不皈依罗马的基督教，一心致力于科学探索和思想自由，既不履行一个女人结婚持家、生儿育女、相夫教子的"自然天职"，又不服服帖帖"嫁给上帝"，反而自称"与真理结婚"。这些行径看在基督徒眼里，不是异端巫女又是什么？

更糟糕的是，她名满天下，桃李也满天下，与亚历山大城的行政长官奥瑞茨关系密切（一般认为奥瑞茨是她的学生和爱慕者），影响力巨大。而主教西瑞尔向来与奥瑞茨有隙（教权和王权的斗争日常），为了打击异己，剪其羽翼，西瑞尔频频煽动激进的基督教徒们攻击希帕蒂娅。

事情发展到最后，在"神圣"的四旬斋节那天，这位女学者正坐着马车赶去教室上课，遭到激进的基督教徒们的围攻，被惨绝人寰地杀害。

基督教在成长过程中受过诸多打击，无数早期基督徒因为信仰而丧命。耶稣被钉死在十字架上，可惜，一旦十字架和钉子掌握到基督徒手中，他们也用同样的方法对待不信仰的人。他们和当初那些钉死

---

[1] 西方古代文明史上，希腊和罗马常常并称，同为欧洲文明的重要组成部分。但两者也有很大的差异。希腊崇尚理性，罗马注重感官；希腊是精神和灵魂的，罗马是物质和肉欲的。希腊人裸着抹油的身子参加运动会，只有健美没有邪淫，展示"纯洁无瑕的诗章和对人的尊严的赏识"；罗马人穿着衣服，褶绉里却透出骄奢淫逸和纵情享乐。古罗马人喝最好的酒、洗最舒服的澡、打最勇猛的仗。对于思辨、理性和心灵却没有同等的激情。

罗马当初征服希腊，是野蛮战胜文明，所以西方一直有学者推崇希腊而鄙薄罗马。叶芝曾就他八岁孩子的教育问题致信校长，要求教孩子希腊文而非拉丁文，信中说："罗马人是古代的堕落之徒，他们只有文学的形式而没有内容，他们毁了弥尔顿、17世纪的法国和我们的18世纪……"

当然这么说未必公允，毕竟罗马也有灿烂的文明，罗马人书写了最早的希腊文编年史，创造了拉丁字母，有宿命论和神秘主义哲学，有卢克莱修和西塞罗，还有很多恢宏的建筑：斗兽场、万神庙……更重要的是，罗马也几乎全盘继承了希腊文明（没被继承的，我们现在也不知道了），正如常言说的，罗马征服了希腊，但希腊文明征服了罗马。

他们的人，又有什么区别？尤其是合法化并有了王权的背书后，它打击异端的残酷和疯狂，一点儿也不逊色。

希帕蒂娅教了一辈子学生，研究了一辈子天文，遗憾的是没留下任何著作和讲义。但她的名字和她的故事流传下来，被一代代传诵。其中包括2009年上映的西班牙电影《城市广场》(*Agora*)，那是一个时代罪恶和黑暗的证据，是人类文明进步历程之艰苦卓绝的注脚。

电影里有两个细节感人至深，一个是被西瑞尔质问："你（敢）不信基督教？"她回答："我信仰哲学。"另一个是提督奥瑞茨意识到事态将失控，求她"信"基督以自救自保时，她回答："我不能，我必须怀疑。"

我们今天说，西方文明的两大源头是雅典和耶路撒冷，是希腊和希伯来（合称"两希"）。然而在公元4世纪末，这"两希"在埃及还没有融合，反而直接相冲突。

希腊传统的理性和逻辑，跟宗教狂热和带神秘色彩的神启大相径庭；科学必须怀疑和证实，跟宗教的虔诚信仰相悖；这时候的教徒还没有用希腊的逻辑推论和证明他们上帝的存在；希腊神话的奥林匹斯山上，住着性格各异的众神，没有想到世界以后会诞生一神教。

从爱琴海到希腊再到埃及，高贵的希帕蒂娅选择了希腊传统（理性、实证、科学、逻辑），结果被希伯来源头以信仰和神性的名义毁灭肉体。

至于亚历山大城，曾经的古地中海世界中心（今天可以泛称当时西方世界思想和文化中心），同样伟大又同样苦难。

早在公元前47年，恺撒纵火焚烧埃及舰队，大火蔓延至亚历山大城,导致亚历山大图书馆毁于一旦。后来作为罗马行省,被强行基督教化,之后又是阿拉伯人的入侵。

经过古罗马人和阿拉伯人的前后两次摧毁,古城保留到今天的希腊风格遗迹已经很少。只有曾经挺立在神庙中心的"庞贝柱"(萨瓦里石柱),还默默诉说着古老的辉煌和哀伤。

宇文恺

还是学理工科好

公元 580 年，杨坚的女婿、刚当了两年皇帝的周宣帝宇文赟离世，八岁的静帝即位。仅仅一年后，杨坚就无视女儿（太后）的意愿，逼自己的小外孙退位，自己登基称帝，建立隋朝。

新朝创建伊始，为铲除异己大开杀戒，是在所难免的，北周宗室由此遭到灭门式诛杀，其中就包括一个叫宇文恺（555—612）的鲜卑人。

宇文恺出生于宗室贵族，刚会走路说话，就被封为双泉县伯，六岁晋封安平郡公。这样的旧朝贵人，自然在新朝的死亡黑名单里。

宇文恺的哥哥叫宇文忻，亲近汉人，是杨坚权力集团中的一员。他不忍心二十出头的亲弟弟呜呼哀哉，赶紧求杨坚，看在自己效忠的份儿上，饶他同胞一命。但他的面子没那么大，没求到网开一面。

宇文忻脑筋一转，换个角度再求：皇上，我弟弟封爵纯属例行公事，他全身没一个政治细胞，毫无抱负，从小只喜欢玩泥和砖，对砌墙盖瓦情有独钟，这方面还颇有一技之长。皇上刚登基，要不要装修装修房子？要不要盖一座配得上您丰功伟绩的宫殿？这事儿我弟弟能干！

没有政治野心，就没危险，还是专业技术人才，就有用。这一次，杨坚痛痛快快传下特赦令，免其一死。

这件事告诉我们如何正确有效地求人：不要（只）求人，光表达自己的意愿没用，要找到能达成对方意愿的点，那才是让对方点头、合作达成的基础。如果对方实在没意愿，就创造一个。

所谓双赢，就是找到一种双方都能获利的方式，因此合作愉快。

事实上，宇文忻没有说瞎话，后来，宇文恺在隋文帝的重用下，作用远远超过哥哥当初说的装修皇宫。他规划并主持建筑了两座城池：西安和洛阳。

西安这个地名常被很不准确地使用。西安人喜欢说他们历史超过三千年，西周时就是首都，历经秦汉唐宋至今，资历之老，是小后生北京城没法比的。其实，西周之丰城和镐城、秦之咸阳、秦始皇建的阿房宫、汉之长安，统统不是同一地址。而是沿着渭河，散在八百里秦川各地，不过挨得比较近，实在要算，也是今天西安市的郊区和农村广大地区。

今天的西安旧城，始建于隋朝。杨坚想另起炉灶新建首都，责成宇文恺探路选址，宇文恺亲自勘测选中一块地方，就是秦末刘邦驻军的"灞上"，后来项羽请吃鸿门宴的地方。新都的介绍现在被挂在西安市博物馆电子大屏幕上展示。

宇文恺建设这个"大兴城"，可真叫平地起城市，而且是按规划来建设。

以前的城大多是零星"长"出来的，且无专业人士主持修建。西汉的长安是那个"月下追韩信"的萧何建的。他在秦宫的基础上，先加盖了长乐宫和未央宫，后来根据需要，几度随性扩建，这里辟个上林苑，那边挖个昆明池，整个城市变得怪模怪样，南边一半像南斗星，北边一半像北斗星,干脆顺水推舟称作"斗城"。

斗城没有功能性区域划分,政府办公机构和民居、商业区都混在一起。这个乱七八糟的汉代"长安",被宇文恺整个儿圈进新城的宫苑,由此可见大兴城的建设规模有多大。事实上,它是明清时西安城的七八倍,比老北京城也大不少。

在总设计师宇文恺的整体规划下,西安划分宫廷、衙门、居民生活区和商业区,宫殿前朝后寝,南北街道把城市分成一百多个小方块,一块称一"里"(唐改称"坊"),再引水入城,下水道排污问题也解决了。后来日本的平城京和平安京,几乎完全依大兴城的样画葫芦出来。

总之,西都西安建完,皇帝很满意,下旨让宇文恺接着规划建设东都洛阳。

除了两都,宇文恺还主持过其他一些大型土木工程和水利建设项目,建造过国家大剧院、活动舞台或活动房屋("大帐"和"观风行殿")等,工程设计和工程质量很可能也不错,因为史书上用的都是褒

宇文恺明堂方案推测模型

义词，中国修史的特点，可都是后朝修前朝史，多少有点盖棺论定的意思。

对国家有特殊贡献的宇文恺工程师，后来当上了建设部长（工部尚书），可惜他的学术专著都失传了。

我有个高中同学，他老爸死活要他弃文学医，理由是一朝天子一朝臣，世界没个定准，但无论哪朝哪代，人总会生病，生病就需要医生治疗，无论世道怎么变，总是病人求着医生。这位老爸还有一句智者之语：你是成绩好，才叫你学医；你要是成绩不行，就去学厨子。

我猜，智慧爸的思路是：人总要吃东西，而且越美味越好。无论世道怎么变，总是贪吃的求着好厨子。

纳粹集中营里也有不少类似的例子，因为擅长某一技艺而被"隔离使用"，最后没被送去毒气室"洗澡"，终于逃过一劫，熬到了到法庭上当证人的那一天。技术的坏处是可能让人工具化和异化，但工具可以做全身之策，所以还是学理工好。宇文恺就是明证。

当然，前提还是杨坚之流的国家领导人"拎得清"，知道专业人士需要专业空间，需要"独立之思想""自由之精神"，能够认同专业人士拥有消极自由，可以让专业人士埋头专业，远离政治和人事斗争。

黄道婆
生活本身的伟大

2005年年底,韩国的"江陵端午祭"申遗成功,在中国引起一片哗然。国人这才知道,联合国教科文组织有个"世界人类口传和非物质文化遗产代表作",又因为不熟悉韩国"端午祭"和中国端午节的区别,所以才惊呼韩国不要脸,抢走了我们的端午。

一时间,"非物质文化遗产"成为热门话题,2006年由此成了中国的"非物质文化遗产年"。那一年的元宵节,举办了"中国非物质遗产保护成果展";6月的第二个星期六被定为"文化遗产日";"非物质文化遗产保护法"正式列入全国人大常委会立法规划;随后,清明、端午、中秋等传统节日被设为国家法定公休日;中国开始积极组织申遗,并于2009年获得首个世界非遗项目的批准,就是"中国端午节"。

在此期间,国家也要求各地多多申报非物质文化遗产代表作,东方明珠上海一口气报了六项,其中的一项就是"黄道婆及手工棉纺织技术"。

今人已为黄道婆(1245—?)贴上冠冕堂皇的标签,说得很是伟大崇高。中学历史教科书上,她是"元代著名的棉纺织革新家",对崖州黎族人民的纺织技术进行改革,推动了松江棉纺织技术和棉纺织业的发展,领先了国外几百年,有力地推动社会生产力发展,直接影响了中国六百年的经济生活史,"是中国手工艺纺织技术发展史的里程碑",在我国乃至世界科技发展史上具有重要的历史地位……

实际上,黄道婆不过是一名勤劳的妇女。她生在兵荒马乱的南宋末年(淳祐年间),松江府乌泥泾镇(今属上海)的穷苦人家,十二三岁被卖做童养媳。婆婆刻薄,小丈夫痴蛮,被毒打或关柴房饿肚子是家常便饭。终于有一天,活不下去的黄道婆(当时只能叫小黄媳妇)逃了出来,胡乱混上黄浦江边一艘帆船。等到糊里糊涂下船时,已经身在天涯海角的海南岛。

当时的海南岛大面积植棉,当地居民黎族人的民风民俗迥异于汉人,"妇女不事蚕桑,止织吉贝"。吉贝是一种热带树,开花如絮,可织成兜罗棉、番布,能染成斑布、黎单、黎棉、鞍搭等。销往全国各地,名声在外,更有几十种棉织物被选作贡品。

这个或许还没成年的小妇人,举目无亲,人生地不熟,孤苦伶仃"南漂"在他乡。要活命,就得学着当地女子干活:采棉和织布。一晃就是二三十年。

小黄丫头人到中年后开始思乡,她设法回到了上海。

没有积蓄和财产,她能带回的,不过是一整套扦弹纺织的工具,如踏车、椎弓、三锭脚踏纺车等,还有跟海南少数民族学会的纺织工艺技术。她织制出来的织物美观实用,很快出了名,再配上彩纹,"粲然若写"。

她不小家子气,但凡有来请教的,她的手艺尽数教人,正所谓"道婆遗爱在桑梓,道婆有志覆赤子"。一时

间，松江府的女子们，唱着"黄婆婆，黄婆婆，教我纱，教我布，二只筒子二匹布。黄婆婆，黄婆婆，教我纱，教我布，纺纱织布一乃罗"的小曲儿，跟黄婆婆学技术。

元末明初的陶宗仪（约1316—约1403）避乱世，半耕半读地隐居在松江华亭南郊。农作之余，顺手摘下树叶题写札记，写完后装在罐子里，埋在树下。就这样十来年存了十多罐树叶笔记，收集整理达五百余条，合成三十卷的笔记《南村辍耕录》，其中卷二十四有一条，记载了黄道婆的事迹：

> 闽广多种木绵，纺绩为布，名曰吉贝。松江府东去五十里许，曰乌泥泾。其地土田硗瘠，民食不给……初无踏车椎弓之制，率用手剖去子，线弦竹弧置按间，振掉成剂，厥功甚艰。国初时，有一妪名黄道婆者，自崖州来，乃教以做造捍、弹、纺、织之具，至于错纱配色，综线挈花，各有其法，以故织成被褥带帨。其上折枝、团凤、棋局、字样，粲然若写。人既受教，竞相作为，转货他郡，家既就殷。未几，妪卒，莫不感恩洒泣而共葬之；又为立祠，岁时享之。越三十年，祠毁，乡人赵愚轩重立。今祠复毁，无人为之创建。道婆之名，日渐泯灭无闻矣。

由此可见，上海人当初的生活很是艰难。因为土地寒薄，纺织工艺又不行，工具简陋，技术落后，用手剖棉籽，用线弦竹弧弹制棉花，可谓事倍功半。

因为黄道婆传来的技术，"乌泥泾被"的名号才传遍全国，松江由此成为全国棉纺织业中心。

也就是产量和质量的飞速提升,全国的产业结构发生本质性变化,棉织品超过丝、麻等面料,成为中国人的主要衣料。这又拉动南方的棉花种植业,影响了整个中国的劳作生产和经济结构模式,也影响了中国人对于衣着和布料的审美观念。

饮水思源的古人在黄道婆死后,为她立祠祭祀,几度毁又几度立。可见黄道婆在当世便有相当影响,而且对她的追思和感恩都来自民间。

除了陶宗仪,江苏江阴人王逢(1319—1388)在所著七卷《梧溪集》中,亦有诗作《黄道婆祠》:

前闻黄四娘,后称宋五嫂。道婆异流辈,不肯崖州老。崖州布被五色缫,组雾紃云灿花草。片帆鲸海得风归,千轴乌泾夺天造。

诗的前面有序言,所记跟《南村辍耕录》大同小异,称:

黄道婆,松之乌泾人。少沦落崖州,元贞间,始遇海舶以归。躬纺木棉花,织崖州被自给。教他姓妇,不少倦。未几,被更乌泾,名天下,仰食者千余家。及卒,乡长者赵如珪为立祠香火庵,后毁。……张君守中迁祠……俾复祀亭。且征逢诗,传将来。

直到新中国成立后,上海还一度有"先棉祠",供奉着这位布业的始祖。

现在看起来,黄道婆纺织技术的影响力,简直是奇迹。织布跟煮饭、洗衣一样,是妇女的分内事、家务活,黄道婆不过是我们在自家街坊邻居里就能碰到的那个"能干婆",那个能织很多毛衣花样的大婶,能把腌菜的味道做得很正宗的大娘,炒的菜又香又好吃的大妈,洗衣服又快又干净的家庭主妇。

事实上,黄道婆连个名字都没有。在不同的年龄阶段,她被胡乱称作黄小姑、黄姑娘、黄巧姑、黄四娘、宋五嫂、黄婆、黄母等。据说她在三亚崖州时,曾经再嫁宋姓男子。从她曾被称为宋五嫂推断,她流传于世的"黄"姓,有可能并非她父亲的本姓,而是卖去受虐那户人家的夫姓。

宋姓行五的海南夫婿亡故后,黄道婆誓不再嫁,出家当了道姑,所以史称黄道婆或黄道姑。

看官明鉴,黄道婆实在不过是一个脚踏实地生活的普通妇人。她不是科学家,充其量只是个"技术员",她对纺织业的提高停留在技术的层面。我们很容易把形而上的科学想象得很神圣,而贬低形而下的技术,看不起"技校"和"技工"。可是细想来,科学最终岂不是大多落实到技术层面?而技术的发展,岂不是为了改善人的生活?现在被我们推到"人类文化遗产"那么崇高和光辉地位的东西,无论中医中药、川江号子、吴桥杂技,还是剪纸年画、风筝、皮影,本来都不过是日常生活而已啊。黄道婆和其他文化遗产的意义,恰恰在于给了生活本身以应有的光彩和荣耀。

黄道婆的伟大,是生活本身的伟大。

这时候再回过头来,想想泸沽湖边的"阿夏"和"阿柱"们,穿着波力球鞋和印花T恤衫,谈论着电脑和酒吧,山外来了客人,他们就披上摩梭传统衣服,熟络地拉起客人的手,用纳西语唱爱情的歌,流水线一般地生产职业性的欢乐。

游客从小木楼里的标准间出来,见旅店门口坐着个十八九岁的当地女孩子，正在织布。最古老的织布机，一梭子来一梭子去，看得我等傻眼，而且心潮澎湃。忙问她是不是跟妈妈学的织布，是不是给情哥哥织布做衣裳，纯朴的摩梭女孩儿摇摇头，说，坐在这里表演织布是她的"工作"，"上面"有人按月发工资。

当生活本身变成了舞台表演的时候，生活也就结束了，当然也就再无可能重现黄道婆平凡的奇迹了。这时候，我们除了吟哦并感慨叶芝的《随时光而来的智慧》，也没什么可说的了：

> 虽然树叶繁多，根却是唯一的
> ……
> 我一直在阳光下摇曳着我的叶与花，
> 现在却凋零成真理。

郑和和哥伦布
此航海非彼航海

似乎总有人试图比较，郑和和哥伦布到底谁更伟大。没有比这更荒唐的问题了，就像在问是海水更咸，还是湖水更蓝。这两人除了做了件相同的事（航海）之外，基本上没有相同点，也就没有多少可比性。

非要胡乱点评的话，只能说两者都不尽如人意。哥伦布是有毒的种子，开出了美丽的罂粟花；郑和则是播种龙种，收获了跳蚤。

郑和（？—1433或1435）是中国航海史的骄傲和传奇。他原名马三保，是出生在云南昆明的回族人，祖上曾是贵族。

1381年冬，明朝的军马踏进云之南，十岁的孩子马三保成了俘虏，被押送北京，阉为太监，入燕王宫为奴（多一句嘴，遣派宦官远航，实乃一绝，或可见朱棣用人之精妙）。之后，马三保随朱棣驰骋疆场，战功赫赫，被赐名郑和，官封四品。

郑和本人并没有远洋游乐的爱好，

他出海下西洋，完全是奉永乐皇帝的命令。而成祖的目的，是天朝上国的"耀武扬威"兼搜罗奇珍异宝，据说还有更重要的：寻找失踪的惠帝朱允炆。基本上没有拓展经济贸易的意愿，"探求地球真相"更是压根没有。

郑和送出去大量的丝、茶、漆、瓷等中国特产，换回来的，除了胡椒和苏木（一种红色的棉布染料）等少数新鲜玩意儿外，主要是海外各国的惊叹、仰慕和口头臣服。

总之，说好听些是和平使者、皇恩浩荡，换一个角度看，实在是劳民伤财的面子工程。难怪成祖一没，朝野便齐声反对，烧钱的航海事业随之废除。当时的情境下，"罢废宝船"相当有道理且利国利民。

当然，郑和的历史功绩不容抹杀，他的航海事业是人类创造的灿烂奇迹，他从贵族子弟到身残阉人，从战将到航海家，七次出海，半生漂泊，最终死在海外（印度西海岸的古里），其事迹和精神都令人动容。他还打通"海上丝绸之路"，促进了中国与外国的经济文化交流，引发大量移民进入南洋，影响延续至今天东南亚各国华侨们的家史。

如果做些数据上的对比，更可见郑和之阔绰和哥伦布之寒碜。郑和远洋发生在15世纪初，而哥伦布是那个世纪末；郑和七下西洋（印度洋），哥伦布只跑了四趟（横穿大西洋）；郑和的船队人员超过二万七千人，航船少则六十多，多则一两百艘，其中最大的船长四十四丈有余，宽十八丈，载千余人，立九桅，挂十二帆，导航设备先进，而哥伦布仅仅率三艘小船，七八十号乌合之众，靠风向和洋流导航。两者的规模、技术和排场，都完全没法比。

但其他的不同，也跟规模排场一样天差地别。

就动机而言，郑和是奉皇命行事，本人并没有出海的主观意愿，他的"下西洋"，本质上是充当皇帝的工具人，"被下西洋"。哥伦布却是为了攫取东方财富，是积极主动的自我选择。

就效果论，哥伦布发现美洲大陆，让整个世界格局发生了改变。郑和只是花了很多钱，达成了一个皇帝的心意。

朱棣死后，因为朝野的批评之声实在太大，仁宗朱高炽和宣宗朱瞻基持续"罢宝船弊政"，重新奉行朱元璋时的"安内平党"和海禁政策，禁止私商出泊，连郑和下西洋的资料都被付之一炬（这直接导致郑和出海的一些细节，如到达过哪些地方等，至今莫衷一是）。

从此，朱家中国的朱红国门轰隆隆关闭，一关就是五百年，直到1840年被英国的隆隆枪炮轰开。

郑和"走出去"的壮举，反而强化了"关起门来"的力度和决心，这实在是中国历史的吊诡。时至今日，郑和的历史价值似乎只剩一项，极大地增强了国人的民族自豪感和自信心。

和忠君效主、内敛持重的政府官员郑和不同，哥伦布（Cristoforo Colombo，约 1451—1506）根本就是个海盗兼流氓。成就他生前功绩和历史地位的，全是"恶德"。

哥伦布是贪婪的。当年他为筹措资金历时八年，颇费周折。尤其在西班牙拉赞助时好事多磨，最重要的原因不是伊莎贝拉女王下不了投资的决心，而是他贪心地讨价还价，一再加码。老实说，还真没见过这么谈生意的，他提出一个条件，对方只要一答应，他就翻脸抬价。完全没有诚信可言。也难怪，这小子出身卑微穷困，精明狡诈从小就刻进了骨，通过与阔小姐结婚赚到了第一桶金。他曾恬不知耻地大言不惭:"黄金是令人惊叹的!谁有了它就能支配所要的一切。为了它,灵魂也可以送上天去!"

哥伦布是凶残的。他发现美洲大陆,改变了整个世界的格局。他没有做郑和式的赔本买卖,仅仅用些玻璃弹子就博取了原住民的欢心,得到的却是整个新大陆。而他后来对印第安人忘恩负义地残暴屠杀,是一般历史都不讳言的。以至于每年感恩节,美国各大城市都有两种迥异的活动同时举行。一是白人团体的盛装欢庆,吃火鸡、唱歌、怀旧、感恩,一是印第安人和部分白人参与的集会游行,呼吁人们牢记历史,反对种族破坏和种族歧视,其标语口号包括"哥伦布是一个屠杀者""反对五百年的压迫"等。

哥伦布甚至是愚蠢的。葡萄牙数学委员会的专家在论证其探险计划时已经提到,世界东海岸在一万海里之外,即使一帆风顺,船队以每小时四海里的最高速度航行,也需要至少一百天时间。而哥伦布坚持认为,欧洲西海岸距离中国的杭州只有三千五百五十海里,他航行了三十多天就坚信自己已经到达印度,即使见到裸体的"震旦大汗"(中国皇帝)也丝毫没有怀疑。他也不想想,传说中的中国,历史何其悠久、文明程度何其发达、物质何其丰富。一富饶帝国的君主,却连块遮身庇体的布条都没有,可能吗?哥伦布的错误导致美洲"东"海岸的岛屿被叫作"西"印度群岛,美洲的土著人至今被称为印度人(印第安)。制造了人类文明史上的黑色幽默。

可就是这样一个人,却切切实实改变了历史。往大里说,他为欧洲人发现了美洲,给一个族类带去了灭顶之灾,使今天世界最强的国家成为可能。往小里说,他给欧洲带回了雪茄,还有感恩节和美国俄亥俄州首府的名称(哥伦布市)。

哥伦布是资本主义勃兴时期的典型代表，他拜金、贪婪、充满物欲、贪图享受。欲望是万恶之源？似乎是的，它让人焦虑、残酷、异化。可它却又给人带来野心、斗志和探险精神，并且顽强、刚毅、坚定，勇于尝试和进取，不怕失败。

愚昧也给了他自信和勇气，即所谓无知者无畏。假如大西洋和太平洋之间没有隔一块大陆，这个冒失的冒险家，凭三艘破帆船，除了烂死在茫茫大海，简直不可能有别的结果。可这个薄有资产、本可以安享人生的家伙，却义无反顾地出发了，将自己的小船驶进了人类永远的历史当中。

而郑和呢，即使他真的比哥伦布早七十二年发现美洲新大陆，比麦哲伦早一百年实现绕行地球，而且到过南极，那又怎么样？郑和的航海对世界几乎没什么影响。即使不算郑和，哥伦布也不是最早发现新大陆的，北欧的利夫·埃里克森早几个世纪就到过美洲，同样无声无息。哥伦布比埃里克森或郑和重要，不是因为他发现新大陆，而是因为他的发现产生了巨大影响力，改变了全世界。

郑和和他代表的皇帝，没有哥伦布那种攫取的贪心和欲求，更多的是心满意足的显摆。郑和走得最远处应该是非洲东海岸的肯尼亚。去那儿的原因，竟然是为了探寻瑞兽麒麟（其实是长颈鹿）的原产地。这件事被朝廷当作最重大和珍贵的发现大书特书，载入史册。

当是时，中国有扩张的实力，却完全没有扩张的念头。而这一点，并非我们现代语言诠释的"生性热爱和平"（当然也有这成分），而是农耕社会没有向外看、往外走的意识，是习惯性的封闭保守和自怡自得。

基于同样的原因，几百年后，几乎同时遭遇西方文明的冲击，中国和日本走上了完全相反的道路，一个屈辱而愤怒地拼命拒斥，一个痛苦但主动地学习。短短三十年，不同道路的选择就在海上有了分晓，仅仅几小时，被《美国海军年鉴》排名"世界第九、亚洲第一"的北洋水师，被装备远远落后的日本舰队击得全军覆没。

从这个意义上说，思想观念确实比一切都重要。

谷登堡
一个关于爱恨情仇的创业故事

德国的谷登堡家族传了不知道多少代后,到14世纪末,衰败得只剩下一个女子。为了不至于"断子绝孙",这个女子说服了丈夫,让最小的儿子跟自己姓。就是这个血缘正宗而社会承认度不"正宗"的谷登堡(Johannes Gensfleisch zum Gutenberg,1400—1468),使得一个普通的姓氏名声在外,果然是"光宗耀祖"。

其实,以上只是关于谷登堡各种身世传说中的一种。另一种说法是,他本姓根斯弗莱西(Gensfleisch),出生于一个没落的贵族家庭,谷登堡是他们家的领地和城堡名。据说他出生时,贵族家庭还在勉强

支撑旧日的荣光,维持这位小公子哥儿的享受日子。但庶族和平民的反抗已经愈演愈烈,正所谓外面的架子虽未甚倒,内囊却也尽上来了。

有一天,皇帝将路过此地,谷登堡家作为没落贵族,格外想隆重接驾,引起皇帝重视和重用,于是卖力地敛财、准备、清道、禁行。结果一番操作太过火,皇帝还没接到,激怒了民众,引发暴动,谷登堡的府邸被洗劫一空,家人被扫地出门。从此,谷登堡离开家园,他的家也彻底败落。

事实上,在谷登堡真正进入众人视野之前,几乎没人知道他的真实来历和情况,连他的具体出生年份、准确姓氏,历史上都有些含糊。现在我们能确切知道的,只是谷登堡二十岁时,已经彻底"堕落"到要学手艺谋生。他干过镶珠宝、雕镜框等很多杂活,在书店当伙计的时候,他开始琢磨活字印刷的问题。

那个时候,人们用手抄书,或者刻好了整本书再印刷,称为"雕版印刷"。谷登堡的"新发明"看起来简单得不足挂齿:把每个字母拆开来,要印什么书就排什么版,印完了,版拆散,活字能重复使用。就这样一个灵光显现的思路,使印刷变得灵活机动,刺激了印刷量的增加,促进教育和文化交流的发展,整个人类文明的进程随之加速。

西谚云:播种龙种,却收获了跳蚤。但服不服气由你,人类历史上,也不乏"播下跳蚤,收获龙种"的美事儿。《鲁滨孙漂流记》和《格列佛游记》,既没有写小孩的故事,也不是写给孩子看的故事,却双双成为儿童文学经典,丹尼尔·笛福和搞政治的乔纳森·斯威夫特,赢了一场他俩从来没有参加过的竞赛。死读书的袁枢创立史书的纪事本末体,郑成功收复台湾,也都属此列,谷登堡实在"吾道不孤"。

难道世界真的这么没有天理、不合逻辑?非也,非也。天上掉下来的馅饼偏偏砸中谷登堡,这里面还是有原因的。

谷登堡凡事喜欢琢磨,想到了活字印刷的点子后,尝试用各种材料做活字模具,木头、合金,或其他。反复的试验需要资金投入,饭都吃不饱的谷登堡只能四处告贷。后来终于得到富翁福斯特(Johannes Foster)的资助,约定:一个投资,一个负责技术,利润对半分成。

谷登堡试验多次,最终找到了做模具的最佳配方:铅锡合金,加入锌以增加硬度。这种合金的硬度和承压力都合适。他用转轴印刷法先试探性印了些教堂的赎罪券,然后是著名的"谷登堡《圣经》",一共印刷了近两百本,其中一部分留存到今天,是人类印刷史上的精品之作,收藏家的心头爱。

在研制和创业过程中,年轻灵活的舍费尔(Peter Schafer)加入进来,他擅长封面设计和图书装帧,对于活字铸造、合金选配等也有所贡献。这三个人,各自出钱、出力、出思路,本来是很好的创业团队。可惜,就在印刷小工厂建设起来,小产业眼看就能获利的当儿,团队因为利益分配开始出现裂痕。

在福斯特把舍费尔招作女婿之后,矛盾更加激化,"三驾马车"的均衡被彻底打破。翁婿俩想霸占财产,联手状告谷登堡借贷不还。按照他俩的算法,现有工厂所有的生产设备、材料统统判给福斯特抵债还不够,谷登堡此前一切都算白干,一无所有还负债累累。

有钱的一方毫无悬念地打赢了官司,谷登堡被判两手空空地滚蛋。除了脑子里装的印刷技术,他一贫如洗。

而福斯特翁婿俩却走上了暴富的高速路,他们大张旗鼓地狂印《圣经》,远销法国,印书简直跟印钱一样。

谁知人算不如天算,活字印刷的《圣经》甫一面世,就引起教会的高度关注和警惕。如此大量的、一模一样的《圣经》，怕不是用妖术变出来的！

福斯特应声锒铛入狱，被教会判处火刑。如果这个富商真被烧死了，说不准"活字印刷发明人福斯特"就成了历史铁案，流芳百世。

但福斯特不是看重荣誉和虚名的人，爱钱惜命才是他的本性。他毫不犹豫地出具一份证据，以转移祸事：在 1450 年献给皇帝的一本《圣经》上，分明留着"天才的谷登堡发明了此种神奇的金属活字印刷书籍的新工艺，由福斯特和舍费尔印成"的字样，是谷登堡当时在踌躇满志和得意忘形中的亲笔所书。

教会释放了福斯特，转而满世界搜捕谷登堡。此时的谷登堡，对这场风波还一无所知，正躲在一个廉价地下室里，偷偷摸摸经营一家小小印刷厂，艰难糊口。因为资金不够，又怕福斯特的打压，他的印刷厂做得很低调，反而阴差阳错避开了教会的捉拿。

后来，福斯特和舍费尔在一次战乱中双双厂毁人亡，谷登堡却在地下室幸免于难。曾经，福斯特为了技术保密，逼迫工匠们手按福音书发誓。他死后，工人们带着"谷登堡的孩子们"——那些活字，流落四处。

活字印刷的秘密开始公之于天下，也造福于天下。当时整个欧洲正处于一个酝酿着思想爆发的年代，人们迫切需要交流和传播，需要表达蓬勃喷涌的民族情感和精神欲求，所有这些，都需要物质载体——书籍。活字印刷的秘密曝光得正逢其时，立刻在时代潮头大展身手。

战后的新统治者宣布活字技术"对帝业有杰出贡献"，谷登堡终于可以走出那个非法的地下工厂，在光天化日下迎接迟到的荣誉和财富。他回到家乡，在当地主教的庇护下继续印《圣经》，直至辞世。

　　谷登堡逝世四百周年时，人们在法兰克福给他塑起全身像。他的旁边，是福斯特和舍费尔。恩恩怨怨的三个人就这样永远聚在一起。科学史上的人们命运之曲折，远比传奇小说的情节更惊心动魄。

哥白尼和布鲁诺
并非怯懦

将这两人拼到一起说,缘于我曾经的一个"心结"。

一提到日心说,人们就会想到哥白尼(Nicolaus Copernicus,1473—1543),而我就会为布鲁诺(Giordano Bruno,1548—1600)鸣不平。

哥白尼发现了日心说却不敢声张,得以安享天年,临死才付印《天体运行论》,据说是死前一小时拿到的样书。反而是布鲁诺,为宣传其学说而大战教会,被异端裁判所囚刑八年后,落得个鲜花广场上的火刑惨死,用生命"为他人作嫁衣裳"。

结果呢,哥白尼坐享其成,如今是日心说的代言人,跻身顶流科

学家行列，布鲁诺却只在被捕四百年后的1992年，得到罗马教皇一句"平反"（明明是教廷比布鲁诺更需要这个平反，也印证了他临死前说的那句"你们宣判时心中的恐惧，比我听到判决时更大吧"）。

这不公平。

创造一种思想，和让一种思想产生影响，哪个更有意义和价值？哪个对人类进步更重要？为什么历史更浓墨重彩记载的，是真相发现者，而不是保全真理和为真理争取合法地位的人？

因为我心里有这份不平，连带对哥白尼老是挑刺，看不起他厌世面的性格，也喜欢强调日心说并非他首创。

确实，早在一千七百多年前，已经有好几个古希腊人提出地动日心说，包括毕达哥拉斯和阿利斯塔克（Aristarchus，前310？—前230？），阿基米德依据日心说做过运算，希帕蒂娅质疑过当时流行的托勒密地心说，提出日心说和椭圆轨道假设。

当然，他们做出的都只是科学猜想，都没能给出详细论证。但哥白尼同样没有可信的证明，他的学说同样充满误差，运算同样不精确，同样遗留了很多没解释清楚的问题。甚至有人认为，哥白尼只是生造了一个天体运行的模型，尽可能解释了所知的天体观测结果，却完全没能力证明自己的模型，他的日心说就像古希腊原子论一样，是黑暗里一头撞上了真理而已。

不仅运气好撞中了，而且人气也爆棚，生前有人铺垫，身后有人（布鲁诺、伽利略等）宣传，最后荣誉却归于他一人。哥白尼曾说"太阳荣居中央"，历史则让他荣居日心说体系探索的中央。哼！

这样腹诽了很多年，直到年长知非，对人性人心有了更多觉察，尤其是自己也经历了有话不能说的黑暗体验，才开始理解和"谅解"

哥白尼。

哥白尼生在波兰中北部一个商业城中，父亲是做铜生意的，据说，他家的姓就是从铜（copper）来的，母亲是德国望族出身。应该说，家境还算宽裕。

不幸的是十岁时慈严见背，"铜"家的四个孩子都成了孤儿，被舅舅华森罗德（Lucas Waczenrode）打包收养。哥白尼此后的人生完全服从舅舅的安排。

舅舅调到波罗的海的爱姆兰担任主教，哥白尼被送进克拉克大学，最后拿的学位是教会法博士，二十二岁毕业后安排进弗伦堡教堂。舅舅生命的最后六年，因为病重，将这个外甥召到身边做私人医生，直到去世。除此之外，哥白尼终身供职于弗伦堡教堂。

他衣食无忧，薪水丰厚，没有绩效考核，住在大教堂的塔楼里（即后来著名的"哥白尼塔"），舒适而安逸，每日不受干扰地做自己喜欢的事：仰望波罗的海的星空，观测天体运行，记载土星和月球的每一次相合，进行数学运算，为天体轨道分布构思更有解释力的体系设想。

就这样度过平静而充实的一生。

所谓"吃人嘴软，拿人手短"，他衣食住行、吃喝拉撒全由教会保障，始终不敢触怒和挑战教会，原是情理当中的事。何况那毕竟还是一切都是宗教婢女的时代。

他也曾小心翼翼在密友中传阅研究的提纲手稿《要释》（Commentarious），但多次拒绝公开发表，直言害怕惹恼教会，遭受惩罚。其实他所处的时代，教会还相对自信而宽松，主要也是没太把他的理论当真，当时的教皇保罗三世和几位红衣主教都曾鼓励他出版完整的研究手稿（所以《天体运行论》正式出版的序里，将该书献给保罗三世）。

《天体运行论》出版后半个世纪，除了曾遭到马丁·路德（Martin Luther，1483—1546）的谩骂外，基本上没引起罗马教廷和学界的注意。该书在1616年被禁，是布鲁诺和伽利略大力宣传的结果。

哥白尼从小寄人篱下，生活却优渥，被家族和教会前后相继养大，很容易形成绵软温和的性格。独自探索自然奥秘时心灵自由、热情十足，跟人交往却畏首畏尾，生怕冒犯别人。又贪恋惬意的日子，又没有多少谋生手段和在社会上闯荡的勇气，哥白尼就是这么个有才华的普通人。不英勇，但也不该受到我以前生出的那些苛责。

哥白尼本质上是科学家，他将自己的活动和思考严格限制在天文探索的科学领域，所以他被认定为古代最后一位天文学家兼近代天文学的奠基人。

他理论的真正挑战甚至不来自教会或与教义的冲突，而是自身体系构架和测算上的问题。举个例子，"地球的自转和公转"立论的真正难点，不在于《圣经》说太阳和月亮静止，而是他没法证明。人跳起来总是落到原地，而不是起跳点的后方，怎么证明地球转动了？而且按照他的算法，地球还是以相当快的速度旋转。

所以，哥白尼虽然对自己的天体新模型有信心，却不能不在序言里说明：地心理论是一种无法确定的数学传统方法，他的日心模型则是另一种可供选择的与观测相符合的计算法。匿名导言（至今作者不详，但至少应该是得到哥白尼认可的说法）里更是说，日心说只是一种计算工具，一种数学方法，它不一定是真的，甚至不一定非要是真的。为了解释星体现象，天文学家可以任意构造不同的运行轨道，就看哪个更符合观测结果,更有解释力。

这么定位日心说,既符合哥白尼低调谦逊的个性(而不是害怕教会打击的懦弱),更是科学的态度,因为实在是缺乏足够有说服力的计算和论证。

至于布鲁诺,则根本是另外一种存在。他和哥白尼属于不同的时代,身世和个性也迥异,自然会走上完全不同的人生道路。

哥白尼去世后五年,布鲁诺出生在意大利诺拉城一个没落小贵族家庭,是个贫苦孩子,先后在私立学校和多米尼克僧团修道院求学。后来成为正式僧侣,获得神学博士学位,得到神甫的教职。

布鲁诺成年后,欧洲的文艺复兴和人文主义思潮正逐渐兴起,他受到影响,开始质疑宗教神学,写"反动"小册子,不久被革除教籍,指控为"异端",罪名列了一百多条。

从那以后,性格刚毅耿直、习惯与人硬刚的布鲁诺踏上了持续流亡之路。纵观其一生,就是不断被禁言,被捕,被驱逐,又不断找地方发声和战斗的过程。

他先逃到罗马,然后是热那亚、威尼斯……整个意大利都无立足之地后,他翻越海拔四千米的阿尔卑斯山来到瑞士日内瓦,继续猛烈抨击加尔文教派,因而被捕。获释后辗转到法国南部,在大学任教,因为演讲中的异端邪说被开除,转移到巴黎大学,再遭打压,逃到伦敦,在牛津大学的公开辩论中"大放厥词"被下课。回到巴黎,又一次在古老学府索邦大学舌战群儒,又一次大获全胜,又一次被驱逐。之后他在奥地利、普鲁士、捷克等各地"流窜",走到哪里就把日心说等一众"异端邪说"传播到哪里,把思想的战火烧到哪里。

在流亡过程中,他的思想逐渐成熟,写了《论原因、本原与太一》

《驱逐趾高气扬的野兽》《论英雄热情》等一系列文章，有的是哲学和科学论文，有的则是鲁迅杂文式的战斗檄文。

1592年，罗马教廷终于忍无可忍，将他诱骗回国逮捕。他遭受了长达八年的酷刑和囚禁，直到1600年2月17日凌晨，在火刑柱上喊出了那句著名的"火不能征服我，未来的世界会知道我的价值"。

现在我开始理解整件事。哥白尼和布鲁诺，除了在日心说这一点有交集外，是完全不同的两个人。

哥白尼的工作仅限于天文观测、计算和思考，以科学的态度，有多少论证说多少话，不蔓不枝，完全无意挑战教会，也没让教会感到威胁。

布鲁诺本质上却是个思想斗士和社会活动家，他从日心说引申出对于创世论、三位一体等一系列观点的否定，条条都戳中教会最敏感的神经。他立论的力量不来自周密或严谨，而来自观念的冲击和精神的震撼。

于是，不同的人做出不同的人生选择，走上不同的人生道路。科学家埋头研究，得到自己的科学地位，其地位根本上来自他揭示的真相，而不是后人的推崇。

斗士战斗到生命的最后一刻，变成一种被历史铭记的精神和勇气，他的抗争，本质上不是为了别人的理论，而是要成全自己一个人对整个教会的质疑和反抗。

各自心有所属，求仁得仁，都成就了自己，得其所哉。人类历史自有其内在逻辑，至于个人认为这是否公平，没那么重要。或者说，我们对公平的认知，需要建立在理解历史逻辑的基础上。

血的历史
一个"常识"的诞生

在大街上随便拦住一个中学生,就可以告诉你:人的周身布满血管,里面循环流动着血液,动脉里活跃着含氧高的鲜红血液,静脉里静静流淌着含二氧化碳多的暗红的血。

但是,就这么一个关于血的基本"常识",其被确立为常识的过程,却是一部真正"流血的历史"。

从古希腊时期开始,亚里士多德、赫罗菲拉斯(Herophilus)、埃拉西斯特拉特(Erasistratus)等就开始琢磨人体问题,也构建了各种理论。先哲们基本上达成共识:人体内遍布管道,里面充满空气。至于那种从皮肤破口处流出来的红色液体,他们暂时还没法给出合理解释。

这些知识被传授几百年,成了医学"常识"后,盖仑(Claudius Galen,约129—200)站出来了。这个了不起的古罗马医生,把自己锻造成为医学界一道"千年铁门槛",整整十个世纪的时间都无人能够跨越。

盖仑一度被誉为"穷尽了人类医学知识",他提供了一套成型的理论:人体管道里充斥的不是空气,而是血液。人吃下去的食物进入肝脏,被转化为血液,心脏负责加热血液,热血围绕着肝脏,如潮汐般起落，在流动过程中被身体各部分吸收，直至消失。血液被吸收得差不多的时候，就需要进食以生产新的血液了。那些饿久了的人脸色苍白，就是因为体内缺乏血液了。

人体有三种管道：动脉、静脉和神经。其中静脉负责输送血液，动脉管道中空，负责将心脏产生的"生命精气"输送到全身，神经管道则输送肝脏产生的"动物精气"，共同保持人体所需营养和运动机能。

需要说明的是，盖仑的这套理论有坚实的"科学依据"，比如"动脉是中空的"这一点可以由尸体解剖得到证实。心脏停止跳动后，动脉里确实没有血液。而没有哪个科学家有机会做切开活人动脉的实验。能看到的都是中空的，流淌血液的看不到，这简直就是认知的悖论，是那个时代人体医学的"薛定谔的猫"。

盖仑医生这套理论，较之古希腊的解释更新也更科学，于是作为真理又被传授了一千多年，变成了新的"常识"。同样变成常规操作的，还有他的治疗理念：放血可以包治百病。你看女人月经，疼得不行，脾气暴躁，流几天血之后，就好了。

因为这个说法很有解释力，得到普遍接受。结果放血不仅成为一切疾病的临床治疗方式，还成了常规的保健养生手段。人们认为，人体内过多的血液会携带有害物质，滋生情欲，导致疾病。于是，春秋两季的定期放血，成了有钱人增强体质的保健措施。朋友间表示友情深厚，请人吃饭聚餐，不如请去放个血。法国路易十四的皇后曾不惜重金，保证每个月放两次血，这样可以保证她在听色情笑话或寻欢作乐时不至于脸红，从而不失国母的端庄仪态。著名画家拉斐尔，本来只是感冒发烧，但在病情加重后，因放血而死。

理发店门口的红蓝白条纹旋转灯柱，大家都认得，却未必知道，它的意思是"提供放血服务"。据说红色是血液，蓝色是静脉，白色是止血绷带。灯柱上下的半圆形柱头，则分别是盛血和装水蛭的容器。

那时候的理发师，可不仅仅是剃个头那么简单，他们还是半个医生，主要是外科手术大夫，日常业务包括截肢、拔牙，还兼职刽子手，放血更是不在话下。剪发修面采耳之余，顺便切开静脉，挤压出血，条件好、收费贵的，在创口放几条水蛭吸血。血放得差不多了，再用白色纱布包扎好。红蓝白齐活。

失血之后，顾客脸色发白，脚步发轻，头脑空空，说明体内排除了毒素，充满健康的生命能量，所以神清气爽。

还好盖仑理论说，只有静脉里有血液，所以没有理发师会切开动脉放血。

行文至此，顺便说句题外话。中国古代没有理发师这种职业，因为身体发肤，受之父母，剪头发是不道德的，是大不孝。[1] 直到清军入关，剃发易服令颁布下来，头发和脑袋只能留一样，这才有了理发行业。也留下了"正月剃头死舅舅"的新民俗，其实不是"死舅"，是"思旧"，怀念不剃头的明朝。

---

[1] 这话往细里还有分说，中国历史太悠久，说来话就长。婴儿从娘胎里带出来的胎毛可以剃，而且必须剃。《礼记·内则》里有贵族子弟命名礼的规定"三月之末，择日剪发为鬌，男角女羁"。三个月大剃掉胎发，发型还有定制。然后由妈妈抱着去见爸爸，经"见子、名子、对答、告名、书名"几个步骤（连爸爸拉儿子哪只手、夫妻俩每一句话怎么说，都有规定），爸爸给儿子取个名，记录下来。

至于普通人成年后是否剪发，历史并不明晰。确定的是儒家被这样那样一解读后，毛发变得越来越神圣不可侵犯，还成了分辨文明和野蛮的标志（断发文身）。

但是，不能断发文身吧，却能刮胡子修面（至少唐宋可以），敢情不同位置的毛发，地位差别还挺大。

更让人无语的是，清代统治不到三百年，光脑门长辫子的发型就成为满新传统，替代了绝不剃头的汉旧传统。清初出了很多宁死不剃头的主，到了清末，为了去掉辫子，又有无数人拼死反抗。完全相反的坚持，同样的死法，还都是要"遵从祖宗之法"，遵从"自古以来皆如此"的传统。历史就是如此有趣。

理发这么个号称"顶上功夫"的行当,无论中外,都这么奇怪又血腥。

言归正传。放血保健法留到今天的另一个痕迹,是柳叶刀。当年理发师放血有专门的工具,薄而锋利,切静脉准而深,名叫柳叶刀。现在外科手术还用到。有一本创刊于1823年的英国的医学学术刊物,现在国际上公认的综合性医学权威期刊,就叫"柳叶刀"。在2019年12月开始的新冠肺炎疫情中,很多民众都对《柳叶刀》杂志有所耳闻。

我们现在都知道,人体全身血液约占体重的8%,少量失血对人体没有损害,所以放血养生持续很长时间,也算经受过"长期实践的考验"。但失血三分之一就会休克,失血过半即毙命。一个体重一百斤上下的人,流掉四斤血,上帝都无力回天。所以时不时有人丧命,当然那时的医学给出了其他"合理"的解释。

在病人和阔人们因放血而死的同时,科学家也在因质疑放血而死。

西班牙的塞尔维特(Michael Servetus,约1510—1553)提出一种新的设想:血液在心肺之间小循环,动静脉连通,血液从动脉到静脉单向流动,在肺里从动脉样静脉(即肺动脉)流入静脉样动脉(即肺静脉),与吸入的气体混合,因为"通风换气"而变得鲜红。

这些观点被他写进《基督教之重建》,于1553年匿名发表。但别以为匿名教会就不知道你是谁。塞尔维特当年就被教会查明身份,遭到拘捕,罪名是亵渎神灵和鼓吹异端邪说。

塞尔维特曾设法逃亡到日内瓦,但还是被人出卖并被捕。10月,他在日内瓦郊外被处以火刑——是文火慢慢烤了四个小时。

出卖他的人,是他的"朋友"、宗教改革家加尔文,上文的布鲁诺也是被他送上火刑架的——他皈依的新教甚至比他反对的天主教更残酷可怕。

被文火烤死的塞尔维特,在巴黎大学有个志同道合的同学——比利时的维萨里(Andreas Vesalius,1514—1564)。两人曾一起探讨人体结构,一起偷过尸体做解剖。

维萨里不如塞尔维特激进,但结局也没好多少。维萨里先是在意大利北部的帕多瓦大学当解剖学教师。1543年出版的七卷本教材《人体构造》,是人类历史上第一部图文并茂讲解人体解剖学、介绍解剖方法的著作,为现代解剖学的奠基之作。作者得到的"奖励"是被教会定罪。

维萨里逃往西班牙,在查理五世国王的羽翼下当御医,当了二十年,西班牙宗教裁判所还不依不饶,非要判处他死刑。国王出面求情,好说歹说将死刑改判为前往耶路撒冷朝圣和忏悔。但不幸如影相随,维萨里在归航途中遭遇轮船失事,病死在海岛上,终年五十岁。

英国的哈维(William Harvey,1578—1657)最后出场,他发明了血液循环,这一发现被确定为现代医学的开端。当时,哈维出于求生本能,推迟了十二年才出版他的《心血运动论》。即便如此,还是遭到了可怕的围攻,被搞得身心交瘁。

顺便说一下,血液循环的真相得以被一点点发现,受益于人体解剖历史的发展。而人类历史上首次公开的解剖实验[1],就是哈维三十七岁时在伦敦主刀的,轰动一时。其具体情形,可参看荷兰画家伦勃朗的成名作、1632年的油画《尼古拉斯·杜尔博士的解剖学课》,这是阿姆斯特丹外科医生行会委托伦勃朗画的团体肖像画,画中的每个人都对应有真实人物。

---

[1] 中国第一次公开的人体解剖,则是1913年11月13日在苏州医学专门学校进行的。

搞清楚一个八宝盒重重机关的唯一办法,是拆开它,那么对人体奥秘感到好奇的人,自然会想"打开"人体。于是,最早研究人体和医学的人(基本都是教士),偷偷向盗墓者购买尸体用于解剖。又因为当时人们去世后,几乎都会葬在教堂墓地,穷一点儿买不起"实验耗材"的教士们,自然选择就地取材,亲自盗墓。

人是上帝照着自己的样子造出来的,破坏人体违背基督教教义,解剖人体最开始自然是非法的。14世纪初,极少数激进的大学(当然是教会大学)其实开设了专门的人体解剖课程,但知之者甚寡。

1347年到1353年,黑死病(鼠疫)席卷欧洲,带走三分之一的人口,西方人遭遇这场空前的灾难,深刻认识到通过解剖了解疾病对人体的影响有多么必要和重要。教会对于人体解剖的态度,从严厉打击转为表面打击、选择性打击和装聋作哑。一个世纪后的1482年,教皇终于公开宣布,囚犯、无主和自愿捐献者的尸体解剖合法化,条件

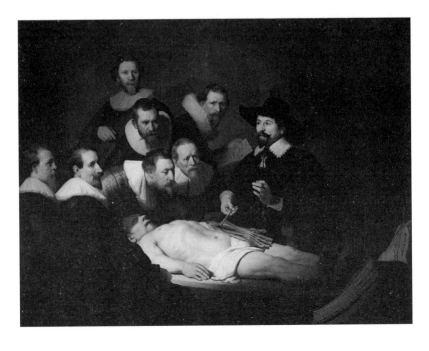

是解剖后要缝合并体面下葬。

在意大利的威尼斯和佛罗伦萨之间，有一个小镇博洛尼亚（Bologna），1088年，那儿诞生了世界上第一所大学，博洛尼亚大学，它被认为是现代大学的鼻祖，欧洲的万校之母，以医学和法律专业见长，与英国的牛津大学、法国的巴黎大学、意大利的帕多瓦大学[1]并称为欧洲四大文化中心。而且独一无二地授予女生学位、给女性提供专业教职。

该校始建于1636年的解剖教室，是世界上第一个公开的人体解剖实验室，当年奠定了现代医学的基础，现在则是欧洲科学主题旅游的打卡点之一。

总之，得利于几代学者的人体解剖、观察和理论构建，血液循环理论最终确定于1661年。那一年，意大利医生和生物学家马尔比基（Marcello Malpighi，1628—1694）[2]用显微镜观察到毛细血管的存在，证实了哈维理论的正确。这时哈维已经过世四年，他的血液不再循环流动，也不再可能遭到教会迫害。他终于安全了。

在科学史上，错误无处不在。不必举遥远的"月陆""月海""月湖"之类的例子（最早用望远镜观察月亮的科学家们，误以为月球表面发暗的地方是水域，由此区分陆地、海洋。如今已确定二十二个月海，包括"风暴洋"，此外还有死湖，春、夏、秋湖，眉月湾，梦沼等），单回忆下"七〇后"一代的日常生活：摔跤破皮了，常规处理都是擦点儿红药水，长大后才知道，红药水是2%的汞溴红溶液，消毒和抑菌效果都差，大面积擦拭还容易造成汞中毒；中学生物学"O

---

[1] 大家不妨记一下这几个大学名称，它们跟亚历山大大学城一样，在本书中多次出现。从中世纪到近代这段漫长时间里，很多重要的科学家、哲学家、反叛者都与这几所学校有关。
[2] 马尔切洛·马尔比基是博洛尼亚大学的毕业生和教师。哈维的老师伽利略发明望远镜后，马尔比基加以改造，创制显微镜，并利用显微镜进行了一系列观察和发现，因而被誉为"显微镜学之父"。

型血是万能输血者，AB型是万能受血者"，搞得一帮自私到骨头的小孩子，O型血的哀叹自己倒霉，AB型血的则美滋滋好像占了个大便宜。才一转眼工夫，还没捞到献血和输血的机会，这说法就被更改了。"八〇后"在中学背的还是"司母戊大方鼎"，大学后就成了"后母戊"。

　　科学还会错？当然。科学本来就是一个不断犯错误、发现错误和纠正错误的过程。真正的科学，绝不表示结论一定正确，而是指一整套正确的方式，可以用来不断发现和检验真理。只有科学原教旨主义者、迷信科学的人，才会在"科学"和"正确判断"中间画上恒等号，将其变成僵死和不容置疑的"绝对真理"。

　　纵观科学纠错的过程，有的自然而然地知错就改，波澜不惊，知识更新。有的干脆"将错就错"，如"月陆"和"月海"的命名。还有的，却闹得非要见血不可，如$\sqrt{2}$，地心说和血液循环。

　　真正的科学态度，是把心打开，无论什么时候，也不要让认知闭合，随时保持一份怀疑、留一条缝，准备接纳未来的世界、未知的新知。非要"白刀子进、红刀子出"地维护真理，那是反真理。毕竟，科学最重要的价值，也不是其正确，而是其对待错误的态度。

　　另外，辨别真伪除了用事实说话，用科学方法验证，还有一条简单实用的原则：但凡不让反对者说话的人，他的话就不可信。

培 根
新工具，新思维

培根（bacon）是烟熏肋条肉或咸背脊肉，西式三大主要肉制品之一，能用"肉"做姓氏的，一看就比姓苹果（Apple）、橘子（Orange）和大米（Rice）的高级，日子过得更好。

没错，弗朗西斯·培根（Francis Bacon，1561—1626）就生于伦敦的贵族家庭。十二岁入剑桥大学三一学院，二十三岁当选为国会议员，算得上少年得志。

不过之后很长一段时间，培根一直没有得到任命，仕途陷于停顿状态，似乎女王也不怎么欣赏他。直到1602年，跟他政见相投的詹姆士一世即位，他才开始平步青云。很快被封爵士，后来又受封男爵、子爵，先后出任国王法律顾问、首席检察官、掌玺大臣等。那是他最春风得意的一段时间。

1621年，培根被指控贪污受贿，被判处入狱、"开除公职"和要求缴纳巨额罚金。国王亲自出面免除了他的牢狱之灾和罚金，但"永诀仕途"这一条是躲不过的。至于他是真的受贿了，还是被陷害，历史上一直有纷争，这种纷争更像是"铁粉"和"黑粉"的争执,而不是要寻求真相。而另一方面,一个贪婪贪污的官员和一个成就斐然的学者,完全可以是同一个人。就像一个伟大的科学家可以是卑鄙小人、一个改变世界的探险家可以是强盗一样。

总之,培根声名狼藉地被逐出宫廷,远离政治,人生的一盏灯就此熄灭。但他还有其他的生命之灯:学术研究和著书立说。但他不知道的是,自己距离离世只有五年时间了。

培根在根本上是个哲学家。西方哲学经过古希腊的自然哲学时期、中世纪的经院哲学时期之后,在近代转为认识论探讨,最重要的哲学问题从古希腊时期的"世界的真相是什么",一变而为"如何认识世界的真相,靠感性经验还是理性"。整个西方分裂成(欧洲)大陆理性派和英国经验派,而培根是后者的开路先锋。所以,他并没有在科学(自然哲学)方面投入太多,成就也平平,本书却一定要写到他,为什么?在了解培根在科学史上的价值之前,先说个一度流传甚广的笑话吧:

小时候学英语,老师常说,"知识就是力量,法国就是培根(Knowledge is power, France is bacon)"。长久以来,这句名言的后半部分一直困扰着"我"。"知识就是力量"我懂,但"法国就是培根"是什么意思?表示因为有了知识的力量,法国人就能吃上培根了?

我无法理解。而且每当我说"知识就是力量,法国就是培根",大家都只是赞同地点头,或者,别人说前半句,知识就是力量,我接上后半句,法国就是培根,从来没人觉得怪异,好像这句话完全没有难以理解的部分。

我特意去问老师,这句话是什么意思,结果老师一直解释"知识就是力量",一点儿没涉及"法国就是培根",后来,我怯生生地问老师:"可是,法国就是培根?"老师肯定地点点头,说:"对!"

我再也没有勇气追问下去,觉得自己很蠢,所有人都懂的,我却不知道。我放弃了理解这句谜一样的句子。直到多年之后,我在书上看到了:

Knowledge is power

——Francis Bacon

我才知道发生了什么。

笑过之后,不妨练习一下 France is bacon 和 Francis Bacon 的发音。

不管怎么说,"知识就是力量"大概是中学作文引用最多的名人名言之一。这句话的字面意思,人人都懂,但要真的理解其中的深意,可比"法国就是培根"复杂多了。

首先是对知识(knowledge)一词的理解。科学(science)的词源是拉丁文的 scientia,意思就是知识,早期"知识"一词的用法相当广泛,泛指所有知道的事情,包括今天的知识和艺术(art)。古希腊的九位缪斯,我们现在多称为艺术女神,其实她们是掌管知识(包括文艺和科学)的女神。后来与 art 相关的部分分离出去,science 才单指专业知识(knowledge)和技能(skill)。所以培根说的知识就是力量,可以粗略理解为科学是一种力量。

其次,知识何以是力量呢?这就涉及培根在思想史和科学史上的价值了。如前所述,他本人并没有什么具体的科学成就,他对科学的巨大影响,在于提出了一种全新的思维方式和判断标准。这体现在他的代表作《新工具》里,这个工具就是归纳法,而归纳的素材是整个大自然。

几乎从本书的第一篇开始,就在说古希腊的理性传统、非功利传统、(演绎)逻辑传统。这些东西很独特，是其他文明（包括我们的中华文明）缺乏的，所以弥足珍贵。但对古希腊人自己来说，却有点儿过于多了。

古希腊一脉相承下来的思维习惯，是惯用逻辑和演绎，从理论构建入手而不是从实践出发，认为最高真理来自大脑、上帝和逻辑，而世间万物只是对真理的模拟、呈现和显示，是次要的、第二位的。

在拉斐尔著名的画作《雅典学院》里，集中了古希腊最主要的哲学家，其中最中心的两个人正是古希腊最巅峰的代表：左边的柏拉图和右边的亚里士多德，前者指着天空，后者手指地面，后世解读这个手势代表了这对师生获取真理的不同方式。

柏拉图追求理念、天理，认为最高和最完美的真理存在于上天和思维中，用演绎法可以推演出世界万物。举个例子，要真正获得"树"的知识，光靠认识一棵棵的树，是行不通的，因为不同树木千差万别，不可能穷尽，所以正确方式是把握"树"的本质，用这个概念去"衡量"天下千千万万的植物，符合的（不管看起来多么不像）就是树，不符合的就不是。

而树的标准，就是存在于上天的"树"的理念，理念的世界才是本质，是完美的，人世间不同的树，只是对理念"树"的模仿，是不完美的。这个用概念和理念来"衡量"判断的思维方式，就是演绎。

亚里士多德用的却是归纳法，要想认识"树"为何物，得依靠认识各种不同的树，从这些经验材料中"提炼"出不同树木的共同特点，形成树的概念。所以，他同时也是博物学家，他的学生亚历山大大帝满世界征战的同时，也满世界找不同的植物标本寄给老师，以便他更多地了解植物有什么形态。

这么说起来，好像柏拉图和亚里士多德的思维习惯、寻求真理的方式天差地别，其实不然。这些说法只是后人对《雅典学院》这幅画的解读。师徒俩固然有不同偏向，但他们同属古希腊最有代表性的哲学家，演绎逻辑作为希腊主流和根本性的思维方式，必然根植于他们的大脑。经验、感官和实践一直低人一等。

这种思维特质对西方文明的影响深远。西方传统从古希腊开始，演绎法的地位就大大高于归纳法。因为归纳法有个致命的缺陷，可以用一个笑话来解释：父亲让傻儿子去买火柴，怕他被人骗，特意交代说："必须买那种每一根都能点燃的。"儿子过了很久回来了，递给父亲一盒点过的火柴梗，高兴地说，买回来了，确定每一根都能点燃。因为每一根他都亲自点过了。

要保证"每根都能点燃"，唯一的办法是点燃每一根。归纳法的毛病就在于此，必须穷尽才能得出确切的结论，如果没有分析过世上每一种植物，就不可能得出"树"的完整认识，随时可能有一种全新的植物出现，打破之前总结出来的"树"的认识。但人又怎么可能穷尽任何一样东西呢？

所以直到今天，还有些逻辑学家坚持认为，只有演绎才是逻辑，归纳不是真正的逻辑。过去三万年、三千万年，太阳每天都从东方升起，仍然不能得出"太阳必然从东方升起"的结论，因为规律可能是太阳轮番从东南西北四个方向升起，每个方向重复三千万年。

只有构建起太阳、月亮、地球完整的天体运转体系，才能确切地知道，太阳必然升自何方。

过于强调理念、理论构建和演绎逻辑，会导致思维偏差。这种弊端集中体现在天文学上，托勒密构建了一个足够复杂、系统和自洽的模型，从而形成闭合的环，一旦这套模型建立完成，人们不仅不往里面加新的经验材料，甚至反过来要求经验材料符合理论，不符合的就是现实的不对。

培根的革命性和颠覆性的观点，就是要提升经验、实践和现实的地位。

如果说古希腊哲学家的最高追求是"真理"，思考是为了知道，知道正确的知识，那么培根则提出，知识的价值不在于正确，而在于有用，比知识更重要的，是运用知识的技能。科学也不必然结论正确，而是指用一套科学实证的方式得出结论。

培根是近代归纳法的创始人，他的提议带来实验科学的兴起，实验求证成为重要的科研手段。人类探求真理，不仅仅用大脑做抽象的逻辑推演，更需要运用感官和归纳，一点点地总结归纳，并随时进行调整和修正。而求知也不再是贵族自娱自乐的精神游戏和头脑风暴，人们开始关注与要求知识和技能有经世济用的实用价值。

这种新工具和新思维，开启了西方哲学和西方文明一个全新时期，古希腊开始的"知识要绝对正确"至此转化为"知识要有力量"，而培根也为他提倡的观念丢了性命。

1626年3月底，伦敦还在冰天雪地中。培根正在研究冷和热的问题，这里的"研究"，当然不是思考，而是设计实验并观察。大雪正好可以检验冰冷是否影响食物的储存。培根杀了一只鸡，腹腔填满冰雪。这件事让他在雪地里待得时间长了点儿，本来就有小感冒的他，病情恶化，于4月初病逝。

培根用生命实践了自己的新工具，也为西方文明的第二次跨越式发展准备好了理论、工具和思维。新时代即将开启。

　　哲学就是这样引领科学进步的，或者更准确地说，自然哲学就是这样引领时代进步的。

伽利略
界限和明智

伽利略·伽利莱（Galileo Galile，1564—1642）是近代实验物理学的开拓者，还在修道院读书的时候，就发现了摆的等时性，以至于后来的挂摆时钟被称为"伽利略钟"。他发明过浮力天平和温度计，还有望远镜，让人类有史以来第一次"亲眼"看到星星们的真相，知道月亮上没有嫦娥，只有环形山。

他最广为人知的事迹是从比萨斜塔上往下扔铁球做落体实验，故事性和画面感都很强，但这事基本可以确定是假的，是伽利略晚年时由学生披露的。

不过，"比萨斜塔"这个亮点并不重要，重要的是伽利略确实做了自由落体实验，从而发现"自由落体定律"，改写了力学上的几个基本观念，推翻了超级权威亚里士多德的重物质和轻物质理论。而且，无论这个实验是在哪里做的，其直接后果是做实验的人丢掉了比萨大学教授的职位。

伽利略和布鲁诺一样，都因为提倡日心说而受到教会迫害。不

同的是，伽利略对教会没有激烈反对，他跟宗教的关系也远比常人想象得要铁。他出生在天主教大本营意大利，终身不曾离开。十二岁开蒙学习，进的就是修道院，他是非常虔诚的教徒。他生命中最重要的人——女儿玛丽亚·切莱斯特（Maria Celeste）也是虔诚的修女。

1615年，伽利略因为发表《论太阳黑子》受到教廷威胁性关注，他的第一反应竟然是前往罗马，亲自说服多年的私人好友——也是直接下令给他定罪的教皇乌尔班八世——接受"日心说"。受审前，他完全有机会出走或逃亡，却没这么做，受审时也没有公开反抗、激昂演说，他始终温顺地服从判决，并且试图好好讲道理。

1633年，伽利略终于因"反对教皇、宣扬邪学"罪名被判终身监禁。此后他主要从事力学研究，1638年后渐渐双目失明，晚景凄凉。

其实，作为虔诚教徒兼科学家的伽利略，对教会的意见仅仅是，教会的职能是安抚人的灵魂，而科学的任务是探索自然的规律，两者不应互相侵犯。宗教应该给自己的权限和领域画出界线，从而给科学以发言的空间；反之，在神学领域外行使权力极不明智。

伽利略坚持的，仅仅是他在临终时坚持的那句"地球仍在转动"，而不是对教廷的任何攻击和诋毁。

现在受过基础思维训练的人，都知道要分清事实（fact）和观点（opinion）、知识（knowledge）和信念（belief）、事实判断（factual judgment）和价值判断（value judgment）。"今天是好天气"是观点表达，"今天是晴天"才是事实。就算现实中绝大多数人都喜欢晴天，晴天也不就是好天气，世上总有喜欢阴天、雨天、暴风雪天的人。

价值判断可以多样：爸爸打我是为了我好，是因为他不爱我，是我该打，是他的错，他坏……但对事实的判断只可能有两个，是或否。

爸爸打了还是没打孩子。

一个基本原则是：事实绝对地高于观点。因为它既是认知的基础，又是确定的、可以证实或证伪，观点则取决于个人价值观，会因人而异。

世上有太多东西的存在，完全无视人类的意愿：死亡、时间、事实、自然律……与人类有关的任何事物都有边界，至少有空间和时间的界限。林肯说的没错，最高明的骗子"可以在一段时间内骗过所有的人，也可以永远骗过一部分人，但是不可能永远骗过所有的人"，同样的，权力可以在一段时间内控制所有的人，也可以永远控制一部分人，但不可能永远控制所有人。

伽利略向教会要求的，仅仅是承认和面对"地球在转"这个事实。这个要求原本很卑微，只是科学最低的生存界限。权力但凡有最基本的理性，就知道应该让出最低限度的空间。

可惜，权力总以为自己无所不能。上管天，下管地，中间还能管空气，既不能想象也不能接受还有什么自己不能控制、把握和决定。所以《镜花缘》里的武则天会下令百花冬季盛开，秦始皇要求长生不老之药以突破寿命的极限，更多的稍有权势之人则不顾一切地弄权，以求自我意志的无限扩张。

权力让人疯狂。权令智昏的程度超过利令智昏。当权者很难保持"战战兢兢如履薄冰"的敬畏心，相反，太容易狂妄失智，不知道自己是谁，更无视众人的智商和后人的判断。中世纪的教廷，只是重复了至高权力一定会犯的蠢。

在伽利略之前，布鲁诺已经被处火刑、康帕内拉（1568—1639，意大利空想社会主义者）被长期打入死牢，教廷的权力似乎无边无际，可以为所欲为。但是你听,文艺复兴、宗教改革、人文主义思潮、工业革命……历史的洪流正滚滚而来,人类进步的涛声在天际响起,转眼就会席卷而来,将当权者冲成水底的淤泥。

真正有力量的,唯有真相和真理。唯一的、确定的、可以证实或证伪的真相。

开普勒
一百年和六千年

约翰·开普勒（Johannes Kepler，1571—1630）最重要的历史贡献，是提出三大天文定律，修正了哥白尼的日心说。其中著名的开普勒第一和第二定律于1609年在《新天文学》一书中提出，第三定律则在1619年出版的《宇宙和谐论》中提出。

完成三大定律后，开普勒说过这样一段话："这正是我十六年前就强烈希望探求的东西……现在书已写成，是现在还是以后才有人读，我已经无所谓。也许这本书要等上一百年才会有读者，那也没关系，反正大自然已经等了观察者六千年。"

为一百年以后写书——如果开普勒当时是拿版税的话，那真是亏大了。而且开普勒一直缺钱，他一生大多数时候都经济窘迫，潦倒拮

据，入不敷出。

开普勒家境贫寒，父亲是个为谋生离家的雇佣军。他的第一段婚姻在很大程度上是为了解决经济问题，女方结过两次婚，带着孩子，却是前两任丈夫的继承人，手头阔绰。他的岳父看不起他，强烈反对他俩结婚，这

段婚姻也确实很不幸福。

他的科研能进行下来,很大程度上得益于爱才的第谷·布拉赫(Tycho Brahe, 1546—1601)[1]雇他做助手,还在经济上给予资助。

另外,从学生时代起,开普勒就靠给同学占星算命来赚钱。他跟第谷一样,都是资深且有名的"占星学家"。不同的是,贵族第谷只是爱好,他却是以此谋利的占星术士。他占星的名气倒是不小,两国交战时还曾被将军请去画天宫图。

开普勒一生最宽裕,也是科研最高产的一段时间,是其老师兼资助人第谷去世后,他"继承"了第谷的职位,成为神圣罗马帝国的御用数学家。即便如此,他仍然遭受歧视,皇帝给他的薪俸仅仅是第谷的一半,还时常拖欠。

开普勒的死更是典型的穷人死法,寒碜而卑微。因为生命的最后几个月没有拿到薪金,生活难以维持,年迈的开普勒不得不亲自到里根斯堡去讨钱,结果刚刚抵达就一病不起。1630年11月15日,他在一家客栈悄然离世,死时身边一个人都没有,身上仅剩7分尼(1马克等于100分尼)。

然而如今,开普勒被尊为"天上的立法者",被写进很多国家的中学课本。更讽刺的是,一辈子缺钱的开普勒,2002年被奥地利铸造在10欧元的纪念收藏币上,称开普勒银币。

天空和星星们等了数千年,才等到发现它们秘密的人;开普勒等了一百年,才等到人们对他价值的认识。只不过,无论开普勒、他的岳父,还是同时代的其他人,都不知道百年后发生的事情。那么我们

---

[1] 第谷·布拉赫是丹麦天文学家,其设想的宇宙结构体系介于日心说(但不接受地动说)和地心说之间,是前承哥白尼,后启开普勒的人物。他最著名的逸事是曾与人决斗,被削掉鼻头。他竟然做了个同肤色的金属鼻子佩戴终身。他善于天文观测而开普勒精于数学计算,他俩的合作是实验和理论的良好结合,只不过开普勒最后计算论证的,不是他的日心地不动说,而是哥白尼的日心地动说。

今天活着的人，又如何知道下一个百年的事？我们今天追逐的人和事，百年后会被历史遗弃在哪里？而百年后将接受历史崇敬和后人追思的人，今天又被我们遗忘在哪个角落？

大自然可以耐心地等数千年，历史会在数百年后给出评价，而人只能活数十年。人之短视和局限，难不成是必然？

是的，如果没有想象力，单凭个体生命的经验来认识世界，就会如此。所以同样是赤壁泛舟，友人只会"寄蜉蝣于天地，渺沧海之一粟。哀吾生之须臾，羡长江之无穷"，苏东坡却能想到"自其变者而观之，则天地曾不能以一瞬；自其不变者而观之，则物与我皆无尽也，而又何羡乎"。他俩的差距，就是想象力的差距，视野不同，格局自然不同。

同理，心里装着数千年的大自然、一百年的历史评价，对于眼前的得失荣辱、贫富贵贱，便比较能看得开。世人对名利汲汲以求，"又何羡乎"？

冯塔纳
真的能比吗?

首先来学一个意大利单词吧,Tartaglia(塔尔塔里亚),意思是"结巴"。我们会在一些严肃的数学学术书中迎面碰到这个词,它被直接用来称呼一个16世纪的意大利数学家尼柯洛·冯塔纳(Niccolo Fontana,1500—?)。

冯塔纳小时候受过伤,伤及唇舌,从此口吃。又因为贫穷和自卑,自学成才的冯塔纳性格古怪,深度社恐,几乎不跟人打交道。也许与不擅长跟人交往有关,他的学术地位得不到承认,学术成果还被剽窃,被冠以别人的名字传世——都是不爱说话惹的祸。

"结巴先生"冯塔纳并不是唯一有语言障碍的科学家。另一个有趣的是波兰的数学家伯格曼(Stefan Bergman,1898—1977),他自认为是语言天才,因为懂十二种语言。真实情况却是,十二种语言他尽管说,别人听得懂的约莫只有一种。

这位"语言大师"在布朗大学、哈佛大学和斯坦福大学等诸多顶级大学都工作过,但因为口音问题,基本上没法上讲台。有一次,他碰到一个波兰老乡,立刻兴奋地用母语聊了起

来。聊了好一会儿,那个痛苦的同胞不得不打断他:"要不,咱俩还是说英语?这样我比较能听懂。"

除了科学界,其他领域也有同类趣闻逸事。相传民国时期的大学者章太炎江浙口音浓重,普通人听不懂。他上课常年要弟子黄侃做翻译,去日本讲学则需要两个翻译:黄侃将方言翻译为标准普通话口音,另一个再翻译为日文。

这类故事总是让有英语恐惧症的我倍感安慰、备受鼓舞。这些科学家就从不因外语不好而自卑,也不影响他们的成就。

生于俄罗斯的贝塞克维奇(Abram S. Besicovich,1891—1970),二十多岁去剑桥大学留学,完成学业后成了大学教师,英语仍然磕磕巴巴,不仅发音不准,还改不了俄语的语法习惯,不记得名词前要加冠词。

一天课上,学生们窃窃私语,非议他的口音和俄式英语,他听见了很生气,回击说:"这个世界上,有五千万人说你们那样的英语,却有两亿俄罗斯人说我这样的英语。"下面顿时哑了。

更近一点儿的例子,是我的一个朋友,出访时因为外语水平被拒签,他结结巴巴地说:"我的英语能力足够应付研究了,我又不是去美国跟人聊天的。"随即他边说边写了一段专业论题,每个术语单词都长达十多个甚至二十个字母。于是顺利拿到签证。

就是在听这个切近的签证故事时,我才意识到,自己所受的鼓舞大有问题。冯塔纳是世界上第一个解出一元三次方程的人,伯格曼写过《相对论引论》,提出"核"的概念,贝塞克维奇是几何分析学家,给出了维数的新定义。朋友的专业能力也是一等一。他们就是倚仗这些专业成就,才能蔑视外语,漠视自己的语言能力"低下"。我辈如果没有自己的专业成就，凭什么狂飙水水的外语，还不以为耻？

常人一批评应试教育，就爱举例说谁谁谁什么科目多差照样被名校录取。首先，很多并非事实。吴晗数学零分进清华、罗家伦数学零分进北大，都已被证实是误传。吴晗是大二参加清华的转学生考试，考试科目根本没有数学，罗家伦是正常考试录取。

其次，这样的事实即使有，也并不多见。1929年，清华大学校长罗家伦录取的钱锺书，中英文俱佳、数学十五分；1930年青岛大学中文系主任闻一多录取的臧克家，国文九十八分、数学零分；1934年北大文学院院长胡适录取的张充和，国文满分、数学零分。还有陈寅恪没著作没学历，被聘为清华国学院四大导师之一。

但爱拿这些例子来说事的，大多数只在数学零分和十五分方面跟人家有可比性，却没有国文满分和九十八分方面的相似。这正如我看到大牌科学家们外语不好就松口气，"我也外语不好！"可人家卓越的科学成就，我能"也"吗？

如果不能，我有什么资格瞎比较，瞎自我安慰呢？

从某种意义上说，专业人士确乎是有"特权"的，因为自有其"专"，有了专业领域、专属帝国，就不怕其他方面（比如外语口音）逊色丢人。但是，旁人在看到专业"特权"的同时，更当自问：我的专业领域何在？

卡尔达诺
另类的贡献

在科学史上,提到名词"卡尔达诺",人们脑海里跳出来的常常是"卡尔达诺公式"。至于卡尔达诺(Gerolamo Cardano,1501—1576)本人,实在没什么名气,仅有的一丁点儿"名气",也是污秽的。

所谓"卡尔达诺公式",就是一元三次方程的求根公式。但几乎每次说到这个公式,总有正义人士站起来,义正词严地申明,卡氏不过是个剽窃者,命之为"卡尔达诺公式",是数学史的不公正,就像历史不该跟着朱棣将篡权战争称为"靖难之役"一样。当然,在命名问题上一味钻牛角尖也有问题,更多的时候需要入乡随俗。

何况卡尔达诺的剽窃行为确实有道德上的硬伤,但他也算是个有贡献的剽窃者。

此话怎讲?

那位孤僻的"结巴先生"冯塔纳,行事方法也实在是"欠"。当时人类还不会解一元三次方程,冯塔纳多次在公开场合暗示,他已经想出了解题办法,可就是不肯公开自己的研究成果。这样抱着琵琶半

遮面，欲拒还迎，让整个学界着急上火。推拉了几回之后，大家只当他吹牛，也就不理会了。

卡尔达诺起初算个"民科"（民间科学爱好者），正经职业是医生，业余爱好数学。他是个典型的意大利人：好奇心重、热情贪玩、不守规矩、不负责任、聪明、灵动又任性，当然也不乏人性必然的自私和欲望。

只有他把"结巴先生"的话当真，在好奇心和对一元三次方程的热忱驱使下，他一直缠着冯塔纳向他"讨教"，奉承利诱加激将，各种招数都使上，一味地歪缠。冯塔纳到底掌控不住，又要保密又想显摆，故弄玄虚地念了通"唵嘛呢叭嚜吽"式的咒语，其中暗含了玄机。

冯塔纳本来只是玩"假语村言"，偏生卡尔达诺慧根非凡，对一元三次方程又沉浸式研究日久，颇解其中味，有了"结巴先生"的神咒助力，曲径通幽处，一时间茅塞顿开。

卡尔达诺接下来做得不怎么地道。他去帕维亚大学任教，立即出版了《代数规则伟大艺术》，公布这一成果，却丝毫不提及冯塔纳给他的暗示。他的说法是，冯塔纳在与他人的数学比武中发现了解题方法，但没有告诉他，他通过自己艰苦卓绝的探索，终于找到了证明……

这话半真半假，有虚有实。倒是很符合卡尔达诺的性格，他很可能真的把破译本身当作自己的成果，毕竟冯塔纳确实没明确告诉他如何解题。

不管怎么说，著作出来，立刻名动数学界，"卡尔达诺公式"的名号迅速诞生并叫响。

剽窃和隐瞒他人的贡献，当然很不光彩，也违背学术伦理，不过卡尔达诺的历史辩护律师可能会这么说："我的当事人虽然不是第一个发现这一公式的人，却是第一个公布这一公式的人。这一点在客观上是有历史价值的。"这是狡辩，却不是完全没道理。

发现的意义不言而喻，可公布的意义也非同小可。发现是从没人知道到有一个人知道，公布是从一个人知道到很多人都知道，前者是质变，后者是量变。理论上说，从 0 到 1 的质变显然更重要，但对于人类文明和社会发展的现实来说，很多时候竟然是量变的意义更大些。如果全世界一直只有一台房子那么巨大的计算机，谁能说电脑改变世界、造福人类呢？

当然啦，卡尔达诺没那么高尚，他不是为了全人类的知识进步，他贪的是私人名声。否则他公布就公布嘛，为什么不提冯塔纳的名儿？公布和剽窃是有本质区别的。

而对冯塔纳那样的怪人，除了好奇、无语、可乐，我多少还有一丁点儿腹诽。当然他有他的生活方式和处事原则，旁人自是无权置喙，但发明或发现了一个东西，本来可以促进人类智识的增进，却偏要把这知识的财富烂死在自己肚子里，宁愿它随着个人有限的生命灰飞烟灭，也不愿与他人分享。如此走到"沽名钓誉"的另一极，窃以为，也不算高明的选择。

说起来，这一桩是非公案，最占便宜的倒是我们后来人，既得了利，又获得了道德评判的优势立场。

帕斯卡
没有最好，只有最合适

曾经有很长一段时间，安慰和鼓励有社交困难的学生们时，帕斯卡（Blaise Pascal，1623—1662）都是我常用的励志样板。

这个法国人从小病怏怏的，三岁丧母，没活到四十岁，却是哲学史和科学史一般都不会绕过的人。他是近代概率论的创建人之一，十一岁写声学论文，十二岁独立发现了"三角形内角和等于180度"的规律，十七岁完成著名的几何论文《圆锥曲线论》。因为写得太高明，笛卡儿至死都不相信这一研究出自未成年孩子之手。帕斯卡为此很委屈，也很恼火。作为幼稚的报复，他终生都单方面不承认笛卡儿解析几何的价值。十九岁，利用齿轮啮合原理，发明世界上第一台数字计算机，称为"帕斯卡加法机"，后来得到皇家专利。电脑编程用的"PASCAL语言"，就是纪念这位机械计算机的"老祖宗"。二十三岁，发明水银气压计。几何学上有"帕斯卡定理"，物理学上有"帕斯卡定律"，他的名字还是压强的单位（简称帕，符号Pa，表示牛顿每平方米）。

即使对哲学没什么概念的人，也能说出几句哲理名言，比

如"我思故我在""诗意的憩居",还有"人只不过是一根芦苇,是自然界最脆弱的东西,但他是一根有思想的芦苇"。其中最后这句"有思想的芦苇",就是帕斯卡在《思想录》里说的。

这本书和蒙田的《随笔集》、培根的《论人生》一样,是经典的哲理散文。我个人并不认为这本书多深刻多有思想,但是他说"人的全部尊严在于思想",他说"我不知道是谁把我安置到世界上来的",他说,他愿意自己死时"就要永远地或者归于乌有,或者落到一位愤怒的上帝手中"。他还问:"使一个人从虚无中诞生,和使一个人从虚无中复活,哪一个更困难?"字里行间流露出强烈的生命感,让人动容。

就是这么一个贡献巨大的人,却是个不可救药的深度社恐患者,孤僻、自闭、极度内向、一辈子羞于见人,基本上不能与人交流,完全不能合作,没有朋友,没有恋人。有过暗恋,后世人都知道,但当时所有人都一无所知,包括被暗恋的女子。在生命的最后一段时间,曾深深卷入宗教派系的纠纷。

总之,无论从哪个角度看,他都是个"怪胎",不过是成就非凡的怪胎。性格缺陷没有影响帕斯卡做出贡献,甚至,隔绝和孤僻还成就了他。

帕斯卡并非独一无二,像他这样"病态人格+大成就"的人名单还挺多,卡文迪许、纳什、康德……他们确实与社会格格不入,但是社会是弹簧,你弱它就强。普通人必须按社会规范去改造和重塑自己,才能找到自己在社会上的位置,而只要足够强大,在各自领域做出巨大贡献,社会会努力去适应他们,而不是相反。

我常以他们为例,劝慰不善社交的学生不必焦虑,不如把更多时间花在专业成长上。

直到有一天，有学生苦恼地回答："可是我专业也不好，我就是学不来。"

我突然想到一个似乎不相干的事实：丑小鸭不是通过努力变成白天鹅的，它本来就是天鹅。

我跟学生说到帕斯卡的时候，似乎他们只要足够努力，人人都能取得同样巨大的成就。但是真的吗？帕斯卡有没有天赋异禀？他的成功能否复制？或者反过来，我跟多少学生举过帕斯卡的例子，他们当中又有几个人能成长为帕斯卡？

这么一想，我就知道自己犯错了。

网络上流行过一句豪言壮语：只有蚂蚁们才成群结队，狮子从来都是独来独往的。这话听起来很不错，问题在于：第一，真蚂蚁不可能成长为狮子；第二，人类社会的主体，永远是蚂蚁而非狮子。

向蚂蚁大肆渲染狮子的雄风，或许一时会有灌鸡汤的激励效果，但在根本上，要么无用（蚂蚁没变成狮子），要么有害（蚂蚁真以为自己是狮子）。

鲁迅在《春末闲谈》里讲过一句类似的话："猛兽是单独的，牛羊则结队。"意思却是，猛兽才有能力独来独往，既然生为牛羊，则必须成群结队，建设好团队，培养团队精神和协作能力，"排角成城以御强敌"，才能保障个体的生存。如果单独"拉开一匹，定只能牟牟地叫"，任人宰割。

抛开鲁迅反对国民党反动派的时代语境，单说猛兽和牛羊所组成的动物世界里的生存法则，我该如何正确使用帕斯卡这个例子？后人从他们的事迹里能得到什么启迪？明白什么道理？

那些对自己的社交能力没信心,对自己的性格有疑虑的人,应该想到,社会和职场对情商和社交,固然有一般性要求,如与人合作的能力、团队精神、亲和力、身体健康、敬业精神等,但谁都不可能在每个方面都游刃有余,每个人都需要自我提升。

而从另一个角度说,不同的职业还有不同的性格要求,正如职业是有性格的一样。会计、文秘、校对、文物修复的性格就是严谨沉闷;潜水员、摄影师、旅游家需要一定程度的"孤僻",怕寂寞的人干不了;艺术需要一定程度的"变态"和"病态",否则没创意;科学需要某种意义的"与世隔绝"和现实隔离感……

所以,重要的是找到自己个性和职业性格的契合点。事实上,每个人都要做同样的调整:根据性格找社会立足点,或者根据外界要求改变自己。

如果能够,就学习谈吐,注意仪表,训练举止,塑造自己以适应社会;如果改变自己太难,或太痛苦,就找到(或创造)一个合适自己的小环境、小天地,在专属空间里自得其乐。

选择前者,想脱胎换骨得做好忍受阵痛的思想准备。选择后者,要么需要更强的专业(学业)能力撑腰,要么以牺牲一部分利益(社会认可和赞誉等)为代价。

专业、职业和人生的选择都依此例:无所谓好或不好,只看是否合适。正如著名的尼布尔祈祷文说的:请赐予我平静,去接受我无法改变的;请给予我勇气,去改变我能改变的;请赐我智慧,分辨这两者的区别。

这么说来,苏格拉底经常引用的德尔斐神庙门楣上的铭言"认识你自己",就显得无比重要,它是开启智慧的起点,是一切选择的第一步。只有认识自己，了解自己，并充分接受自己，才知道自己要何去何从，才能够无忧无虑（包括疑虑和焦虑）地奋勇前行。

林 奈

人规定自然？

中国的国花长期在梅花和牡丹之间徘徊，老也定不下来。同样，选择鸳鸯还是丹顶鹤作为中国国鸟，也是长期争论的问题。

相对于鸳鸯来说，丹顶鹤本来更合适当选国鸟：它是传说中的仙鹤，国家一级保护动物，在中国的渊源极深，殷墟文物里就留有倩影，《尔雅》记载的仙禽和瑞祥之兆，年画上必不可少的形象，寓意长寿、喜庆、吉祥、幸福，全是好词。形象也绝佳：大型涉禽，有排面，黑白两色，顶上一点丹红，颜色搭配绝佳，长嘴、长颈、长腿，无论是立于水中还是飞在空中，衬着碧水蓝天，都高贵脱俗，美不胜收。较之小型游禽、鸭头鹅脑的鸳鸯，强了何止百倍？

但是，丹顶鹤有个致命的"缺陷"，使得它事实上不可能被定为国鸟。

在国际上，我们更愿意用丹顶鹤的英文名 red-crowned crane，可惜，它更准确也更通用的名称是 Japanese Crane，来自拉丁文的学名 Grus Japonensis，意思是——日本仙鹤。

鸳鸯则正好相反，其他条件都不如（别的不说，单说"琴瑟调和"的寓意。你见它俩今天成双成对，明天也出双入对，好不感动，其实那雄鸳早就换了雌鸯。你以为的恩爱夫妻，根本是露水姻缘，秀秀恩

爱而已），唯独名字好。鸳鸯的英文名 mandarin duck，直译为"中国鸭子"。

鸳鸯是咱中国的没毛病，但就因为一个名字，我们美丽的丹顶鹤就莫名其妙归属日本了，凭什么？[1]

如果一路追查和怪罪下去，就会发现，这样"严重伤害中国人民感情"的罪魁祸首，是个瑞典的生物学家，叫卡尔·冯·林奈（Carl von Linné，1707—1778）。

他是瑞典一个乡村穷牧师的孩子，从小读书不行，中学毕业时，十八个人的班上他排名第十一。父亲看完了老师写的"学习没兴趣、不努力、成绩不好、前景堪忧"的评语后，准备送他去皮匠店或裁缝铺当学徒学手艺。幸亏有个慧眼独具的老师挽留了一下，说，孩子还小，再读点儿书？幸好有这一句，否则，这个穷小子哪有机会为生物界贡献双名法、成长为现代生物分类学之父，并获得瑞典国王的封爵？

中学生物课上学的很多基础知识，就是这位林奈想出来的。他确定了世界万物的分类方式：域（Domain）、界（Kingdom）、门（Phylum）、纲（Class）、目（Order）、科（Family）、属（Genus）、种（Species）。后来，分类法有所调整，但整体原则不变，仍然脱胎于林奈分类法。

---

[1] 说到命名的误会，除了"印第安人"，在中外交流史上也有不少让人无奈的个案。将中国的龙和英文的 dragon 等同起来，是个可悲的误会；"筷子"在西方几乎等同于"日本筷子"；CCTV 在西方不是我国的中央电视台，而是常用的"Closed Circuit Television"（闭路电视）缩写，而且在实际使用中，有时还带点儿贬义在其中，因为闭路电视表示的是监控行为。普通人家在自家草坪外就可能竖个牌子，上写 CCTV，表示此处有视频监控。

所有的细胞生物分成两域:没有核膜的是原核生物域(包括细菌和古细菌),其他是真核生物域。真核生物域最开始只有动物和植物两界,好动的微生物分入动物界,藻类等安静的算成植物,几经调整才定为目前的六界:真菌界、有孔虫界、古虫界、囊泡藻界、植物界和动物界。

动物界又分四足动物(哺乳)、鸟、两栖动物、鱼、昆虫和蠕虫六"纲"。恭喜你,作为人类,你至此可以确定自己在生物界的位置了:真核生物域、动物界、脊索动物门(脊椎动物亚门)、哺乳纲(真兽亚纲)、灵长目、人科、人属、人种。

在人科下面,现在仅存一属一种,就是你我。也算得上珍稀物种了。

植物则分为二十四纲、一百一十六目、一千多个属和一万多个种。

所有的生物都用拉丁文命名,由两部分组成,前面是属名,名词;后面是种名,形容词;最后再缀个"L.",是命名者姓氏 Linne 的缩写。这就是林奈创造的"双名制"生物命名系统,到现在还在全世界生物学界通用。"日本鹤"的名字就是遵从这个命名法而来的。

在林奈之前,动植物的命名冗长又混乱。有的植物名写出来长达几行,同名异株和同株异名的现象非常严重,如果没有图片,植物学家简直听不懂对方说的是什么。现在好了,林奈发挥博物学家见多识广的专长,定制出庞大的"博物架",让所有生物都能摆放到对应合适的位置,"必也正名"了。

♂和♀这两个性别符号,也是林奈发明的。他将性别符号引入植物界,按照雄蕊和雌蕊的类型、大小、数量、相互排列等特征进行分类。

林奈的文字功夫超强,其著作可以当上好的散文作品来读。他写道,花芯如婚床,雄蕊和雌蕊"男女同床",如何地"贪欢"和"生儿育女",有的花又如何实施"一妻多夫"制……结果,这种优美细致、不乏风骚的写法,被部分观念保守的植物学家怒斥为"淫秽"。

林奈被骂恼了,他用最合理、含蓄和俏皮,又最刻薄的方式,回击那些攻击他的人:用对手的名字命名那些形象猥琐、气味恶臭的植物。

而他自己,则命名了冬忍属的一种小草。林奈草不起眼,旱涝不拘,开淡静清雅的小花,花香幽微,是林奈心目中的自己。

达·芬奇将恶狠狠催稿的修道院长画成《最后的晚餐》里的犹大,拉斐尔将自己藏进《雅典学院》,在反映法国七月革命的《自由引导人民》中,作者德拉克洛瓦更是将自己画成戴着高礼帽的绅士男主角,很是抢眼。还有很多作家将自己和朋友写进作品:狄更斯在《大卫·科波菲尔》里写了个性格特别的小男孩,左撇子尤利亚·希普(Uriah Heep),就是他的朋友安徒生。

跟林奈草一样,这些就是创造者的"特权"。小小的"以权谋私",没办法的事情。

在林奈的安排下,世间万物有了自己的组织和归属。康德说"人为自然立法",林奈实践了康德的说法。人们用"上帝创造,林奈命名"来概括他的成就。人类用自己的方式,赋予外物的存在以位置、秩序、规范、意义和价值。

在建立体系的过程中,林奈毫不犹豫地贯彻自己的思想和立场。其中当然有不足。

作为虔诚又保守的宗教徒,林奈始终拒斥进化论,他坚信上帝安排了一切,所有的物种都是单独被创造的,而不是自己成就的。所以,虽然准确地将鲸划归为哺乳动物，将人和猩猩都归入同一个属"类人猿"（穴居人），林奈却认定生物界没有亲属关系，同属同类或许只是碰巧有点儿相像而已。他相信自从上帝创世完成之后，就再也没有物种产生和消亡。

但是，多年后的 1768 年，在其代表著作《自然系统》出到第十二版时，林奈删除了关于"物种不会变化"的论述。他未必已经接受"物种进化"的观念，但至少认识到"上帝创造万物，此后再无进化"不可证实。

承认这一点一定给他带来了痛苦，任何人的三观被毁再重塑的过程，都是极其痛苦的。但林奈本质上是真正的科学家，他信服真理，更甚于信仰。这是他真正伟大的地方。

最后要说的一点是林奈命名在当世的影响，也是其创立命名法时绝对没想到的：命名可以像经济一样会通货膨胀。

正如县纷纷改名为市，就得区分县级市和地级市，大专院校升级为本科大学，"系"拼命往"学院"生长，表面上提升了地位，实际上却造成名称认知上的混乱。生物物种也做同样的事。

极端的动物保护者喜欢这套把戏。举个例子，蚊子叮人令人厌，欲处之而后快，但是如果将某一品种的蚊子——比如花脚吸血蚊——设为一个独立物种，即将面临灭种，那么，人们可能就会备好上等的血液去喂养它。

博物学家更喜欢这套把戏。同样举个例子，新发现一种花花草草，归入相应的科属种，就只是多一种植物而已，但如果找到其一点"与众不同"加以强调，另定为一科一属，那发现的价值就大多了。

生物界就这样正在被各怀目的的人玩弄着。新的一轮名称泡沫会

What makes a scientist

带来混乱吗？会导致名称的滞胀[1]吗？人真的能定义和规定大自然吗？

大自然先是用其巨大的丰富困扰人类，现在又利用人类的贪念和欲望引入命名的困境。看着吧，大自然和人类的较劲儿还没完呢。

---

[1] 停滞性通货膨胀。

胡 克

有多少秘密正在蒙尘？

一个人，有智商没情商，脾气很坏，气量很小，自视甚高，修养不好，满嘴跑火车，容易开罪人，又跟圈子内顶级的大鳄成了死对头，这样的人还有救吗？

胡克（Robert Hooke，1635—1703）就是这样的冒失鬼兼倒霉蛋。

说起来，这家伙超级能干，归在他名下的成果包括：

他归纳出波义耳定律。

力学最重要和基本的定律是"胡克定律"（弹性定律），至今仍然是物理学重要的基本理论。宣布弹性定律的同时，还进行简谐运动的最早分析，证明弹簧振动是等时的。随后将弹簧应用于钟表制造，取得了巨大成功。

机械制造方面，他设计制造了真空泵、万向接头、轮形气压、发条摆钟等一堆东西，有的至今还在使用。

尤其是制成显微镜和望远镜，并开启了细胞学研究。他用望远镜看到了火星、木星红斑和月球环形

山。显微镜观察所得则写成《显微制图》，图文并茂，所有微观世界的图画全是他手绘。细胞和细胞壁都是他发现的，细胞（cell）一词是他造出来的。1665 年，胡克在显微镜下看到的植物细胞（其实是已死的植物细胞细胞壁），形状像教士住的那种连在一起的小房间（cell 的原义）。这是人类第一次看到细胞，他还开启了细胞学研究。

他最早研究化石，出版了《地震讲义》和《关于地面经常发现贝壳和其他海栖动物残骸的原因》等论著，提出地貌变化会引起生物变化，而化石是古动物的残骸，记录了地球演变的历史。在进化论出现以前，这些反基督教神创论的大胆观点，影响了地质学整个学科的发展。

1666 年伦敦大火后，他还是伦敦重建的设计师、建筑家，被誉为"伦敦的莱奥纳多[1]"。今天去伦敦旅游的人应该记得，你们在看的是一个叫作胡克的人对城市的理解。

但他仍然没名，至少没有与其成就相称的名声。很重要的原因是他的死敌来头太大，他成了灯下黑。

他最大的死对头，是地球人都知道的，牛顿。本来，胡克年纪比牛顿大，资历比牛顿老（有本书的排名为证）。他俩最早交恶时，牛顿还是个名不见经传的小青年，向英国皇家学会提交了一篇光学论文，而胡克是论文的审读专家。

胡克自来说话不过脑子，看完牛顿的论文，张口就说，这什么玩意儿，没价值，这些观点我早就发现了。

---

[1] 即我们熟悉的达·芬奇，其全名 Leonardo da Vinci，意思是"来自芬奇的莱奥纳多"，莱奥纳多才是其名字，"来自芬奇"只表示他是贵族。中国人习惯的称法"达·芬奇"在西方看来是不礼貌的，正如我们叫李白、杜甫，会被古人认为不礼貌。正确做法是称字而不是名：太白，子美。

外国人名中的 de、da、von、van（音译为德、达、冯、凡等）都表示来自某领地或家族，也有连父名或头衔的，都是贵族或有家世的标志。中国古代的人名，佚之狐，烛之武，也是同样的情况，只不过"之"后来演化成了姓。

心眼大如针眼的牛顿闻之大怒，竟然大闹学会，手撕胡克，反应之激烈让人错愕。胡克措手不及，又拿不出自己"早就发现了"的证据。无名小卒便大声控诉，大牌权威试图强占他的科研成果。人性偏好同情弱者，这种戏码一上演，公众的舆论偏向谁，那还用说吗？牛顿在科学界舞台一亮相，就把胡克摔了个灰头土脸。

两人第二次干架，是胡克主张光的波动说，先是提出"光波是横波"的概念，1672年又进一步指出光振动可以垂直于光传播的方向。牛顿却坚持光的粒子说。

时至今日，普通民众都知道光的"波粒二象性"，可在当时，光是波还是粒，就像"to be or not to be"一样，势同水火，有你没我。其实牛顿最初未必完全否认光的波动性，但论战总是这样，不是东风压倒西风，就是相反。非此即彼的争执中，双方越来越偏执地坚持己见，不能持中，闹到最后，都成了笑话。

毁灭性的第三次冲突，是胡克发现地球的引力跟距离的平方成反比，只是还没算出定量来，也没写成论文发表。他就在给牛顿的信中冒失地显摆起来。牛顿也没细想，既然是一贯讨厌的胡克说的，那就必须是错的。于是轻率地回信否定说，地球人都知道，引力乃是常数。

胡克一看，哟，牛顿犯蠢了。他的大嘴巴不关风，立即满天下宣扬牛顿的低级错误"常数说"，成心让他丢人现眼。

牛顿很快意识到自己确实错了，胡克信中提到的公式才是对的。他很有心计地没有回应和吵架，而是立刻投入引力的研究。胡克已经提出现成的结论，指路牌一样竖在那里，他只要循着路牌，加上数学计算，就能走到目的地。

经过一番紧锣密鼓的研究，牛顿推出的《自然哲学的数学原理》，抢先公布了万有引力定律，一举定乾坤。

这一下胡克不干了，他要求牛顿在书的前言申明受了自己的启发。遭到羞辱式拒绝后，胡克怒了，逢人就说自己才是万有引力的发现者。

牛顿也被惹毛了，干脆全盘否认，证据（胡克写给牛顿的信）捏在牛顿手里，胡克能咋样？《自然哲学的数学原理》本来还含含糊糊、不情不愿提到了胡克的贡献，现在干脆将所有痕迹都抹个干净。实在回避不了的地方，则指名道姓，胡克如此、胡克如彼，半个敬辞尊称也不用。

三轮互殴下来，加上圈内小人的煽风点火，搬弄是非，两人从此不共戴天。

胡克的人缘和人设本来就不怎么样，他从小体弱，性格怪僻，终身未婚，有传言说他是老处男，又传说他有个情人是自己的侄女。这些流言蜚语的传播，牛顿可没少出力。

后来，牛顿更是名声和权势爆棚，只手能遮天。他是著名的量小而权重，把胡克整得惨到什么程度？举个例子吧，英国皇家学会的会员都有肖像画传世（比如一般教科书上就有大波浪卷发的牛顿画像），我们却不知道胡克长什么模样。因为牛顿1703年当选英国皇家学会主席后，下令销毁了胡克的画像。

要知道，胡克不仅是皇家学会的资深会员，还是秘书长、实验室的首任负责人呢，却落得个连最基本的权利和荣誉都被褫夺。

除了得罪大咖牛顿，胡克还跟荷兰物理学家克里斯蒂安·惠更斯（Christiaan Huygens，1629—1695）结过怨。

惠更斯也不是小人物，他早年师从笛卡儿进入法国科学家沙龙圈，提出动量守恒原理和光的波动学说，后来被路易十四选为巴黎皇家科学院首任院长。他根据弹簧震动规律，发明了计时精确的钟表。成果一经问世就轰动一时，而胡克也在第一时间跳出来，宣称那玩意儿他几年前就捣鼓出来了。

这话听着就招人嫌。见到别人出成果就说自己早知道，这似乎是胡克的坏习惯和老毛病，因为没有任何证据，几百年来大家都把这当作胡克吹牛的例证，传为笑柄。胡克说的，都是胡说。

谁曾想，到了2006年，剧情突然反转。五百二十页的胡克手稿被意外发现并拍卖，英国皇家学会以九十四万英镑的天价竞得。一场公案才水落石出。

真相居然是这样的：吹嘘遭到质疑和嘲笑后，不服气的胡克利用自己秘书长的职务之便，翻遍皇家学会的记录册，终于找到了自己利用等摆原理设计钟表的证据，时间确实在惠更斯之前。这家伙竟然扬扬得意地把这页记录纸撕下来，拿回家贴到自己的手稿里。

皇家学会的官方档案保存极好，而胡克的私人手稿在他逝世后便湮没民间。

如果胡克手稿被毁，或者继续蒙尘至今没面世，有多少事情就还是秘密？胡克一生的是非，谁又真的知道？我们基于现有信息得出的结论，无论多严密成体系，多无懈可击，在新的证据被发现后，都可能需要修正调整，甚至全盘推倒。所以，任何事都别着急下判断，也都别说死了，认知要留一点儿缝隙，让未来可能的新信息之光照进来。

What makes a scientist

牛 顿
时代的形象代言人

英谚有云：一天一苹果，医生远离我（one apple a day，keep the doctor away），而苹果在西方文化史上也有特别的意义。

人类第一对夫妇亚当和夏娃被上帝逐出伊甸园，是因为夏娃偷吃了苹果（其实不是）；让图灵丧命的是苹果；这个苹果后来又成了乔布斯的苹果——"果粉"们熟悉的那个被咬了一口的苹果。

另外一个大大有名的，就是牛顿（Isaac Newton，1643—1727）的苹果。他被熟透的苹果砸到脑袋，从而发现了万有引力定律。

当然，这个苹果跟伊甸园的苹果一样，都是假的。牛顿确实被苹

果砸到了,当时他正在思考天体间引力问题,结果苹果打断了他的思考。这是万有引力理论和苹果的唯一一次交集,记录在他最早的一本传记里。至于后来为什么演变成现在的版本,已经不得而知。

其实,很多流传甚广的科学"典故"都是虚构:爱因斯坦做三个小板凳、爱迪生举镜子给妈妈做手术、瓦特因为开水壶盖跳动而发明蒸汽机、富兰克林雷雨天放风筝研究闪电……确定都是假的。阿基米德是不是浴缸泡澡受到启发得出浮力定律,也相当可疑。

很多道德教化故事也一样是杜撰,坚持不懈和诚实是好品质,但李白遇见铁杵磨针的老人、华盛顿砍樱桃树的故事不是真的。

只能说,跟事实和真相相比,人类更喜欢故事。与自然的东西相比,人类更喜欢自己创造的东西。

说回牛顿。他做出的贡献很伟大,是毋庸置疑的,他是人类认识自然历程的里程碑,和爱因斯坦一样被认为是科学界的奇迹。

但我说的是"他做出的贡献"很伟大,而不是"他"很伟大。他的品行甚至称得上糟糕。

牛顿无疑是"大人物"。而所谓大人物,未必是他本人伟大,而是他放大了时代,很好地体现了时代特征。牛顿就是这样的"大人物"。他所处的时代,中世纪还在苟延残喘,宗教还在统治世界,越来越艰难地面对挑战和质疑,巫术迅速式微而科学正在兴起。而牛顿,就是这样一个新旧交叠时代的形象代表。

除了科学成就,牛顿还给后世留下了五十多万字的炼金术手稿和一百多万字的神学手稿,他终其一生都执着地痴迷炼金术,他发现万有引力的灵感不来自苹果,而来自炼金坩埚。他坚信上帝及其拥有的"第一推动力",严肃认真地预言《圣经》所载重大事件的发生日期,如基督复活和世界末日。事实上，他一生花费在炼金术和宗教狂热上的时间和精力，远远超过用于探究纯科学的部分。

牛顿的人品道德更是遭人诟病。无论从哪个角度看，他都不是一个高尚的人。他的名言"假如我看得比较远，那是因为我站在巨人的肩膀上"，听起来又谦虚又得体，但是请同学们以后写作文时谨慎引用，因为此言的背景是，同时代科学家胡克指控牛顿剽窃了自己的研究成果，牛顿对此几乎是默认的含蓄自辩。

牛顿同英国天文学家弗拉姆斯蒂德（John Flamsteed，1646—1719）之间的战斗更暴露出他利用非科学手段攫取他人研究成果的贪婪。

至于牛顿的气量，看看他与德国哲学家、数学家莱布尼茨（Gottfried Wilhelm Leibniz，1646—1716）[1]争夺微积分发明权时的言行，看看他在其不朽之作《自然哲学的数学原理》中对同时代所有"敌人"的名字和研究成果统统一字不提的做派，就可见一斑了。

尤其是到了晚年，牛顿的贪婪、敛财、自私、霸道专横、权力膨胀，相当地公开和嚣张。他在英国皇家学会会长的位置上多年，翻手

---

[1] 莱布尼茨生于神圣罗马帝国的莱比锡，是律师和外交官，在被派驻法国期间，泡在巴黎科学院并结识了惠更斯。他在惠更斯指导下系统学习数学。仅仅数年便独立发明了微积分，而且记号体系（微分符号 dx、dy 和积分符号 $\int$）较之牛顿的更为明晰。此后两人开始了关于微积分发明权的漫长争执（牛顿略早，而莱布尼茨更系统完善。后世确定他俩各自独立完成，分享微积分的发明权。但牛顿终身没接受这一结果）。随着卷入的科学家越来越多，又牵扯到英国经验主义和大陆理性主义在哲学上的严重分歧，最终导致英国和欧洲大陆知识界的撕裂。

拓扑学的雏形"位相分析学"（analysis situs）也是莱布尼茨提出的。

莱布尼茨发明二进制（未来计算机算法的基础）后，从传教士处获知《周易》八卦和"阴阳"概念，大为惊叹振奋，到处宣传中国早在周朝就想到了二进制，而二进制是"具有世界普遍性的、最完美的逻辑语言""1与0是一切数字的神奇渊源"。但国人必须清醒，莱布尼茨对《周易》的赞美并不准确。没有任何迹象表明，中国有可能从阴阳概念发展出二进制，并创建"1和0"的计算机语言。

莱布尼茨倒是从此痴迷中国文化，曾经托传教士向康熙皇帝转交一封亲笔信，申请加入中国国籍，并表示愿意协助创建中国科学院，甚至列出比较详细的创建计划。两个提议都被康熙轻描淡写地拒绝。据说莱布尼茨死前还在研究中国的自然神学。而莱布尼茨参与设计过的中国科学院（Chinese Academy of Sciences）成立于1949年11月。

为云，覆手为雨，是典型的学阀。

　　当然，后人没有资格要求或期待一个有重大贡献的人，同时还是道德楷模。我想说的只是：首先，成就和道德品质从来不是正相关的关系；其次，牛顿从经历而论，是标准的"凤凰男"。他的很多"毛病"都与他卑微的出身、艰苦的童年和过于高压的求学经历有关。

　　在艰难中成长出来的人，无不勤奋刻苦、志向远大、顽强倔强、永不屈服，很适宜做励志片的主角；但另一方面，他们也有更大的概率心胸狭隘、刻薄冷漠、自卑又自负。一个人往往卑微时有多贫贱，发达时就有多张狂。在上司面前的奴颜婢膝和在下属面前的飞扬跋扈，一定成正比。

　　所以，如果可能的话，人还是应该在放松、自由、满足和快乐的环境中长大，人性才更可能饱满充沛，生活态度更可能积极阳光，也更容易平等和温和地对待他人和世界。希望所有的孩子都能拥有精神富足的童年，宽松自由的成长环境。

　　这些话，说给那些推崇"吃得苦中苦，方为人上人""严是爱，宽是害"的父母听，给擅长打"只要学不死，就往死里学""提高一分，干掉千人""吃苦受累，视死如归"鸡血的老师们听。

富兰克林
长跑冠军

本杰明·富兰克林（Benjamin Franklin，1706—1790）是个"全才型"人物，他是美国开国元勋、民主先驱、独立运动的领袖、不朽的《独立宣言》的起草人之一，通常还被认为是美国的首位外交官、政治漫画的发明者和开拓者。他组建了美国的邮政体系，担任国家邮政总局长。他出资创办美国第一所公立医院和第一所公共图书馆，以及费城学院，如今发展为宾夕法尼亚大学。他是语言学家，改革了英语发音，现在我们学的英语，有英式英语和美式英语之分，这其中就有富兰克林的才智。他甚至还是畅销兼常销书作家，他写的自传是公认的文笔优美。

富兰克林又堪称伟大的科学家，他发明了口琴、摇椅、路灯、颗粒化肥、高架取书器、导尿管、老年人用的双焦距眼镜等很多东西，研究过热传导、人口增长原理、精神病、墨西哥湾的洋流循环等诸多方面的问题，他绘制了最早的暴风雨推移图，解释了北极光和感冒的原因，是蒸发制冷理论和电荷守恒定律的先驱、现代牙科医术的创始人。人呼出的气体"有害"是他的发现，夏令制时间作息是他的创意和提案，他把取暖火炉改进为节省燃料的"富兰克林炉"，其运用之广泛，相当于美国的"北京炉"……当然，他在科学史上最著名的故事，

是发现了雷中带电,促使后来发明了避雷针。

令人惊叹的是,所有这些辉煌,统统发生在富兰克林四十岁之后。富兰克林拥有牛津大学等很多学校的荣誉博士学位,还是英国皇家学会会员和法兰西科学院院士,但是,他却只受过两年的正规教育,从八岁到十岁。此后,他就永远地离开了校园,在父亲和哥哥的小作坊里当童工。

显然他在哥哥的手下干活并不愉快,以至于十七岁时,他竟然离家出走,背井离乡流落到费城。身无分文、举目无亲,连"暂住证"都办不起,他却咬着牙从最底层的印刷工干起,发展到拥有自己的印刷作坊。直到四十岁上下,富兰克林才算彻底解决了温饱问题,而半辈子也已经过去了。

富兰克林有两块墓碑,其中之一的碑文是后人代为撰立的,夸奖他"从苍天处取得闪电,从暴君处取得民权",另一个则是他生前自拟的"印刷工本杰明·富兰克林",后世多以为此乃自谦之辞,其实未始不是事实。他活了八十四年,印刷在他生命中占的份额颇多。

都说"三岁看老""不要输在人生的起跑线上",还说"三十不学艺""人生过半万事休"……说着这些"智慧感言"的人,在人生的道路上,早早就泄了气,乖乖缴械投降了。而在北美大陆上,一个年逾不惑的印刷工兼富商,却从四十到五十岁,做了大约十年的科学家,而且自始至终只是"业余科学爱好者"或"业余科学家"。五十岁之后,富兰克林投入社会活动和民主战斗,七十岁之后出使法国,以个人魅力说服或征服法国人支持美国的独立战争。

佐藤一斋在其《言志晚录》里说:"少小而学,及壮有为;壮年而学,及老不衰;老年而学,及死不朽。"对照佐藤的说法,富兰克林算是条条做到了,所以才能从年轻一直旺盛到老年。

随着广告词"不要输在起跑线上"的传播,学生的竞争从高考内卷到中考,再到幼儿园。我常想,那么多家长担心孩子输在起跑线上,怎么就不害怕孩子瘫倒甚至摔死在赛道中程?

人生漫长复漫长,分明是一场长跑。凡是参加过马拉松的人都知道,选手乌泱乌泱一大堆,有时第一排已经跑出一百米外,后面的人才刚挪到起跑线。长跑的起跑线上哪有输赢?人生的输赢在终点,而绝非起点。

很多孩子,从小时候开始,后面被小鞭子抽着,前面被心焦的大人拽着拖着,跌跌撞撞铆足了劲儿跑,活得太用力。进了大学,劲头一懈下来,就一溃千里,从此"躺平""摆烂",无法收拾。弦绷得太紧,甚至高中就有断裂的先兆,实在让人痛惜。

在此分享一点儿长跑的经验:既不要跑得太快,也不要停下来。跑得太快,容易累,累了就容易松懈。《骆驼祥子》里说,理想主义者最容易成为虚无主义者,宋代张孝祥说,"立志欲坚不欲锐,成功在久不在速",都是这个意思。

但也万万不要停,人总有累的时候,得挺过去,一旦停下来,再要重新跑起来,就难了。这就是俗话说的"宁可慢,不要站"。

而另一方面,那些幼儿园不突出的,小学中不溜的,中学也不出挑的孩子,不要急躁,也不要松懈,人生长得很,还远没到见分晓和下定论的时候,可以像富兰克林这样活,一直绵长地用着劲儿,一直给自己充电蓄电,直到光彩四射,人生灿烂!人生无论什么时候开始努力和改变,都不晚,都是此生最早的一天。

库 克
一个人和一块大陆

同样是历经艰辛发现新大陆，哥伦布名满天下，库克船长的名气就小得多。究其原因，大概是哥伦布发现的美洲比库克发现的澳大利亚重要得多。这或许可以作为"选择比努力更重要"的注脚之一。

出生在英国约克郡乡下的詹姆斯·库克（James Cook，1728—1779）只读过小学，些许认得几个字，便开始打工，在一家船运公司当下等水手。

在海上运了九年的煤后，二十六岁的库克存钱买下一艘自己的船，随后野心勃勃地加入英国皇家海军，在实践中努力学习航海知识、制图、气象观测。他在不知不觉中积累的东西，如知识、经验和勇气，以后都将成为成就他人生奇迹的元素。

1768年8月，库克从皇家学会领到任务，第一次前往太平洋中的塔希提岛，观察金星凌日，以便确定地球与月球间的距离。经过大半年的长途航行后，他们到达目的地，并于1769年6月顺利完成观测。

其实，库克此行还带着更重要的一道密令。西方人从古希腊时就相信，既然北半球有大片陆地，从地球重量平衡角度推测，南半球应该也存在一块很大的"南方大陆"，否则地球自转时，会因为轻重不均而摇晃。

在这个"莫须有"推想的刺激下，有探险队宣称他们在太平洋上远眺到了南方大陆，还有人准确"计算"出了该大陆应该有的面积和人口数量，这些信息使得整个欧洲都处于"去发现"的蠢蠢欲动中。对新世界的探索发现和占有欲，是西方地理大发现的巨大动力。英国皇家海军希望库克尽快找到南方大陆，并宣布其归英国所有。

库克不孚众望，在赤道以南，茫茫大海中找到了传说中的"南方大陆"。他于1770年在悉尼（Sydney，也被翻译为"雪梨"，殊可乐也）登陆，成为第一位从东海岸踏上澳大利亚土地的西方人。

他从悉尼这个优良的天然港湾往北，到达一个大镇，他在那里升起英国国旗，宣布这块大陆为英国领土，并将其命名为"新南方威尔士"（NSW，New South Wales）。

他升旗的地方就成了约克角（Cape York），现在是一座城市，叫作库克镇（Cook Town）。

经过三年的远航回到英国时，库克已经改变了世界地图的模样。他为世界地图增加了五千余英里的海岸线。他的另一个贡献是：他发现只要增加富含维生素食物的摄入，就可以避免船员死于坏血病。在此之前，远洋船员光这一种病的死亡率就高达50%。

18世纪的英国皇家海军基本上还是贵族的天下，平民很难获得升职和重用。库克以他无与伦比的成就，获得海军上校军衔，并于1776

年当选英国皇家学会会员,这在当时是绝无仅有的。部分原因是,当时正是地理大发现和各国争夺海上霸权最激烈的时候,他为英国拔得头筹。

整个澳大利亚的历史就此改写。几年后,美国爆发独立战争,英国失去了北美那块最大的囚犯海外流放地,随即用最短的时间,将澳大利亚发展为新的流放地。1788年1月26日,第一批押送英国流放犯的船队在雪梨港登陆,这一天怪异地成为澳大利亚的国庆日,库克船长被尊为建国者,澳大利亚的近代历史从此开始。

这一段历史影响深远,导致很长一段时间内,新西兰人从骨子里看不起澳大利亚人。

新西兰曾是英国的婢女、女仆和车夫、管家、男仆私奔的首选之地。这些人地位虽然不高,但与上流社会接触多,了解贵族生活方式,口音纯正,举止言谈都有规矩,有的甚至受过教育。澳大利亚人的主体却是罪犯及其后代,难免要受到歧视。

在新西兰曾流传两句笑话:"我们不应该歧视澳大利亚人,因为他们的祖先都是英国最好的法官精心挑选出来的。""如果一个新西兰人前往澳大利亚,将会同时提高两地的平均智商水平。"

库克是18世纪英国最伟大的航海探险家,他之后又两次远渡重洋进行冒险,曾经触礁遇险,曾经激怒土著居民,曾在雅加达遭遇瘟疫,几天之内损失近百名船员。这其中的任何一次偏差,都可能导致他死无葬身之地。但他不仅每次都死里逃生、转危为安,而且发现了毛利人、夏洛特皇后湾、新西兰。

他在塔希提岛北边的第一个陆地上度过了1776年的圣诞节,那里现在叫作圣诞岛。新西兰北岛和南岛间的海峡以他的名字命名为库克海峡（Cook Strait），他还是穿过南极圈的第一人、由西向东环绕地球航行的第一人。

库克最后一次航海，是1776年7月12日从英格兰启航，于1778年发现夏威夷群岛，人生最后一幕荒诞悲剧就在这里上演。库克一开始被土著居民当作从天而降的神，受到狂热欢迎和无法拒绝的供奉。后来，库克离开夏威夷群岛，穿过白令海峡进入北极圈，但船队又被酷寒逼回夏威夷群岛。不知道为什么，这一次，船员却和土著发生了冲突，库克开始还保持相当的克制，但是当唯一的小艇被土著偷走后，发怒的库克开枪射杀当地人，引发全面敌对冲突，而他也在这一次械斗中命丧海外。

船队后来再次从白令海峡进入北冰洋，取道好望角回到英国。库克留下的回忆录和航海日记改写了世界地理，他把自己的身躯留在海岛上，把他的名字和雕像留在了并非故乡的澳大利亚。

如今，库克船长的小屋（Cook's Cottage）是澳大利亚最重要的景点之一。

库克在英国的故居是一栋普通的英国乡村居民小楼，由库克的父母建于1755年，大门的石梁上还刻着他父亲James和母亲Grace名字的第一个字母。

1934年墨尔本建市一百周年庆祝，澳大利亚富商拉塞尔·格林威德爵士（Sir Russell Grimwade）出资八百英镑，买下了英国的这座故居，作为礼物送给墨尔本市。这座重达一百五十吨的楼房被一块块拆开，编上号，装了二百五十三箱，从英国运到墨尔本菲兹洛伊花园（Fitzroy Gardens）里，再照原样拼装而成。

小屋前建成库克音乐喷泉，还有库克的紫铜雕像，他头戴三角军帽,身穿紧身衣裤,左手持航海图,右手握单筒望远镜,仿佛就要出发远航。

用一幢来自故乡、远渡重洋的小楼,纪念一个远渡重洋、死于异乡的人。同学们以后去澳大利亚旅游,可别错过这处打卡点。

卡文迪许
最纯粹的科学怪人

爱因斯坦的形象深入人心，受其影响，加上各类科幻小说的误导，普通大众心目中科学家的刻板印象，总是蓬头垢面、邋里邋遢，隐居在实验室，没有生活自理能力，高智商低情商还偏执狂，总之，像"是特殊材料制成的"。

从某种意义上说，这不算媒体和文学的误导。科学史上确实不乏各类怪人，足够成为公众的热门话题。但是，科学奇人怪杰再多，英国超级富翁亨利·卡文迪许（Henry Cavendish，1731—1810）仍然是另类科学家中那个令人瞩目的。

"一切学者中最有钱的，一切富翁中最有学问的"，这是对卡文迪许的标志性描述。多有钱？仆人生病时，他能顺手开出上万英镑的支票。不是说他有多大方，而是他根本不知道一个数字后面跟四个零是多少钱。

还有一个说法，他是"同时代人中话最少的人"。他有极其严重的社交恐惧症。作为皇家学会成员，他偶尔也参加会员聚会。据说每次他参

会，主持人都如临大敌，事先通告所有人，一会儿卡文迪许溜进来的时候，你们一定要假装没看见。就让他一个人待在角落里，千万不要打招呼，不要跟他说话，免得当场吓跑他。

如果想跟他"交流"，请遵循正确方法：切忌直接走向他，要漫不经心地踱步，一直踱到他身边坐下。不要与他交谈和目光接触，要对着天空"自言自语"，或者假装跟其他人聊。放心，你说的他都会用心听，也知道你是说给他听的。

从父亲和姑妈那儿继承到百万遗产后，卡文迪许迁居到乡下别墅，将家改造成私人图书馆和实验室，宅在里面足不出户。为了避免与他人见面，他的房屋有单独的隐蔽出口，供他一个人出入。他跟康德一样，每天固定时间遵循固定路线散步。冒着被马车撞翻的风险，也要走在马路中央，以避免在人行道上遇到熟人要打招呼。他的衣服一年一次，由固定裁缝在固定时间制作，款式也固定，就是去年、前年、大前年做的同一款。

或许是受到两岁丧母的影响，他深度恐惧与女性交往，终身不曾接触女性，更别说结婚了。他通过字条支使女仆，女仆在规定时间内完成任务离开，他再出来活动，胆敢与他碰面的女仆会被当场解雇。凡事总有意外，终于有一次，时间算错了一点儿，他在楼梯口劈面遇到了女仆。经过这次"巨大打击"后，他给女仆装了个专用楼梯。

就这样常人看来刻板无趣孤僻的生活，他一口气过了将近八十年。感觉大限将至，他把仆人支走，等到仆人遵嘱按时回来时，他已经独自离开了世界。

卡文迪许终其一生沉溺于个人实验：分解空气中的氮、水中的氧，在实验室里提炼出纯氧，确定空气中氧、氮的含量比例，证明水不是元素而是化合物,设计测量万有引力的"卡文迪许实验",研究电荷运动,找不到测量电流强度的仪器时就给自己通电……

他从事实验研究近五十年,在化学、物理等领域有很多发现,生前却只发表过十多篇论文。他去世后,留下二十捆实验笔记,被侄子兼继承人原封不动保存起来。直到1871年,剑桥大学创建威名赫赫的卡文迪许实验室(Cavendish Laboratory)。

说明一下,这个实验室不是为了纪念亨利·卡文迪许,而是基于家族命名。事实上,剑桥大学不仅有卡文迪许实验室,还有一所在女教授午餐会基础上发展出来的女子学院,叫露西·卡文迪许学院(Lucy Cavendish College, Cambridge),纪念他们家的女性教育家露西(Lucy Cavendish, 1841—1925)。

卡文迪许实验室的创建动议和投资人是剑桥大学校长、1808年出生的威廉·卡文迪许(William Cavendish)。之所以强调出生年份,是因为这个家族实在有太多威廉了。有史可查最早的那位1552年出生,从德文郡男爵升为伯爵。

此后,德文郡伯爵从爷爷到曾孙,一口气都叫威廉·卡文迪许。然后有个1640年出生的威廉·卡文迪许,支持光荣革命,为英国迎回国王,从伯爵升为公爵。

之后的十多代德文郡公爵,也都叫威廉·卡文迪许,整个家族人才辈出,主要集中在政界和科学、教育界,有的当了英国首相,有的是加拿大总督。爵位到现在还在延续,继承人还叫威廉·卡文迪许,是个艺术家。

这位剑桥大学校长是第七代公爵,从没有子嗣的叔叔婶婶那儿继承了爵位。他将家族的私人实验室改建后,送给剑桥的物理系,并自己出资设立一个实验物理学教授席位。这就是被誉为"诺贝尔科学奖的摇篮"的卡文迪许实验室,近代科学史上第一个社会化和专业化的物理实验室,培养出一大批顶流大咖,为人类科学发展做出了举足轻重的贡献。

总之,在卡文迪许家族几百年的辉煌历史里,亨利最初只以怪癖和爱好科学著称,论成就还不算特别突出。直到卡文迪许实验室成立,亨利的手稿受到世人关注,他在科学史上的地位被重新定位,才一举逆袭成家族在科学界的代表,全家族最出名的人之一。

麦克斯韦(James Clerk Maxwell,1831—1879)是英国物理学家,经典电动力学创始人,统计物理学奠基人之一。他被邀请来筹建卡文迪许实验室并整理资料。在这过程中,他看到了亨利手稿的电学部分,顿时惊为天人。

1879年,他整理出版《尊敬的亨利·卡文迪许的电学研究》,并盛赞卡文迪许也许是有史以来最伟大的实验物理学家,这些论文证明,他几乎预料到了电学上所有的伟大事实,它们后来通过库仑和法国哲学家们的著作而闻名于科学界。而在此之前,人们甚至不知道亨利·卡文迪许做过电学实验。他在化学和力学方面的文稿,更是迟至1921年才出版。

如果亨利·卡文迪许能早点儿公开他的发现,人类就会至少早半个世纪知晓空气和电的真相。但他既不与人交流,也不发表文章,更不收学生形成学派,而是将本来可能造福更多人的科学探索变成了单纯自得其乐的个人消遣。他不屑于建立声望,也不致力于为人类服务。科学对他来说,就是活着和存在本身。从某种意义上说,他活出了真正纯粹科学人的样子,但对整个人类科学历程来说,又是巨大的遗憾。

在历史褶皱的暗处，或许还藏着一些卡文迪许式的独立科学家？他们成就非凡，却孤僻、低调，在公众视野和历史记录之外，他们是"不存在的超级巨人"，有自己独特的人生选择和精神品质，他们的成果，我等凡人既一无所知，也无福消受，更无话可说。

班尼克

沙漠玫瑰

17世纪80年代的某一天清晨,英格兰农场,十七岁的挤奶女工正在干活儿,不小心打翻奶桶,牛奶全撒了。愤怒的主人控告她盗窃牛奶,这项罪名足够将她送上绞刑架。幸好法律规定了一条,如果能诵读《圣经》,便可直接获得国王的赦免。女孩多少认得几个字,保住了一条命,被判驱逐出国,流放美洲七年。

她被卖给美国的一个种植园主做女仆。七年后,她获得自由,但没钱回英国。靠着好心主人给的一点儿东西,她开始独立谋生,种植印第安玉米和烟叶。凭借勤劳和节俭,她有了一点儿积蓄。

她反对奴隶制,但一个小女子靠自己的劳力对付农业生产,难以为继。她买了两个非洲奴隶。其中一个姓班纳卡(Bannaka),自称是非洲某国国王的儿子。

不久,女主人结婚,嫁的正是这个来历不明的非洲王族后代——黑人奴隶。虽然当时的法律规定,不同种族不能通婚。但这个女主人连自己的姓是"威尔士"还是"华尔士"都不清楚,她不在乎黑白,法律也没有苛严到要惩罚他俩的程度。当年的挤奶女工很高兴自己终于在异国他乡安下了家,也很高兴有了一个真正可以使用的夫姓,班纳卡。

一个服满刑的女囚,一个被解放的奴隶,他们的后代是自由身。时间转眼到了1731年11月9日,他们的第一个外孙出生了,取名本杰明(Benjamin Banneker,1731—1806)。

如果硬要给这个被解放奴隶的后代加头衔,可以称其为钟表制造家、历法家或美国第一个非裔天文学家,虽然这些"家"称得多少有点儿言过其实。

本杰明基本上没读过书,仅有的几天校园生活只收获了一个新的姓,老师将班纳卡改成西式的"班尼克"。但班尼克聪慧有天赋,外婆抽空教他认字,他很快就能阅读和写作了。

二十一岁那年,班尼克第一次见到怀表,立刻被迷住,他获得怀表主人的允许,借来研究了一番。然后,心灵手巧的他凭着记忆,花了一年的时间,用硬木材料雕刻各种齿轮,组装成一个挂钟,这个木钟相当精确地走了四十多年。

当时常用的计时工具还是日晷和沙漏,挂钟是有钱人家的稀罕东西,班尼克作为"底层人民",用上了自己创造的奢华物品,这使得他成了当地的名人。

日子庸常而繁忙,一滑就是几十年,其间父亲和外婆相继去世。没有发生任何值得记录的事情,农场有干不完的活儿,一个黑人在贫穷的乡间一天天劳作,一天天变老,仅此而已。

直到1772年,班尼克四十一岁。搬来了一家新邻居,白人四兄弟。他们建起一座新型磨坊,里面有先进的机械设备。

班尼克很快和其中一个人的儿子、十二岁的乔治成了忘年交。乔治有从英格兰买来的图书和仪器，这些让班尼克大开眼界，他基因里的聪明伶俐也从沉睡中被唤醒。

五十七岁那年，老班尼克正式接触到天文学，他借助乔治的绘图工具、图书和望远镜，沉溺于天文观测，农场的活儿都干得少了。没人能理解这个黑人老农在瞎折腾什么，他但凡观测到一点儿新东西，就颠颠地跑去跟乔治说，巴望获得那个年轻人的赞许和共鸣。

1790年，班尼克准确预言了一次日食，这给了他极大的鼓励。他觉得自己有能力独自编写一本历书了。和中国的台历、黄历一样，美国农村的历书很重要。当时每家每户都有两本书：《圣经》和历书。历书一年一本，在年前购买。《老农历书》（The Old Farmer's Almanac）至今还在出版，内容越来越丰富。

班尼克用了差不多一整年时间观测和收集天文数据，终于赶在年末编好1791年的历书，历书有很强的时效性，必须及时出版才能派上用场。班尼克用最快的速度把历书样稿寄给一家著名出版商，结果出版商以更快的速度拒绝了。谁会相信一个没受过教育的黑人老农测算出来的历法？班尼克又做了很多出版尝试，都以失败告终。

班尼克本来已经绝望并放弃，但时运在这时候关照了他。废奴运动正在美洲大地如火如荼地展开，民间有个"解放黑奴"组织，正在多方搜集证据，证明黑人不是劣等民族，黑人在遭受歧视。班尼克独自编撰历书却不得出版的事，正可大做文章。

在政治运动的影响下，班尼克的历书受到重视，出版不成问题了。但1791年已经过去几个月，历书过时了。

不久又发生了一件让班尼克长脸的事。邻居乔治家的一个亲戚，叫梅杰，是个社会活动家，他注意到了班尼克，并亲自前往农场拜访。当时独立战争结束不久，美国在南北分界线的波托马克河边，距离乔治·华盛顿住家庄园不远的地方，划出一块灌木丛荒地作为新政府所在地，为纪念哥伦布，该地被命名为哥伦比亚特区（District of Columbia），就是后来的美国首都华盛顿哥伦比亚特区（Washington, D.C.）。梅杰负责首都的勘测任务，顺势邀请班尼克出任自己的助理。

平生第一次，班尼克把自己打扮成一副绅士的派头，出发了。花甲之年的老黑人很胜任观测、记录、计算等勘测工作，还协助绘制出第一张华盛顿地图。但班尼克心里一直惦记着新历书的事，完成首都的勘测工作后，立刻回到家乡农场，抓紧编写1792年的历书。

1791年底，第一次拒绝班尼克的出版公司热情出版了他的第一本历书，并大获成功。班尼克听说国务卿托马斯·杰斐逊竟然说"黑人心智偏低"（其实是谣传），大为不满，把自己的历书连同抗议信寄到了白宫。杰斐逊看后，亲自给这个乡下黑人回信，对他的成绩给予高度评价。这封信被班尼克收入了下一年的历书上。这次不打不成交后，班尼克和杰斐逊还曾一起合作反对奴隶制。

从那以后，班尼克每年编一本历书，直到1797年。他的声誉与日俱增，农场的经营却每况愈下。

在一次清晨散步后，他回家小憩，在睡梦中安静地离开人世。他的最后一点儿家底作为遗产，全部送给了忘年挚友乔治。出殡后两天，他的房子意外着火，一切都烧毁了，包括那个还在精确走动的硬木挂钟。

客观地说，称班尼克为科学家不太准确，但他自有其重要性。龙应台在解释历史学的重要性时，讲过一个小故事：她的一个朋友从非

What makes a scientist

洲带回一把枯草，说它叫"沙漠玫瑰"，生命力极强。这种草在无水时会完全干枯，这样存活长达数年。一旦有水，又会复活。龙应台半信半疑，将那把非常难看的干草泡在水里，每天观察，全无动静。她深感失望。没想到一周后突然发现，小草果然奇迹般泛绿。她正为那一点儿新绿欢呼，邻居来访，完全不能理解，她何以对着一丛再平常不过的小草兴奋异常。

这就是历史的重要性。要真正懂得一株草，尚且需要知道它的历史、它之前的状态，何况是了解一个人、一个民族或一种文化。不知道从何处来，曾经经历过什么，就很难真正理解其当前的状态。作为一个有点儿勉强的"历法专家"，班尼克自有其历史贡献和时代价值，无论与"科学"关系大小。

普里斯特利
可悲的性格和可敬的人格

化学课上,老师都讲解过空气的成分,也会演示燃烧实验,盖上玻璃盖,酒精灯就熄灭,因为隔绝了氧气。家里油锅起火也一样,千万别泼水灭火,盖上锅盖就行了。

这些知识,现在同学们学起来如拾贝壳一样轻松,殊不知,人类认识到它们,却经历了艰难的过程,也藏着一些令人唏嘘的人生故事。

美国化学界的最高荣誉叫作普里斯特利奖,化学家约瑟夫·普里斯特利(J. Joseph Priestley,1733—1804)本人却没能跻身最优秀和最重要的化学家之列。

当然,对于一个没有受过正规训练的"业余科学家"来说,能够当选英国皇家学会会员和法国科学院名誉院士,已经是很了不得的成就。不过,这个发明了碳酸饮料的英国人,本来距离一流化学家只有一步之遥。这一步没有迈出去,还是令人惋惜的。

对空气和燃烧的正确理解、氧气的发现,曾是化学界的一件大事,普里斯特利是最早触及这一事实真相的科

学家。遗憾的是，他两度发现了氧气，却两度与伟大的化学革命擦肩而过。

1771年，普里斯特利在加热硝石时制出了氧气。但当时的化学界是这样理解世界的：存在着一种特殊的元素，叫燃素。含有这种元素的物质（如木、纸）可以燃烧，反之则不能（如石、铁），燃烧过程使燃素释放到空气中，物质失去燃素后，燃烧便停止了。空气是单一气体，其所含燃素的数量会影响其助燃能力，含燃素少时助燃，一旦变成"燃素饱和空气"或"燃素化空气"（氮气），就不再助燃。近百年来，这个关于燃素的理论作为化学的基本常识，被写进所有的科学普及读物和化学教科书。

所以，普里斯特利认为自己发现的只是不含燃素的空气，他称之为"脱燃素空气"。

1774年，他用火镜（凸透镜）聚焦太阳光分解氧化汞，再次得到氧气。这一次，普里斯特利意识到这是一种单独的气体，他收集这种气体进行研究，发现了它的很多特性，如不溶于水、助燃、让人感觉舒畅等。这一次，他把这种新发现的气体形象地称为"活命空气"。

在此之前，普里斯特利已经开始意识到，空气可能有不同的种类，而不是单一的气体。事实上，他在实验中已经发现了很多种不同的气体，如酿啤酒过程中的"固定空气"（二氧化碳）、"硝石空气"（一氧化氮和二氧化氮）、"笑气"（一氧化二氮）、"碱空气"（氨气）、"盐酸空气"（氯化氢）、"燃素化空气"（氮气）、二氧化硫等。

他后来写了颇有影响的《论各种不同的气体》，这是他对化学学科最大的贡献。但他的探索也仅限于此。

当他于1774年访学欧洲大陆，在巴黎拜访拉瓦锡时，化学界历史性的一幕揭开了。傲慢的拉瓦锡最初只把他当业余科学家,但当他介绍并演示了氧气生成实验后,拉瓦锡马上意识到其重要性。

在重复了普里斯特利的试验后,拉瓦锡把这种新发现的气体称作氧气(Oxygen,希腊文意为"酸素",其中 oxy 的意思是"尖锐",意味着它像一种酸,gen 是"孕育"。拉瓦锡认为所有的酸都含氧),却正确地推翻燃素学说,提出了燃烧的氧化概念。他还注意到,动物呼吸氧气便产生热,研究证明呼吸相当于人体缓慢地燃烧。

有趣的是,第一个跳出来反对拉瓦锡的氧气和氧化理论的,正是氧气的发现者普里斯特利。反对的武器则是"作为基本真理"的燃素说。一场激烈而持久的科学论战爆发了。普里斯特利和拉瓦锡在《哲学学报》和《美国哲学会会报》上来回打笔仗,当时胜负未决,搞得化学界莫衷一是。

今天我们能看到,普里斯特利之所以坚持燃素论,仅仅在于它被无数人重复了近百年。错误不可能变成真理,但错误的论调重复久了,很容易变为成见。而成见的力量,是惯性。

成见还能自我证明。如果一个学生总认为自己不行,这种想法让他沮丧、自卑,不敢挑战自己,更少全力以赴,自然也更容易失败,而屡屡失败正好"证明"了他的观点。如此恶性循环,失败就会成为习惯。

难怪爱因斯坦说,想象力比知识更重要。知识多是来自经验的,而想象力以突破经验为己任。

普里斯特利发现了氧气,迈出了正确理解空气和燃烧的第一步,本可以顺理成章取得革命性突破,却令人遗憾地葬身于习惯性思维。他被后人痛惜"在真理碰到鼻尖时,却没有握住真理"。但在当时,他毫无疑问坚信自己在捍卫真理,而且是"百年真理"。

今天,我们各自清点自己,谁心里没有些理所当然、天经地义、不容置疑,也从不曾质疑的"真理"或"常识"呢?我们今天对于空气的全部认识,关于氧气的常识,又不过是一种迄今还能自圆其说的理论框架,是我们对已知世界的一种解释和构建。或许某一天,我们会发现一种新的东西,它将打破我们目前已经构建"完成"的整个化学知识系统。到了那一天,也一定不乏化学家站起来,捍卫现在的这个化学大厦……

常规的科学史书上,普里斯特利常常被描述成冥顽不化的"老古董"。毕竟,一个在客观上推翻了燃素说的科学家,却终生信奉和捍卫燃素说,这是很荒诞和滑稽的事情。就像近代哲学,在英国经验论和大陆唯理论的大论战中,恰恰是最彻底坚持经验论的休谟,用他的名言"太阳明天未必升起"和"习惯是人生的伟大指南",把经验论送到极致和尽头,也就是断头台。

但我仍然相当敬重普里斯特利,因为他有最难得的公心、与人分享的大度。这或许与他走上科学道路的历程有关。他真正出于热爱而献身科学,跟那些从康庄大道走进科学殿堂的学院派人士相比,他更少功利心,更少门户之见,也更少"科学是我的地盘、我的饭碗"的意识。科学是大家的,人人都有份。

是普里斯特利首次描述了震荡放电现象,这正是后来意大利发明家马可尼(Guglielmo Marconi,1874—1937)发明无线电报通信的原理。

他在实验中发现了"水和空气可以互相转化"后,第一时间将这一成果写信告知正在做相关研究的英国化学家亨利·卡文迪许,使得后者最终确定水由两份氢气和一份氧气组成。

发现"缺乏燃素"的氧气后,他毫无戒心地将这一发现告诉小青年拉瓦锡,拉瓦锡随即向法国科学院提交关于氧气的论文,并与普里斯特利展开了九轮大论战,但他自始至终没有提到过普里斯特利最初的贡献和给他的启发。

分享,不是所有科学家都具有的美德,或者说,大多数科学家都不具有这一美德。毕竟,分享只对整个科学发展历程有利,损害的则是当事人的具体利益、荣誉和历史评价。那些分享了普里斯特利成果的人,本是科学赛道上的竞争者(卡文迪许除外,他也没有竞争者的功利心),憨厚的普里斯特利却只当大家是探索自然秘密的同路人。

从这个意义上说,普里斯特利是最伟大的,只有他才真正体现了人类追求科学的真义。

瓦 特
创业者和投资人的美好故事

说到英国的瓦特（James Watt，1736—1819），自然是家喻户晓。他成功改造了蒸汽机，蒸汽机引领了人类第一次工业技术革命，工业革命开启了资产阶级革命，资产阶级革命决定了人类历史的走向，到今天还影响着全球，影响你和我。

所以，说瓦特和他的蒸汽机具有划时代的意义，一点儿也不夸张。他还发明了气压表和汽动锤等很多东西，他的名字成了功率的单位（瓦特，简称瓦，符号 W）。

一个人若光彩灿烂如太阳，站在他旁边和背后的人，则不免暗淡，让人视而不见。然而"一个篱笆三个桩，一个好汉三个帮"，瓦特的背后，可是切切实实有"三个帮"。

第一个人叫约瑟夫·布莱克（Joseph Black），格拉斯哥大学的物理和化学教授。瓦特生在匠人之家，从小穷而多病，几乎没有受过正规教育，在钟表店当学徒又没有出师。就这样一个连打工都入不了行的年轻人，却意外地被布莱克看重，介绍进格拉斯哥大学的校办工厂，负责维修教学仪器。

布莱克教授给瓦特提供了人生第一个高的平台。

在工作当中,瓦特开始琢磨改造蒸汽机,但没有成功,而且债台高筑,这时候,第二个人出现了。

瓦特认识了一个富有的企业家和化工技师罗巴克(John Roebuck),罗巴克年近五十岁,拥有大规模炼铁厂。恐怕更多的是出于对科技创新的热爱和支持,而不仅仅是商业投资,他和三十来岁的瓦特签订了非常冒险的合同,赞助新式蒸汽机的试制。结果,瓦特用三年多的时间制成新样机,获得了第一项专利。但样机的功效比传统的还差,而罗巴克被瓦特拖得濒临破产。

即使这样,罗巴克还是信任瓦特的才智和能力,并把他介绍给自己的朋友兼债主马修·博尔顿(Matthew Boulton,1728—1809),他是瓦特生命中的第三个也是最重要的"贵人",真正支撑起"篱笆"的那个"桩"。

博尔顿并非等闲人物,在他的家乡伯明翰,他为后人留下了一条博尔顿路和一个博尔顿学院。认识瓦特的时候,他是工程师、富商、科学观察家和半个科学家,当地科学社团"月亮社"(Lunar Society)的主要成员之一。

认识博尔顿时,瓦特正处在人生低谷,状况非常糟糕。他和赞助者罗巴克同时陷入绝境,债台高筑,同时,他的表妹兼妻子去世,留下四个孩子,生活和研究都濒临破产。

博尔顿在经济和精神上鼓励瓦特,不但全额赞助他继续做创新试验,为他安排住处、实验室和车间,而且将他介绍进"月亮社"。瓦特在那里接触到了当地一流的科学家和工程师,知识的增长和眼界的开阔,使他开始从科学的高度来改进技术问题,这直接奠定了他后来的成功。

有了雄厚的资金保障，瓦特放开手脚干，在很短的时间内，生产出两台耗资巨大的新式蒸汽机，结果仍然不成功，博尔顿也被拖得几乎破产。作为一个商人，博尔顿当然知道而且应该撤资脱身，及时止损，可是作为科学爱好者，他咬牙信任瓦特、支持瓦特。他说，他在投资的项目，是"力量"。

幸运的是，钱烧到第九个年头，终于有了回报。1782年，瓦特研制改造的联动式蒸汽机问世，果然显示出强大的力量，世界工业走进了蒸汽时代。蒸汽机强劲地推动了英国的工业化进程，并直接推动英国称霸全球。在此历史过程中，发明者瓦特和投资者博尔顿成立工厂和公司，凭借蒸汽机专利获取高额利润，名利双收，自不待言。

前文将瓦特与罗巴克和博尔顿的关系简单说成"一个好汉三个帮"其实很有问题。他们的主要关系，不是互相"帮助"，而是"合作"。帮助含有道德成分，而合作更倾向于一种制度关系。

一方面，有想法有创意的发明者和创业者，需要资金实现梦想；另一方面，资金希望找到有潜力的项目增值。于是，创业者和投资人都希望在茫茫人海中找到彼此，实现双赢。

而保障发明家和投资人合作关系的，是专利制度。它在科技创新和商业运作之间架起合作的桥梁，为创新发明吸引到资金的浇灌，给资本提供高回报率的投资目标，形成两者的良性互助和互动。

近代以来，西方科技发明能够创新不断，社会飞速进步，跟专利制度和知识产权观念有着直接关系。专利制度保证投资在未来可以获得垄断性的经济回报，这个稳定的预期会极大地刺激资本，鼓励投资者积极发现并培育有潜力的项目，而对瓦特这样的底层技工来说，发明和创新可以为其带来巨大收益,提升社会地位。这样的制度可以给双方赋能,最大限度地调动社会能力和资源。

事实上,博尔顿和瓦特的合作,走过绝望的低谷,又登上成功的巅峰。在当时起到了极大的社会示范作用,在后世也不断被人传颂。在瓦特的墓地旁、"月亮社"纪念碑上、博尔顿的旧居改建的博物馆里,瓦特和博尔顿这对友好合作的典范,都待在一块儿,亲密又友好。

当然,跟人们的美好愿望和事后讲述相比,事情的真相并不那么美好,至少是不完美。在钱的问题上,两人多少有些矛盾。

对瓦特来说,童年的拮据导致对金钱的贪婪、焦虑和不安全感,一辈子都没摆脱。蒸汽机改造成功后的十来年,瓦特坐在家就有小十万英镑的专利使用费入账,这在当时是天文数字,但他仍嫌不够,时刻警惕别人盗用他的专利,或超过他的发明。为了保证专利获利,他不惜利用自己在学界的地位——英国皇家学会会员,法国科学院外籍院士——压制别人的发明和探索。

对于专利收入,博尔顿作为投资人获利三分之二,创研人瓦特只有三分之一,瓦特对此也有微词。只是有合同在,微词也只能是微词(这里涉及西方文化和制度中很重要的一点:契约精神)。但两个当事人的磕磕碰碰,别别扭扭,都在所难免。

还好两个人毕竟共患难过,还是坚持将合作进行到底了。他们的合同在1800年到期后,又延续到两人的后代,小马修·博尔顿和小詹姆斯·瓦特共同经营着父辈的公司,继续双赢,继续见证社会的飞速发展。

总之,虽然不是那么完美,但是较之福斯特和谷登堡翁婿俩的合作(详见"谷登堡"一节),瓦特和博尔顿作为创业者和投资人的合作，仍然堪称楷模。

故事讲到这里，资本、知识产权和专利制的宏大视角且放到一边，说点儿素朴的人生道理：就算你是金子，总会发光，也必然需要淘金的人、炼金的人、运金子的人、卖金子的人，别以为你多奇崛独立，谁都成不了孤峰一座。再是好汉，也要找到自己的帮，篱笆也须始终记得，别拆了自己的桩。要学会与有不同价值观念、不同性格的人合作，要学习如何选择或组建团队，要在团队中找到自己的位置。

卡文迪许的时代已经过去，现代科研尤其有赖于团队协作。没有人能远离众人、独自成功。

拉瓦锡
历史的复杂性

第一个故事:贪官被革命群众处死,大快人心。

有个贵族生性贪婪,继承父母和姨妈的巨额遗产尤嫌不够,还以五十万法郎巨款买断国家的烟叶和盐的征税权,他巧取豪夺、中饱私囊,引得民怨沸腾。负责监管国家火药部门时,他同样大肆贪污,过着穷奢极欲的生活,无视底层民众的无边苦难。革命大潮来时,他不主动上交财富认罪,还丑态百出地试图转移财产。

终于,革命群众揪出了这个万恶的吸血鬼,将他送上断头台。

第二个故事:非凡科学家被以"革命"为名的狂热暴民杀害,人类需要沉痛冷静反思。

他出生于高级律师家庭,从巴黎大学法学院毕业后,赋闲在家,专职搞科研,二十五岁成为皇家科学院院士,后被誉为"现代化学之父"。

他推翻流传已久的"燃素说",正确理解了燃烧的本质、空气的成分、化合物(如水)和元素,对三十三种元素进行初级分类,规范化学方程式的表达,创建化学的定量研究方法,确立化合物的命名方法,制定重量单位"克"和长度单位"米",发现了质量守恒定律,他的《化学纲要》被奉为近代化学的经典奠基之作。

暴力革命发生时,他试图努力保全他所在的皇家科学院。这个科学院的前身,是以法国数学家马林·梅森(Marin Mersenne,1588—1648,数学里有梅森素数)为中心,科学家们定期沙龙聚会形成的学术交流中心。这个沙龙几经发展,1666年时被太阳王路易十四正式接收,建成巴黎皇家科学院,由国家财政资助,在全欧洲广纳人才,很快成为欧洲学界的最高殿堂。

革命群众一来,皇家科学院被解散,近两百年的基业,一朝隳颓(二十多年后才由法兰西第一帝国皇帝拿破仑恢复)。

痛心疾首的科学家试图恢复科学院,为被遣散科学家的待遇呼吁,通通未果,自己反而被捕。作为众议院议员和政府官员,他曾经为政府设计科学的城市照明系统,监督修建城墙,制订农业改革和监狱改革方案……不幸的是,没人在乎他为市政做的贡献,革命群众只聚焦他的一个身份——税务官,底层民众最容易直接感知并痛恨的职位。

科学家们为他求情,力举他种种科学贡献,希望获得免罪,他自己也表示愿意"放弃一切财产和名号,只当个药剂师",均被回绝,据说主持审判的法官不屑地表示:"共和国不需要科学家!"

从入狱到被处死,他在七个月内集中撰写了八部化学著作传诸后人,行刑前请求缓刑几天,以便完成正在进行的一项研究,被拒绝。他的头跟其他二十七颗一起被砍下——是税务官员的脑袋,而不是科学家的头颅。

同时期的数学家约瑟夫·拉格朗日(Joseph Louis Lagrange,1736—1813)痛心不已:"他们一瞬间就砍掉这个脑袋,一百年也长不出一个!"

为了表达科学家对科学的热爱,后人杜撰了一个细节,他被处死时做了平生最后一个实验,铡刀落下后拼命眨眼,请刽子手帮忙数数,以探知脑袋离开身体后的存活时间。据说他一共眨了十一下。

短短一两年时间内,"正义"的恐怖统治根据《惩治嫌疑犯条例》("嫌疑犯"这个词本身就非法)处死了数万人,其中多数人没有经过合法程序,没有预审,几乎没有证据,没有申辩,判决后二十四小时执行。

第三个故事:大历史下的私人细节才是真相。

时代大历史的洪流会掩盖私人史,而藏在大背景下的小恩怨才是历史的真正推手。法国大革命也不例外。

1780年,有个名不见经传但野心勃勃的小医生,向皇家科学院提交论文,讨论关于燃烧理论的问题。那套燃素论观点,现在中学生也知道是错的,但当时学界仍在探讨和争论中。

科学院的大咖、相关研究的权威人士负责审稿,一看论文,就说不行。是漫不经心地公开说的,或许还带着轻慢和不屑。

小医生被这态度严重伤害,从此放弃科研道路,转而投入社会运动,做了职业革命家。生逢其时,很快革命成功,小医生摇身一变成了新国民议会的议员,他就是大名鼎鼎的马拉(Jean-Paul Marat,1743—1793),激进的雅各宾派领袖。

贫寒时被"学阀"和权贵嘲笑的一幕刻骨铭心,马拉一朝得势,立即控告以复仇。

不久马拉被刺杀在浴缸,比他意欲报复的学界权威还早一年离世。但学术权威已经被雷厉风行的革命者逮捕,他的生命就此进入倒计时。

其实,这不是三个故事,是一个故事的三个版本。

故事的主角叫拉瓦锡(Antoine Laurent Lavoisier,1743—1794)。

熟悉历史的人看到他的卒年就知道,那一年正是法国大革命高潮,雅各宾派恐怖统治与罗伯斯庇尔专政的高峰期。

罗伯斯庇尔以狂热的革命激情和理想主义原则,砍下了所有不同意见者的脑袋,包括他的"敌人"路易十六夫妇和他的战友丹东和埃贝尔。跟他们相比,拉瓦锡的死刑根本不值一提。如果世上真有死神,那两年它一定在法国没日没夜地加班,累到吐血。

暴力革命的激昂、迷人、大快人心,和它的残酷、愚昧、非理性,正如一张纸的两面,而且是一张成莫比乌斯圈的纸条,不知不觉就走到了反面。就在拉瓦锡死后仅两个月,罗伯斯庇尔本人也被突发的热月政变送上断头台,死于自己一手制造出来的革命暴政。

但凡大规模的群众活动或暴力革命,总是摧枯拉朽地泥沙俱下,鱼目混珠。在群情激动和兽性狂暴时,理性、冷静、思考和妥协,都几乎没有生存余地。但唯其如此,理性才异常珍贵,它是人和其他动物的区分标志。但愿有更多的人,能够在任何激情的群体性事件中,保持自我,保持基本的独立和清醒,不被裹挟而前,让人类历史少些愚昧的激情和盲目。

另一方面,任何时候都不要低估群体暴力的力量,它的非理性可能所向披靡。国王和"现代化学之父"都挡不住的东西,谁也挡不住。

大革命还告诉后人,永远不要相信过于美好的未来承诺。人类历史已经无数次证明，手持直通天堂的车票，无一例外都走进了地狱。反倒是选择温和平缓的人间坐票，或许可以把人间建设得有点儿像天堂的模样。

至于拉瓦锡本人，三个版本里都有一些真相，不过真相的含量不同。

他的自我里确乎有一部分贪财和傲慢，但也不缺乏真正热爱科学的自我。

至于他的贪污（如果有的话）只是当时贵族阶层的常态和平均值，还是格外突出？罪是否至死？他的科学成就和未来可能的贡献，能否抵消过去敛财的损害？这里面有太多的细节需要了解和权衡，但都被革命的浪潮搅浑，没了踪影。

没有了作为判断依据的事实，后人只能凭个人好恶站队，以个人立场表态，穷苦人说，为官不清廉，贡献再大也该死。科学家说，让这样的人多活二十年，人类科学探索进程提速一百年。都有理，也都未必有理，最重要的，历史洪流过后，我们缺乏足够的史料和事实来做判断的依据。

至于其他人，马拉以革命（公权力）的名义举报拉瓦锡，只为报十年前的轻慢之辱，这跟拉瓦锡利用王权寻租，有什么本质差别？

罗伯斯庇尔以"建设一个美好法国"的名义，将王权独断的法国，变成流血恐怖的法国，功还是罪，是还是非？英勇无畏的革命家，同时也是杀人如麻、独断嗜血的刽子手。他和拉瓦锡，对于法国，对于人类，功过如何评价？

历史和人性是如此复杂，正义是如此难以界定又容易误解，我们怎么可能像单复数或红绿灯那样简单地划定对错好坏、得出结论呢？

What makes a scientist

被大革命摧毁了的拉瓦锡,到底是个什么样的人?

也许,他的妻子会说:这是一个糟糕的丈夫,自私、冷酷、功利,娶我只因我是征税承包业主的女儿。

也许,她会说:他是一个天才,我们志同道合,我协助他做过很多研究工作,我爱他,也崇拜他。

也许,他的孩子会说:他是一个好爸爸,给我们充足的财富做物质保障,他勤奋、好学的精神,探索科学、大胆质疑的勇气,都是我们的榜样。

也许,孩子们会说:他保皇,逆历史潮流而动,毫不关心平民的生活。他从来只关心他的研究、他的钱财,我们的亲子关系只有钱,没有爱……

没有足够信息,我们怎么可能形成看法?

但是也有可能,我们完全意识不到自己没有足够的信息来支撑自己的观点,我们有立场就以为可以发表看法。在任何事物上,对任何人,我们都以我们的立场发言,正义而昂扬。我们还积极寻找同类,让自己的声音更大,直至声嘶力竭,压倒其他所有声响。

人类社会没有比这更可怕、更糟糕的事了。

伏 特
并不真让人安慰

我从中学起读名人传记，就有一个"不可告人"的小秘密：喜欢看年谱。偷偷对照自己的年龄，看这人在自己现在这么大时，都发展到哪一步了。如果已经做出成绩，心里就一紧，哎呀瞧瞧人家都……，再看看自己还……；如果还没什么像样的成果，便大松一口气，心中安慰，好像自己跟名人还在并驾齐驱，这一生还大有希望、大有可为。

很多学生都喜欢名人们中学成绩不好，考不上大学之类的桥段，大概都是跟我一样的心理。

因为这种心理，我喜欢收集大器晚成者的例子，伏特（Alessandro Volta，1745—1827）就是这样进入我关注区的。

伏特的影响力在日常学业和生活中就能感受到：电压的单位是伏特（简称伏，符号V）；我们每个人都接触的电池，最早叫伏特电池；如果去意大利旅游，肯光顾科墨市的，基本上都是因为那儿的伏特广场和伏特教堂。

电池是伏特一生最重要的功绩，不仅为人类提供持续电流，而且直接促成后来电磁学的诞生和发电机的问世。而发电机带来的电气文明，引发了第二次产业革命，改写了人类社会的发展历程和组织结构。

但这不是重点,重点是,伏特四十五岁才开始研究电池,五十五岁时才研制成功。原来即使年过半百,还可以安慰自己,伏特在我这么大时也还没出成果呢!做不了帕斯卡和维纳,但可以向富兰克林和伏特看齐嘛。

同学们甚至可以拿伏特去安慰也许正处在中年危机的父母。

然而,仅仅盯着四十五岁和五十五岁的时间节点,会大错特错。这就好比,固然是六月初高考,可高考分数并不是那几天"考"出来的,而是过去至少一两年或者更长时间里学出来的。

同样,伏特虽然四十五岁才开始全勤投入电池,但之前的人生可不是空白。

他是出生于天主教家庭的富家子弟,少年时就有自己的实验室,十多岁已经与当时的电学家联络交流,大学就读意大利帕维亚大学,是欧洲著名的大学。在投入电池研制之前,他已经发明电盘,发现沼气,了解电学的最新研究动态。因此,他才在第一时间注意到那篇论文。

博罗尼亚大学的解剖学家贾法尼(Luigi Galvani,1737—1798)发现剥下来的青蛙腿会自动抽搐,以为动物的肌肉能蓄电,于1783年发表论文提出"生物电"概念。伏特敏锐捕捉到这一现象的重要性,重复并调整试验,慢慢逼近事实的真相:导致青蛙腿痉挛的不是肌体带电,而是两种金属片的接触,潮湿的青蛙腿可以导电。

(有意思的是,伏特的电流说没有说服贾法尼,贾法尼沿着自己的

"生物电"思路，发展出贾法尼电池和贾法尼电流，并创立生物电学。）

国王拿破仑得知后召见伏特，看完现场演示的实验，立刻颁发奖金和勋章，并组织专家开展专项研究。就这样，伏特开始了伏特电堆与伏特电池的研制。

四十五岁是伏特开始起飞的时间，但在此之前，人生已经历漫长的助跑，知识储备、专业敏感、实验经验和探索的勇气，都已经准备妥当。大器之晚成，是大器在人们没看见的地方一天天生长，而不是痴长一年又一年。

都知道说"罗马不是一天建成的"，但在准备建筑材料时、挖地基时，人们往往只看到脏乱无序的烂泥坑、尘土飞扬的工地。短视的人只有在落成剪彩时才看得见一座恢宏的城市，中等视野的人在奠基开工时就知道，而长远眼光的人会在旷野和图纸上，想象到罗马城。

人生也一样，善战的谋士决胜于千里之外，人生的决胜，也常在十年之前。

所以，珍惜少年和青春吧，多年之后，你会感谢今天努力的自己。

琴 纳
快还是慢

  今天的同学们只能从文学作品和历史书中了解天花。哪里能想到，这种由天花病毒引起的烈性传染病，曾经制造了巨大的灾难，恐怖程度更甚于今天的新冠肺炎和艾滋病。

  公元846年，入侵法国的诺曼人中突然暴发天花，首领只能下令杀死所有病人和看护者。1555年，墨西哥天花大流行，全国1500万人死了200万。从16世纪开始，亚洲平均每天有2192人死于天花，欧洲是1300多人，这样的死亡持续了两个世纪，仅18世纪就死了1.5亿人。

  中国最早关于天花的记录来自晋代葛洪的《肘后备急方》："比岁有病时行，仍发疮头面及身，须臾周匝，状如火疮，皆戴白浆，随决随生。不即治，剧者多死；治得差后，疮瘢紫黑，弥岁方灭，此恶毒之气。"书中没有提及治疗方案。

  天花对于中国历史尤其是清史影响深刻。清军入关遇到的最大威胁，不是明军的反抗，而是"出痘"。皇太极作战，不怕明朝将士，怕出痘的汉人横在路上。入关后的清军"多出疹而殂"，包括关内第一任皇帝顺治。康熙被选为继承人的重要原因是出过痘，麻子脸皇帝比暴死皇帝好。

其实中国早在明隆庆年间（1567—1572）民间已经有种痘法。患了天花，无药可治，病人只能封闭隔离，避免传染，求助于自身免疫力。少数活过来的，脸上会留下坑洼麻点，
美其名曰"天花"。人们发现，自愈者终生不再出痘，而且其痘痂有疗效。将它研磨后，健康人吸入会出现轻微的出痘症状，但容易痊愈，并获得免疫力。

17世纪末，俄国人来华学习种痘法。后经过土耳其传到英国和欧洲。人痘接种有一定的死亡率，但低于天然出痘。在没有更好的治疗方法之前，它作为唯一"战痘"手段在欧洲流行。

转机发生在18世纪末，一个细心的乡村医生爱德华·琴纳（Edward Jenner，1749—1823）发现，养牛场的挤奶女工没有得天花的。又了解到牛也生天花，会在皮肤上留下牛痘，人接触病牛会被传染生出小脓疱，却不会死亡，并且从此免疫。

顺着"接种牛痘产生抗体，从而预防天花"的思路，琴纳从牛身上提取牛痘脓液，在人体几经试验，终于获得成功。时为1796年。

但是，当这一成果形成论文《牛痘的成因与作用的研究》提交到英国皇家学会时，却遭到严重质疑和否定。他们怀疑这种办法的有效性，更担心人接种牛痘，会像牛一样长出尾巴和犄角。

琴纳不服气，自费印了几百份散发，结果是捅了马蜂窝，医学界群起而攻之，声称牛痘法是"虚伪的预防"和谎言，而且对他的怀疑都是"有根据的"。

社会上议论纷纷，谣言四起，报纸上出现了耸人听闻的新闻，言之凿凿说谁谁谁接种牛痘后浑身长满毛，像公牛那样眼睛斜视，长出牛角，人体内部发生变化，逐渐退化为兽……还配上彩色插画，有图有真相。

更严重的威胁来自教会，指责让高贵的人"求救"于牲畜，是亵渎和贬低造物主的行为。

对此，琴纳愤怒地回击，说这些诽谤和攻击都来自"一些连动物会生什么病都不知道的不学无术之流"。

好在事实胜于雄辩，现实的需求也高于一切。1801年，接种牛痘的技术开始试行，因行之有效，迅速推广开来，天花发病和死亡率迅速下降，英国政府很快承认了琴纳的价值，并在伦敦建立专门的研究机构——皇家琴纳学会。

1977年，联合国世界卫生组织在索马里发现最后一例天花，此后再没监测到病例。而在中国，1961年最后一例天花病人痊愈后，境内再无感染者。

1980年5月，世界卫生组织第三十三届大会正式宣布天花绝迹。联合国还幽默地设了一千美元悬赏，给再次发现天花患者的人，这笔奖金至今还存在联合国的官方账号上没人领走，看起来永远没法被领走。

至此，天花成为迄今为止人类用科学方式消灭的唯一传染病。从有史记载的第一例病症（公元前1145年，古埃及法老拉美西斯五世病逝，高度疑似死于天花）算起，天花在人间肆虐超过了三千年。琴纳作为天花疫苗接种试验的先驱，当之无愧配得上"免疫学之父"的称号。

牛痘免疫法从发现到广泛投入临床，乡村医生和皇家科学家展开过长达数年的拉锯战，在此期间，不断有人死于天花。人们对此或许会遗憾和愤怒。皇家会员们的抵触固然来自蒙昧和固执，但也必须强调，科学发现尤其是医疗进步的过程中，温和的保守主义是非常必要的，虽然看起来阻碍了进步，却实在是必要的阻碍。

琴纳的发现后来确实被证明有疗效，但历史上也不乏相反的例子，新的药物和治疗手法隐含危险，却在还没充分认识时就匆匆投入使用，导致巨大的损害。对人体会产生有害辐射的 X 射线，曾经被当照片一样拍着玩；曾被广泛使用的四环素，造出不少四环素牙，至今有人苦苦寻觅美白牙齿的办法。医药是关乎生死存亡的大事情，所以新药的投入还是慎重些好，哪怕慢行两步，再慢行一步。

当前医药界对于新药上市前的临床试验，各阶段都有严格规定。导致新药研发难度大，周期长，被喻为"九死一生"，也直接导致新药价格奇高、科研和产业脱节等问题。所以，慢和快都有其弊，怎么才是合适的节奏，需要智慧和实践共同调整决定。

如果说，推延接种牛痘是比天花病毒更致命的保守，那么冒进地使用新药，至少和天花病毒同等可怕。同样，英国医学界对琴纳的拒绝，也应一分为二地看。

1813 年，琴纳因为发现牛痘接种法，被推荐为伦敦医科大学教授候选人。校方按部就班要进行考核，考核内容是希波克拉底和盖仑的医学传统经典理论。可琴纳只是从小跟随一个"江湖郎中"学医，属于"赤脚医生"一列，四十多岁才勉强获得一所大学的医学学位，在地方医院谋得职位，他实践经验丰富，对于学院派的理论却相当陌生。

琴纳拒绝接受考核，宣称自己找到征服天花之法，已经够医学教授的资格。他显然是有道理的,但这不符合英国大学的游戏规则。琴纳毫无悬念地落选,而且终其一生都没有得到教授头衔。

这件事很著名,或者说,臭名昭著。人们往往因此批评英国医学界的保守和陈腐。确实,世上尤其是民间,每每有实践经验丰富,但理论专业跟不上的医者,他们知道怎么做,能治好病,但说不清楚其中的道理。对于他们,应该设法提高其理论水平,充分肯定其实践,而不是简单地拒之门外,予以否定。

但另一方面,我仍然认为,将经典著作和扎实的理论功底作为基础考核要求,不仅有道理,而且必要。伦敦医科大学这种失之僵化的条条框框,却在事实上构成了高门槛,或许会错误地将少数配得上登堂入室资格的特例拒之门外,但也把更多不够格的人挡在门外。

在医学领域,"偶纳糟粕"的后果,显然比"偶失精英"要严重得多。我作为一个可能生病、需要治疗的人,宁愿医学界漏掉一个琴纳,也不要混进一个致命庸医。正如在法律方面,我宁可因为无罪推断放过一个坏人,也不愿以有罪推断冤枉一个好人。

具体到琴纳,如果由我处理,会坚持他没经过考核便不能获准入选医学教授,但鉴于其成就,可授予荣誉医学教授的头衔。

道尔顿
幸运的疾病

如果不幸患上色盲,就意味着高考选专业和求职时会受到一定限制,不太可能当画家、摄影师或设计师,不可以拿驾驶执照,或许还会受到显性隐性的歧视、让人不舒服的怜悯和同情……但是,恭喜你,你也可能因此成为科学家,就像英国的约翰·道尔顿(John Dalton,1766—1844)那样。

色盲的英文是Daltonism,搞笑地直译为"道尔顿主义"。古往今来,得色盲的人不少,为什么偏偏以道尔顿命名?

现在已经无从知道,道尔顿发现自己不能分辨红绿色时,是什么心情和感受。我想,除了沮丧和难过,大概不会有别的。

但他没有让那份沮丧吞没自己。相反,他要搞清楚这是怎么一回事。经过一番研究后,他向曼彻斯特文学与哲学学会提交并宣读了题为"关于颜色视觉的特殊例子"的论文,对色盲这一视觉缺陷做出了详尽的描述,总结出色盲症的部分特征。这是人类第一篇关于色盲的研究论文。就这样,道尔顿成为人类历史上第一个

发现色盲的人,当然,人类历史上第一个有记载的色盲患者也是他,第二个是他兄弟。

事实上,道尔顿关于色盲的全部分析思路和研究结果都是错的。他认为,色盲患者眼球里的含水物质是浅黄色的,能吸收太阳光谱中的红色,从而导致患者看不见红色。道尔顿对自己的分析深信不疑,甚至安排了死后的眼球解剖,他的一只眼球真的保留下来,存放在英国皇家学会,直到20世纪末,DNA分析证明,他眼球里的水样液完全正常,但缺少对绿色敏感的色素,确定为遗传致病。

"色盲"被认为是一种病,相对于抽象意义上"完全正常和健康"的人体来说,每个人的肌体和心理都有这种或那种小小的偏差,通常我们只把这些偏差叫作"疾病",而不叫"机遇"或"提示"。

得病了,当然倒霉,但也可能是幸运的机缘。造物主在你的墙壁上留下一个印痕,或许是要提示你从这个地方看过来,注意一扇能看到新世界的新窗户,你却用自己的一生来心疼白墙,对着污渍哭泣,并试图擦掉它。

什么遭遇会降临在生命中,我们不能决定,但我们能决定怎么对待它们。

其实,在道尔顿丰硕的科研成果当中,发现色盲这一项几乎微不足道。他发现了"气体分压定律",在此基础上提出现代化学的原子论,并结合前人的研究,设计出一整套圆圈加点、线和字母的元素符号表,用这套符号标注了六种简单原子和十五种化合物,绘制成历史上第一张化学原子量表。他因此成为现代化学的奠基人,与拉瓦锡一样,同被誉为"近代化学之父"。

不过,无论是在化学领域还是色盲研究方面,道尔顿的成功原因其实再简单不过：其一，发现问题（包括自己的病）就琢磨琢磨，哪怕琢磨错了；其二，坚持，从当中学物理教师开始，他就每天清早准时起床、开窗，记录空气压力、温度、湿度等天气指数，就这么一件简单的事情，他重复做了五十七年，直到死前几个小时，七十八岁高龄的道尔顿还做了最后一次天气记录。

如果你无论遇到什么事都用心琢磨，如果你做任何一件事持续五十七年，相信我，你也会取得跟道尔顿一样的成绩。

最后，再来回顾下"Daltonism"这个有激发力的词。人类历史上有不少"人名+主义"，如：达尔文主义，是物竞天择，适者生存；托尔斯泰主义，是博爱、道德完善、不以暴抗暴；凯恩斯主义，是国家扩大开支，以保障经济繁荣；还有我们都听说过的西方马克思主义。

不妨设想一下，未来的中学生正在学习"××（你的名字）主义"，是你的存在让人类多了一个单词。他们会在哪个课堂上（数理化地生，还是社会和政治课）学到这个词？这个词又是什么意思？

仅此一点，就值得你珍惜自己的生命并努力，不是吗？你在用一生的时间，为你的名词、你的"主义"确定内涵和基调。

高 斯
贵族滋养的纯粹

高斯（Carl Friedrich Gauss，1777—1855）是近代数学的奠基者，历史上最伟大、知名度最高的三个数学家之一（另外两个是阿基米德和牛顿）、近代数学的奠基者。就是这样一个天才，却因为生计问题，差点儿成了泥瓦匠。他曾经是最没钱的人，虽然曾经德国流通最广的纸币——10马克上就印着他的肖像。

1777年4月30日，高斯在德国下萨克森州的不伦瑞克出生，没有任何迹象表明他有什么与众不同。父亲是农民的儿子，当过纤夫、花农，最擅长泥瓦活儿，母亲是石匠的女儿，当过女仆，夫妻俩都没受过什么教育，也不觉得受教育跟穷苦人家有什么关系。父亲最大的愿望，是儿子有力气，肯干活，能糊口。

高斯在公立小学读书时，发生了著名的"从1加到100"事件，老师发现了他的天赋，专门去拜访他父亲，希望高斯接受更高教育。

父亲毫不犹豫地拒绝了，他指望儿子像他学泥瓦活儿，只有这样才能解决生计问题。

在老师和高斯舅舅的反复、轮番劝说下，高斯才被父亲免除每晚织布的活儿,用这个时间学"没用的"数学。母亲倒是很珍视儿子的天赋,但心中常怀忐忑。多年以后,高斯已经成为数学界顶流学者,地位崇高,他母亲还小心翼翼问圈内人,我家小高高搞数学到底行不行?能搞出点儿名堂、有什么出息吗?她得到的回答是,高斯先生将是"欧洲最伟大的数学家"。高斯妈妈一颗心这才落了地,都"最伟大"了,混口饭吃应该是没问题了。

高斯很快获得当地一位斐迪南公爵的赏识和资助,先后进入布伦瑞克学院和哥廷根大学学习,二十二岁获博士学位。但是不出父亲所料(母亲所担忧),高斯毕业即失业,找不到工作,灰溜溜回到家乡,前途茫茫,衣食没着落。

我猜父亲发起脾气来,一定是这么骂高斯的:你看看你,不听老人言,吃亏在眼前!学什么数学?!现在好了吧,找不到工作了吧,数学能当饭吃?要是跟着我学泥瓦,现在早出师了!邻村张家现在就在盖房子,刷一面墙一个半马克,手脚麻利点儿,半天就能刷两面墙,一天下来,四五二十,一四得四,就是六马克,都可以买多少面包了……

所幸斐迪南公爵再一次慷慨资助,给高斯提供公寓居住和生活费用,以及其博士论文和《算术研究》一书的印刷费用。

虽然有如此无私的资助,高斯经济上仍然捉襟见肘,《算术研究》书稿寄到法国科学院,遭遇退稿,只能谋求"自费出版",因为钱不够,八章的著作只印了七章。正是这本几乎不得问世的书,后来成了数学经典,奠定了近代数论的基础,被集合论的创始人康托尔(Georg Cantor,1845—1918)誉为"数论的宪章"。

高斯被丰衣足食地"养"了多年,直到斐迪南公爵参加抗击拿破仑的军队阵亡。高斯再一次陷入经济拮据，不过此时的他已经名满欧洲。教育部部长洪堡得知情况，立即提供给他哥廷根大学教授和天文台台长职位，1855年2月23日，高斯以七十八岁高龄病逝于哥廷根。

纵观高斯一生，基本上衣食无忧。最重要的原因，是公爵提供的物质后盾。哲学、数学，越纯粹的知识，距离实用越远，越不能（也不知道要）养活自己。这就需要整个社会制度的设置和安排，功利地为非功利的事业提供保障。穷人如高斯不知道怎样赚钱，但只要富人如公爵知道怎么用钱，就没有问题。如此说来，知道怎么用钱，有时候比知道怎么赚钱更重要。

欧洲贵族向来有资助科学和艺术等的传统。这种模式成为欧洲文化培育和发展的重要原因。在现代社会发展出系统的社会化资助和保障以前，贵族的私人赞助是艺术和科学等纯粹精神活动得以发展的根本保障，没有之一。

如果说，瓦特和博尔顿是技术创新和投资人相组合的出色个案，那么高斯和斐迪南公爵就是纯粹知识和贵族的完美搭配。

经济上的资助往往还伴随精神上的滋养，当然有的"包养"里也有香艳的情感纠葛，但不管如何，出资者都不以施舍者自居，也不像投资人那样期待回报，他们资助，是因为有欣赏、认同、相处的愉悦和精神上的共鸣，而钱又有余。很多对人类历史做出重要贡献的人，在其求学和事业起步阶段，都受到了贵族的资助，甚至一辈子都接受私人供养。很多重要的科学、文学和艺术作品，都申明"献给某某某"，这个"某某某"，往往就是其赞助人。

这种资助传统在西方历史上催生了不少典故和故事：伽利略将他发现的一颗木星的卫星命名为"美第奇星星"，以此向他的资助人美第奇公爵致谢。卢梭与华伦夫人的感情对卢梭影响极大,也是他平生最大的愧疚,这些在他晚年的《忏悔录》里都有深刻的记载。柴可夫斯基和梅克夫人则约定保持柏拉图式的精神恋爱,终身不见……

有钱了,做什么?除了投资生更多的钱、奢侈品和收藏品买买买、做自己喜欢的事情花花花、存存存留给子孙等常规操作之外,西方还有两大花钱传统:一是做慈善,资助穷苦者,回报社会;二是资助那些有意思有价值但可能没能力解决从事者生计问题的事业。

这种富商的私人资助至今仍有遗风。古生物界有一个恐龙品种叫"卡内基梁龙"（Diplodocus carnegiei）,就因为这支恐龙研究队伍由美国钢铁大王安德鲁·卡内基（Andrew Carnegie）提供经济支持。事实上,我们现在对侏罗纪恐龙的全部认识,几乎都受益于卡内基的私人资助。

中国在春秋时期,也盛行过诸侯贵族公子养士养门客之风,战国还有"四公子"（齐孟尝君、魏信陵君、赵平原君和楚春申君[1]）并称。但东西方的性质应该说完全不同。

欧洲模式的资助,未必没有功利成分（无论是求美名、虚荣还是科研成果带来的利益）,但两人关系是开放的,资助者仅仅提供充足的经济支持,对被资助者的研究项目、个人意志、生活方式等,都没有要求和伤害。被资助者对于自身事业有充分掌控权,这是两人达成的共识。

简单地说,被资助者做出的成绩,资助者可以享用或者不享用,但被资助者做什么,资助者不能干涉。如果资助者不喜欢被资助者做的事,唯一能做的就是停止资助,而被资助者另找能欣赏和资助自己的人。

---

[1] 插播一条冷知识:上海简称申、申城,就因为这里是这位名叫黄歇的春申君的封地。

中国的养士，养的无论是学士、策士、斗士、方士、术士，还是普通的食客和鸡鸣狗盗之徒，本质上养的都是智囊团。"养士千日"的目的很明确，要的是"用在一时"。

后世的私人资助，或明确的利益投资（最有代表性的是吕不韦对异人的赞助），或发生在大家族内部、同乡同族亲戚之间，是宗法社会的产物。仅仅因为私人兴趣，因为认可对方的事业，就资助给没有血缘和地缘关系的陌生人，供其从事纯粹精神的活动，而且不预期任何回报。这种纯烧钱的事，精明人是断断不会干的。

戴 维
人性如笋层层新

仅仅将戴维（Humphrey Davy，1778—1829）定位为法拉第的发现者和栽培者，显然不公正。他本人也是重要的化学家。

这个出身贫寒的英国人，在短短的一生里取得了巨大成就：开创了农业化学；用电解法发现了碱金属钾和钠，以及镁、钙、锶、钡、硅、硼等多种化学元素，成为化学史上发现新元素最多的人；证明了舍勒发现的氯气是单质而非化合物；他发明的矿用安全灯（"戴维灯"）解决了瓦斯爆炸问题，挽救了无数人的生命；他纠正拉瓦锡关于"所有的酸中都含有氧"的错误观点，证实了"所有的酸中都含有氢"；他还发现了著名的"笑气"（氧化亚氮）——说明一下，事实上是普里斯特利第一个发现的笑气，但他误将这种能助燃的气体当成了"无燃素气体"也就是氧气。二十多年后，就是在普里斯特利实验室里，年轻的戴维重新发现了笑气，并正确认识了这种有甜味和轻微麻醉作用的氧化剂。之后很长一段时间，笑气都作为麻醉剂临床使用……

但人们更津津乐道的，不是戴维

在化学专业上的成就,而是他与法拉第的关系:从知遇之恩,到反目为仇。

对于法拉第的才能和地位,戴维心里明镜儿一般。所以临终前,被问及一生最伟大的发现是什么,他回答:"法拉第。"

他肯倾心栽培法拉第,跟自己的身世有关。戴维少年丧父,小时候在药房做小学徒,全靠自学成才。有一天,小镇来了个"大人物",蒸汽机发明者詹姆斯·瓦特的次子格里高利·瓦特过来讲学。

戴维抓住机会,上门求教,获得小瓦特的赏识和帮助,这样才慢慢发展起来,直至学有所成,又被封为汉弗莱·戴维爵士,担任英国皇家学会的主席。

所以,当同样是学徒的法拉第向他求教时,他立即给其机会,做了法拉第的贵人、法拉第人生的起点。

可是,小学徒的成就后来大得超出他的意料,也超出他的承受力——他提携的人,成就和声望都超过了他本人。

电流影响磁针的问题,当时令戴维、沃拉斯顿(1766—1828,英国化学家和物理学家)和安培等众多大腕一筹莫展,却被法拉第默默地独自搞定,他还就此发明了世界上第一台电动机。

就在这时候,戴维"变"了。他几乎不能掩饰他失控的嫉妒:法拉第被诬陷为剽窃沃拉斯顿时,最知情的他选择了恶意的沉默,甚至在风波渐渐平息时,又旧事重提,再掀波澜;法拉第被提名皇家学会会员时,他投了唯一的反对票;他用所有可能的手段,迫使法拉第中断了正在长风破浪、要直挂云帆济沧海的电磁学研究,导致法拉第在自己最具天赋的领域的研究推迟了近十年,而戴维自己,则成为科学史上长久的污点话题之一。

我绝不愿简单地批评和嘲笑戴维。毕竟，谁没有从别人的失意中获得过隐秘的快乐和安慰？谁又没有为别人的成功痛苦过？

嫉妒是人的天性。区别只在于，这本性有没有被管理、控制、驯化和合理运用（嫉妒如果运用得当，完全可以变成动力，激发潜能），以及它日常潜伏得有多深，是否有机会暴露。

我从不相信人会"变"，我只相信，人性有不同的层面，遇到不同的情境和时机，不同的层面才有机会流露，否则便隐而不显。人性如新笋，层层剥开来，层层气象各异。

人们常说，富贵豪门多兄弟相残、尔虞我诈、父子反目、夫妻成仇，反倒不如贫贱人家来得和睦温暖、恩爱仗义。这话似乎很有道理，但虞诈和恩爱的区别，并不在人，而在境遇。不是穷人和底层人比富人和权贵们品德高尚，是前者遇不到后者要经受的考验。

常说的盖棺论定，其实还是没道理，人生的际遇有限，人性便有隐有显。我们评定一个人，也只能就他已经流露出来的那部分进行判断罢了，永远都是冰山一角。只不过戴维比较倒霉，在法拉第成就的照耀下，把发黑的那冰山一角露出了水面。

当然，我无意为戴维辩护。毕竟，人性只是一方面，能否自明、自制、自控，是另一方面，理性的一面。戴维真正输的，是明智，是理性，是对人性的管理和运用。

欧 姆
成见伤人

很久以前看过一则小故事:一个求职者面试,还没有陈述完,就被招聘人员冷冷打断:"好了,你可以走了,回去等消息吧。"求职者知道自己落选了,在绝望中自杀,幸好被抢救回来。出院那天,录用通知书寄到,给的职位薪资都颇好。原来,人力主管觉得他表现太优秀,不需要进一步考察。

更富深意的是,当人力主管获知求职者经历后,却收回了录用通知书,表示此人这样处理外界传递的信息,心理承受能力又如此脆弱,还真不能胜任他们提供的职位。

作为一个鸡汤故事,它当然可以鼓励人们顽强执着,坚持到最后,总能守得云开雾散。但对于社会运转来说,仅仅这样强调个人的品质,而不追求其他方面的改良,是远远不够的。欧姆(Georg Simon Ohm,1787—1854)人生的悲喜剧就很能说明。

欧姆是德国一个普通锁匠的长子,曾经因贫穷从大学辍学,后来辗转在各个中学和耶稣会学院教书,聊

以糊口。这个偏僻地区的中学，环境艰苦，信息闭塞，他没法与同时代物理学家交流。这里只有普通中学的物理实验条件，他却热烈地投入电学研究。一方面固然是强烈的兴趣热爱；另一方面，他内心也怀着强烈的期待，渴望能通过科研成果惊艳学术界，实现从中学教师到真正科学家的华丽转身。

为此他废寝忘食，将全部的业余时间用来设计试验，探索电流规律，设计电流扭力秤来测量电流强度，研究不同金属的相对电导率。

欧姆终于在三十八岁"高龄"发现了电流的秘密：在同一电路中，导体中的电流跟导体两端的电压成正比，跟导体的电阻成反比。当然，他没有注意到最初得到的公式里有错误，但他太兴奋了，就迫不及待地发表了论文。

错误很快被发现，但没人费心去告诉他，大家都只在心里默默给作者贴上"业余爱好者""民科""野路子"等烙印，这一偏见未来将给欧姆带来极大的负面影响。

但欧姆此刻对这一切浑然不觉，他继续兴奋地试验探索，很快发现了自己的错误，并进行了修正。

终于，欧姆觉得工作完成得差不多了，踌躇满志地将成熟的果子——也就是著名的欧姆定律——捧到世人面前。1826 年，德国的《化学和物理学杂志》发表他的论文《金属导电定律的测定》，翌年出版其代表作《伽伐尼电路的数学论述》，从理论上论证了欧姆定律，并给出准确的公式表达。这时候的欧姆已经年届不惑，霜染双鬓。

欧姆急切地等待来自学术界的欢呼、拥抱和接纳，结果却令他大失所望。没人肯正眼看一下他的研究，"哦，就是那个中学教书的，还研究电学？公式都搞错了，还要再错一次？"

偏见是如此深重，欧姆得不到赞赏和认可，甚至得不到回应，连批评和否定都没有。他感到的只有寂寞和冷漠。

可怜的欧姆多方争取，却屡战屡败。最终，饱受打击的他心灰意冷，辞去教职，离开伤心地。他的理想、他的追求、他的试验、他的研究，在那之后都停顿、沉寂下去。

随着电学研究的进一步深入，终于有"正牌""真正"的科学家得出实验结果，人们才恍然发现，早在几年前就有个中学的无名小卒发现了电流的规律，他叫什么来着？得把他找出来呀，用他的名字命名这个定律！

一眨眼工夫，全世界的态度都变了：大家重读欧姆几年前的论文和著作，纽伦堡理工学院和慕尼黑大学都聘他当教授，英国皇家学会授予他当时的科学界最高荣誉——科普勒奖，其他国家的皇家学会纷纷聘他为国外会员，巴伐利亚科学院选他做院士……

后来，功德圆满的欧姆还做过光学、声学方面的研究，但直到1854年去世，欧姆定律仍然是他最主要的科学贡献，电阻的单位被定为"欧姆"（简称欧，符号 Ω），便是为了纪念他对电磁学的贡献。

如果当年欧姆定律问世后，稍微早一点儿获得认可和赞誉，欧姆或许能一鼓作气干出更多成绩？可惜等到花儿谢了，心也冷了，再来收拾旧河山，心气劲儿都已经回不到当时的温度。欧姆或许是受伤害太重，或许是年事已高、锐气不再，总之他后来有极好的工作环境和条件，是当中学教师时不可同日而语的，他却再没有更多的作为。

就这件事指责欧姆（"他怎么那么禁不起挫折？"）似乎有道理，却总有"站着说话不腰痛"的嫌疑。寻求认可和赏识是人性最深的本能之一，是人的本质需要。有谁是真正耐得住寂寞的？

欧姆长期被忽略，并不在于其成果难以认定（简单地重复实验就可以做出评判），很大程度上是因为他曾经发表过结论错误的论文，加上"编外""业余"的身份，导致科学界的成见。如果一个社会或团体，因为偏见不能及时发现那些值得赏识的人，是这个社会和团体的问题。

一方面，在艰难中坚持，是个人的优良素质，但一个好的社会应该有好的制度，尽量不让优秀的人埋没，不让认可变得太艰难，尤其要少一些人为造成的艰难。可以肯定的是，对于社会的良性运转来说，好的制度远比个人的好素质重要得多。

另一方面，如果可能的话，给那些在寂寞中苦苦煎熬苦苦奋斗的人一点儿关注、一点儿掌声、一点儿欣赏、一点儿支持，也许就能改变其人生轨迹。何乐而不为呢？改变世界，可以从消除一个人的寂寞、改变一个人的处境开始。

法拉第
自我推销的正确方式

除了少数人含着银勺子出生，一举一动都能得到关注，多数人的出厂设置都一般，在人生发展道路上，就不免要"求贵人提携"。唐人的干谒之风盛行，"至宋犹存"，就是这种情况。

今天课本里的很多名句，如白居易的"野火烧不尽，春风吹又生"，王建的"三日入厨下，洗手作羹汤。未谙姑食性，先遣小姑尝"，其实都是干谒之作。

孟浩然咏洞庭湖的著名诗句"气蒸云梦泽，波撼岳阳城"，大气磅礴，气象万千。创作背景却是，小文人孟浩然和小公务员张九龄曾是忘年交；后来小公务员发达，当上了中书令，小文人还是落第书生，想要昔日好友提携，又不愿低声下气，就有了这首《望洞庭湖赠张丞相》。

李白就率真多了，一上来就直接把马屁拍得山响："生不用封万户侯，但愿一识韩荆州。"其实，想认识韩荆州，还不就是为了封万户侯。

文人干谒，一般是写篇文章，献诗献歌（要是提着钱，就不叫干谒，是行贿了），相当于现在的自荐书加代表作，秀秀才华，再配点儿小吹捧小试探。那么搞科学和技术的求栽培，会怎么做呢？法拉第

(Michael Faraday, 1791—1867）是个好榜样。

首先第一步，是要找到干谒的对象。

这话说起来轻巧，操作起来其实不容易。前面"戴维"一文里，学徒戴维窝在小地方，自己无力走出去，身边都是跟自己一样的人。要不是一个大牌的"学二代"偶尔降临小镇，他哪有机会见到外面的人？

法拉第也一样。他出生于铁匠家庭，家人没谁有文化，还穷得一塌糊涂。他没有一丁点儿背景，没有上过一天学，没有受过一点儿的正规教育，十一岁开始当报童、童工，二十多岁"出道"之前，是一家图书文具店的装订小学徒。

法拉第的与众不同在于，他除了做学徒装订图书，还偷偷做这些书的读者。

同样是工作，有的人是把一块砖摞到另一块砖上，重复摞一辈子，定期换得工钱。有的人知道自己在砌一堵墙，有的人认为自己在盖一幢房子，而有的人认为自己在建设一个城市。有的人每天按部就班完成事务，无论是写作业还是摞砖头，却不知道这些事意味着什么，不费心去理解自己做的事，也就不理解自己的人生。有的人却将自己每天做的事，都纳入自己的人生规划。他们的眼前不是堆着麻烦事，完成一件少一件，而是铺着一条路，每走一步就前进一步。

普通学徒只把印了字的纸装订起来，法拉第却认为他在制作书，而书是给人读

的。他几乎阅读了他装订的每一本书——只要看得懂。因此他才有机会读到一本畅销书《化学对话》。这本科普读物深深吸引了他。他连读七遍，爱上了化学。他完成了人生最重要的一件事：找到自己的兴趣并愿意投入生命。他的人生有了方向。

特别的行为和理想使得他在学徒中显得突出，引起了一个常来店里印书的顾客的注意。别以为这就有了金手指，人生从此开挂，走上康庄大道。没有的事。所谓的"注意"，远没有到与其谈心、交友、倾囊相助的程度。仅限于从众多打工仔中知道法拉第，以及一次买了学术讲演的票，却没时间听，再过几小时就成废票了，见到法拉第，就随手将票送给了他。

但对法拉第来说，这仅仅是"别浪费了"的票，却是幸运天使递过来的橄榄枝。

他毫不犹豫丢下手头的工作，偷偷跑去听那场他一无所知的学术报告。巧了，演讲者叫戴维，英国皇家化学学院主讲，著名化学家。

贵人出现，第二步是"拿下"他。

不难想象热爱化学的法拉第听了演讲后的激动，他甚至可能在讲座中结结巴巴地举手提问，之后拦着求签名。但他很快就知道，他想认识戴维没用，他得想办法让戴维认识他、记住他。

二十一岁的装订工法拉第，没有在演讲之后立刻往前冲，而是精心整理了听讲座的笔记，加上自己的心得，配上精美插图，装上封面，订成书册，还取了一个感人的书名：戴维讲演录。

这本书，连同一封自荐信，算准了日子，作为当年的圣诞节礼物，寄到了戴维手上。

几个月后，法拉第收到了戴维的回信，信很短也很程序化，很可能连"来函收讫,迟复乞谅"一类的客气话都没有。但显然,肉眼可见的用心和真诚,还是让法拉第的"圣诞礼物"脱颖而出,促使皇家学院院长写了一句"礼物收到,很感动,可见面一聊"。

法拉第终于有机会走进皇家科学学会的实验室,坐在戴维的面前。

如果说之前将一次普通讲座做成一本书的操作只是技巧,那么现在就到了考验实力的时候。戴维约的见面,其实是一场面试。是仅此一面,还是留作仆人,抑或雇为助手,就看法拉第的表现了。

小学徒之前所有的努力、学习和思考的东西,这时候派上了用场。两人聊到电解方面的化学问题,法拉第的知识储备、对科学的热忱、好学勤奋的品质,都获得了戴维的认可。小半天会晤之后,戴维决定雇用他做实验室助理兼秘书。

法拉第的化学生涯从此开始。

后来,他发现了"法拉第定律"(电解当量定律),发现了电磁感应,提出了力线概念,研究了电流的化学现象,奠定了电磁学的基础。

功成名就后,太多的荣誉纷至沓来,有制造商以十五万镑高价聘请他,有全票通过提名为皇家学会会长,维多利亚女王表示要授予他爵位,这些他都一一拒绝。法拉第终生在皇家学院实验室工作,当了一辈子平民和"化学爱好者"。

多数人拜在名人权贵面前,求的是官职、重用、名和利,荣华富贵,人生发达。法拉第的自我推销,却只求一个施展才华、探求真理、做自己热爱的事的机会。这才是这场干谒最与众不同之处,也是弥足珍贵之处。

罗巴切夫斯基
成功、高尚或幸福

一般来说,评价历史人物的标准是其贡献、影响和能力,往往与道德、人格无关,更不顾及一个人活着的生命状态和幸福程度。所以,成功的人、高尚的人和幸福快乐的人,是三种很不同的人。

作为几何学之父,欧几里得垄断了几何界几千年。直到19世纪20年代,德国的高斯、俄国的罗巴切夫斯基(Николай Иванович Лобачевский,1792—1856)和匈牙利的鲍耶,先后独立形成了非欧几里得几何学思想,由此展示了三种不同的人生历程。

"数学王子"高斯是三个人中最具国际声望,也是最早(1816年前后)形成非欧几何学基本思想的人,有他的日记、私人信件和遗稿为证。

他也是唯一从来没有公开过自己相关研究成果的人。很简单,非欧几何太"荒谬",一开始不可能得到理解和认同,而他既不需要通过新成果获取更高声誉,也没有要分享新发现扩充人类智慧库的使命感,相反,他不愿意引发争议,遭受大范围攻击和指责。于是将超前成果当作了私家菜。

高斯的大学同学鲍耶,一生致力于证明欧氏公设的正确性,他的儿子J.鲍耶却背道而驰,认定第五公设不能被证明,并决心创建非欧几何学。

欧几里得的《几何原本》中列了适用于所有科学的五个公理,和适用于几何学的五个公设,以此作为其全部理论体系的基石。其他的公理和公设都没有问题,唯独第五公设,又叫平行公设,内容是"同一平面内的一条直线和另外两条直线相交,若同侧的两内角和小于180度,则这两条直线经无限延长后必在这一侧相交"。无论是表达方式还是表达的内容,它都不像公设,而更像可以证明的定理,但是在两千多年的数学史上,经过无数人的努力,又总是得不到证明。

小鲍耶要证明的是,第五公设就是不能被证明。老鲍耶苦口婆心地劝孩子放弃这一想法,因为"绝没有希望"。小鲍耶的运气很不好,他写成论文,父亲不帮助发表;论文寄给母校的一个老师,半路丢了;六年后此文才作为父亲著作的附录面世。

书出版前,老鲍耶将文章寄给同学中最出色的高斯给把关。高斯回信,冷静和客观地说,这是他三十多年前就已经做了的工作。这封信极大地打击了年轻的小鲍耶。由于得不到精神上的理解和支持,孤独破坏了他的性情和体质,加上家庭纠纷,小鲍耶后来彻底放弃了相关研究,五十八岁即死于疾苦。

结果,最后的光荣,属于"几何学中的哥白尼"罗巴切夫斯基。

罗巴切夫斯基几乎一辈子都待在喀山大学,他的雕像至今还立在校内。1811年在物理数学系获得硕士学位后,他留校工作,职务从系主任一直升到校长。在生命的最后几年,才因为遭排挤离开学校,担任喀山学区副督学(类似于教育局副局长)。

花了十一年研究第五公设后，1826年2月23日，在系里的一次学术会议上，罗巴切夫斯基宣读了他的研究成果：一篇关于第五公设不可证明的论文，这标志着非欧几何的诞生。

也正是这一天、这件事，拉开了他倒霉人生的序幕。他死于三十年后的2月24日，就像专门为了呼应这个谶纬一样的日子。

罗氏在论文里说了很多"胡话"：三角形的三内角和小于180度，锐角一边的垂直线可能不与锐角另一边相交……这些荒谬的观点既违背权威的欧氏几何，又与人们的日常经验相冲突，实在没法让人相信，而罗氏那么严肃认真论证的态度，使得他更像一个神经病患者。

学界组成一个三人小组鉴定他的论文，鉴定结果没出来，论文却被弄丢了。罗巴切夫斯基重写了论文，但找不到地方发表。这篇论文最后的正式问世，还是罗氏"以权谋私"的结果：他出任喀山大学校长后，安排在本校的学报上发表的。

不管怎么说，非欧几何一露面，就遭到铺天盖地的质疑和批评，后来发展为对于罗氏本人的诋毁和人身攻击。在这场旷日持久的论战中，罗氏是绝对的孤独者，他挣扎着用各种语言撰写论文，发展解析和微分部分，建立非欧几何的理论体系……整个数学界没有一人支持他，他独自与整个世界对峙。

因为力量悬殊，他的回应文章被拒绝发表，他的声音被埋没，后来更是被免去一切职务，被迫离校，然后是老年丧爱子、双目失明、孤独地死去……

他至死也没有得到社会和学界的认可，他的追悼会致辞中提到了他对喀山大学建设的贡献和其他学术成就，唯独最重要的成果罗氏几何只字未提，那是他学术生涯中的"污点"、糊涂和发疯时的呓语，为逝者讳，是一种礼貌。

非欧几何被学界渐渐接受，已经是他死后十多年的事了。

在罗氏遭"群殴"的几十年时间里，全世界唯一能听明白他在说什么的人，应该是高斯。高斯在私下里也表达过对罗校长的敬意，但高斯从来没有公开站出来，表示哪怕一星半点儿的支持和声援。作为公认的数学界巨子，他的话有举足轻重的分量。但面对学界对罗氏的群起而攻之，他为安全计，选择了默许。

科学不仅是一种工作或职业，也不仅是知识，它就是人生，就是人本身。罗巴切夫斯基是成功的人，但是不幸福；高斯成功、幸福，但是未必高尚；而鲍耶运气不佳，既不成功，也不幸福。

成功、高尚或幸福，你的选择呢？

斯蒂芬孙
功力必不唐捐

中学历史讲到欧洲的工业革命,除了发明蒸汽机的瓦特,还有一个人也是必提的,那就是英国的"火车之父"和"铁路之父"乔治·斯蒂芬孙(George Stephenson,1781—1848)。毕竟蒸汽火车对于人类第一次产业革命和对人类历史的影响,是怎么强调都不过分的。

18世纪60年代开始,英国发起的技术革命蓬蓬勃勃,人类追求更快、更强,从来没有如此迫切,也从来没有如此需要力量。

有需求就必然酝酿突破。瓦特的蒸汽机提供了远比人力和牛马更强大的动力,然而,如何利用这一动力?瓦特本人首先想到了用蒸汽机取代马作为运输的动力,但没有实质性的收获。

后来,法国的居纽(Nicolas Joseph Cugnot,1725—1804)制造了第一辆蒸汽三轮车,成为后来汽车的雏形。

英国的理查德·特莱维茨克(Richard Trevithick,1771—1848)野心更大,他想到了用蒸汽机拉动更多的车厢。他把蒸汽机改小,提高瓦特蒸汽机的压力,还解决了轨道、汽缸、锅炉散热等一系列技术问题,研制成

第一辆在轨道上行驶的单汽缸蒸汽机车,这辆机动车牵引着五个车厢,以四公里的时速行驶。可惜,没有跑多远,发生了轨道断裂和机车脱轨。特莱维茨克的财产和心血成果都毁于一旦。深受打击的他放弃了尝试。

也就是在这次事故之后,为了安全起见,政府规定,蒸汽机车在行驶时,必须有人在前面跑步或骑马,摇着红旗招呼行人避让。——这既充分证明了社会对于蒸汽机车的恐惧和不信任,也证明了当时的火车跑得比运动员飞毛腿慢,更别说马了。

费那么老鼻子劲儿,整出个丑陋的大家伙,还跑不过马,这发明是在玩倒退吗?除此之外,蒸汽车还有无数的问题:噪音、颠簸、废气、需要专人不断添煤加水。难怪邮政部门青睐用惯了的马车,拒不使用蒸汽机车,还排挤"科技新成果"。

另一方面,在全世界各地,都有些不信邪和好奇心重的人,在不约而同琢磨这个拉货大机器。他们中的这个人或那个人,改进了这个技术或解决了那个问题。但他们多数没有留下名号,技术却在众人的智慧中,一点一滴实实在在地进步着。

在这样的历史背景下,斯蒂芬孙出场了。

这么说好像他的历史亮相很是轰轰烈烈,实际情况完全相反。斯蒂芬孙是标准的底层贫民,母亲在家照顾大小八个孩子,父亲是矿工,夜以继日地劳作以养活一家子。矿里长大的孩子,七八岁就要帮忙干活儿,谋生养家,十多岁当锅炉工,就算正式工作了。读书,是想都不能想的事情。

但矿里多机器,斯蒂芬孙对各种机器都感兴趣,喜欢琢磨它们是怎么组装和运转的。十七八岁那年,在强烈的求知欲驱使下,他进了

What makes a scientist

一家夜校,他的同学都是一年级小学生,身高是他的一半,年龄是他的零头。他混在这群小学生当中,学会了写自己的名字,还学会了机械制图。

工业革命时期的英国矿场,矿工动不动就死几十上百的,矿主们连眼睛都不眨,赔钱是毛毛雨,因为他们一个月的收入就能参加奢侈品团购了。斯蒂芬孙的父亲后来就因为蒸汽泄漏事故双目失明,几乎没有得到任何治疗和赔偿。

此前不久,二十多岁的年轻矿工斯蒂芬孙,刚刚丧女丧妻,要独自抚养年幼的儿子,再照顾一个盲父亲,生活的艰难可想而知。

雪上加霜的是,当时拿破仑正在打英国,斯蒂芬孙需要服兵役。此前,他一直省吃俭用,余点儿钱,"雇用"一个人代他服役,现在不行了。他被迫入伍。从军队回来后,他陷入了生活赤贫和精神危机,甚至一度想远走他乡,移居美国。

不知道斯蒂芬孙后来是凭什么挺过这一段人生低谷的。我无端地认为,是他对蒸汽机车的兴趣。

1932年6月,胡适为北大毕业生讲话,说要给这些即将走上社会的学生们三个防身的"锦囊"和"药方",分别是:总有一两个值得研究的问题;总是发展一点非职业的兴趣;总是有一点儿信心。

我总觉得,斯蒂芬孙用到的,帮助他从绝境中挺过来的,就是这三个药方。

因为有点儿文化基础,斯蒂芬孙开始尝试发明一种用蒸汽机做动力的交通运输工具。他不是很聪明,工作又繁重,只能在工作之余琢磨机车模型,资金、资料、设备、时间,什么都缺,所以进展奇慢,一直不成功,一晃就是十来年。

直到 1814 年，终于捣鼓出一台成型的蒸汽机车。他将其命名为"皮靴号"（Blucher），拉八节车厢，能牵引 30 吨货物，时速"高达"6.4 公里，而且不会动不动就脱轨了。但这只"皮靴"走得又慢，噪音又大，烟筒里冒明火，好不骇人。这样的火车当然还是没法投入使用。

接着又是十多年的努力（所幸他于 1815 年因发明安全矿灯获得一千镑奖金，基本解决了生活费和科研经费问题），他与别人合伙成立铁路机车制造公司，采用蒸汽鼓风法提高锅炉燃烧效果，设计带凸缘的轮子，再将木轨改成铁轨，枕木下面铺上小石子……

就这样，经过不断调试，皮靴的 2.0 版"运动号"（Locomotion）诞生了。1825 年 9 月 27 日是公开试车的日子，人类历史上第一列客货运蒸汽火车，跑在人类历史上第一段铁路（26 英里长的达林顿铁路）上，12 节货运车厢和 20 节客运车厢，从英国的伊库拉因开出，安全抵达达林顿车站。全国轰动。人类在地球表面活动的方式和速度都发生巨变，一个新纪元开始了。

此后，斯蒂芬孙又带着儿子一起几度试车，每次都有所突破，每次都引起轰动。全世界终于接受了火车，他负责主持英国北部铁路网的建设。后来，火车的铁臂更是伸出英国，伸向欧洲大陆和北美地区。1847 年，斯蒂芬孙倡议成立英国机械工程师学会，并担任第一任主席。在生命后半截，他充分享受了一个成功工程师和发明家的幸福生活。

斯蒂芬孙的人生是一个天然的励志故事。人生总有低谷，情绪低到爆，运气霉到爆。但也只能一直往前，再往前，直至走出低谷，否则又能如何？难不成就躺平了，在低谷里定居下来？

胡适在演讲的最后说:"朋友们,在你最悲观最失望的时候,那正是你必须鼓起坚强的信心的时候。你要深信,天下没有白费的努力。成功不必在我,而功力必不唐捐。"

胡适说得很对,有斯蒂芬孙的人生为证。

莫尔斯

无心插柳柳成荫

2006年2月6日,美国的西部联盟公司宣布,今后停止所有的电报业务。具有象征意义的是,这个消息首先在互联网上公布。而互联网正是将电报挤下历史舞台的始作俑者。

曾经,电报就像今天的网络一样,代表着人类信息传递的最高形式,在历史上发挥过巨大的作用,算得上划时代的发明。

这项发明归属于美国的莫尔斯(Samuel Finley Breese Morse,1791—1872)名下,他发明了世界上第一台电报机。但这个改写人类历史的机器,完全不在发明人的人生计划当中。

四十岁之前,莫尔斯的全部志向是当一名画家。从耶鲁大学毕业后,他不顾家人反对,执意留学欧洲。他爱好美术,二十岁出头就以一幅《垂死的大力神》获得伦敦美术院画展的金质奖章。二十四岁回到美国时,已经是小有名气的画家。

莫尔斯的获奖作品,现收藏于其母校耶鲁大学。

后来的十多年时间里,莫尔斯创立画院、教书、画画、卖画。总之折腾了很多

事，忙活得很开心，只是一如既往地穷。

他毕生的梦想是为国会大厦的穹顶画一幅壁画（终生没有如愿），为此他争取到资助，于1829年第二次前往欧洲学习绘画技巧。

这是一次标准的"失之东隅，收之桑榆"的旅行。他在船上遇到了来自波士顿的查尔斯·托马斯·杰克逊（Charles Thomas Jackson）博士。

画家也有他的"业余爱好"，莫尔斯在读大学时，就听到了关于电报的构想，这个有趣的"科学幻想"一直留在他的脑海里，他也一直保持着对电磁铁的热情和好奇。

在那前后，一直有人在从事电报路线的研究。最早的设想基于导线通电后能吸起小纸片，而英文是字母文字，所以可能平铺26根电线再加一个"空格"，每条线表示一个字母，这边通电，那边纸片跳一跳，组成单词，再加一个"空格键"设定，就可以传递信息，电线多长，消息传送就多远，重点是即时传送，没有时差。

很多人做过尝试，都因种种原因失败了，包括捣鼓出铁轨火车的斯蒂芬孙。另一个著名人士是美国的哈里森·戴尔（Harrison Gray Dyar，1805—1875），他试图在纽约的长岛上独立建设一条电报路线，结果被举报，警方指控他是"企图在各城市间建立秘密联系的阴谋家"，他被迫逃亡，电报发明就此中断。

莫尔斯一直关注这项技术，正好查尔斯博士是做电磁学的，船上大把的空闲时间，两人深入探讨到"利用电磁原理建立远距离通信联系"问题，莫尔斯大受启发，绘制了一张草图给船长看，这后来成为莫尔斯发明电报的证据之一。

1832年回到纽约后，被创意点燃激情的莫尔斯，平生第一次将艺术放在一边,将画室改造成实验室,开始投入电报机的研制。

莫尔斯没有采用 26 根电线的思路,而是借助电流的长短和有无,设计出了一套编码,由"·"(点 dot)和"—"(划 dash)组成,这就是后来莫尔斯电码(Morse code)的雏形,曾经广泛应用于世界各领域,尤其经常出现在老的战争片和侦探小说里,发报机的滴滴哒哒声效特别好。莫尔斯电码被海事通信当作国际标准一直使用到 1999 年。直到今天,很多人还熟悉莫尔斯电码敲出来的···———···,是国际通用求救信号 SOS。

总之,电报在奇思妙想和莫名其妙中研制成功,最初莫尔斯也不知道要干吗,只是兴奋地向华盛顿的国会议员演示他的发明,议员们都觉得很新奇,并表示祝贺,但不明白这个职业画家心血来潮玩的科学游戏有什么用。

沮丧的莫尔斯开始了他一生中最困难的一段时期,他本来就没什么积蓄。对电报的研究中断了他的艺术生涯,在美术界好不容易攒起来的一点儿名气和人脉都消散了。画卖不出去,只能靠收几个学生来谋碗饭吃。

据他学生回忆,有一次,他找学生要酬金,学生说,家里的钱还没寄到,下个星期吧。莫尔斯说:拜托!下个星期我就死了,饿死的。学生赶紧掏出仅有的十块钱给他。师徒二人一起去吃饭,莫尔斯哀叹说,这是他近几天来吃的第一顿饭。他还郑重告诫学生,以后千万不要当画家,当画家的看门狗都比当画家活得好。

可他搞科学发明,境况也不比科学家的看门狗强。年过半百,一贫如洗,三去华盛顿,反复向国会提交草案,希望政府拨款三万美元,建设一条从巴尔的摩到华盛顿的电报路线。

他非常卖力地进行现场演示，那是 1844 年的 5 月 24 日，他在国会大厦搬出自己手制的丑陋机器（人类历史上第一台电报机），向巴尔的摩市发出了人类历史上第一条电报，凭着艺术家的浪漫和夸张，这条电报的内容是"What hath God wrought！"，典出犹太教义《摩西五经》和希伯来文《圣经》，意思是"瞧瞧上帝创造了怎样的奇迹！"。

现场演示很成功，多数州代表也认为这很好玩，同时也认为，只是好玩。为了好玩建设电缆路线是愚蠢的行为，他们不能这样不负责任地浪费纳税人的钱。

最后一次去华盛顿，莫尔斯的演说还是让代表们无动于衷。绝望的莫尔斯回到旅店，唇焦口燥，几乎身无分文，分分角角计算回纽约的车票钱，准备明天天一亮就滚蛋。

第二天，莫尔斯正收拾行李准备退房，有人来到这个肮脏黑暗的下等旅店里，捏着鼻子通知他，提案通过了，以非常微弱的优势。

真是绝处逢生。

接下来的事情就乏善可陈了，第一条电缆铺设当年就完成并投入商业运营，1845 年，美国成立第一公共电报局。短短几年时间，电缆电报覆盖美国全境，莫尔斯成了大名人和大富翁，直到去世。

遥想当年，绝境中的莫尔斯曾经想把自己的发明以十万美元价格卖给政府，没有如愿。二十五年后，仅专利费一项，西部电报公司每年便要付给他六百万美元。

历史上像莫尔斯这样将业余爱好发展成主业的并非个案，我们今天还在用的拼音和简化字，都是一个世纪老人周有光的功绩，而他大半辈子的主业，是经济学家。

有意思的是，这两个半路出家并成功的创造者，都收到过 Google

的致敬。2009年4月27日，Google的首页图标变成了一组"乱码"，其实是Google的莫尔斯码，以此祝贺莫尔斯生日。而2018年1月12日周有光生日那天，Google的首页图标变成周有光照片、简体汉字"谷歌"及其汉语拼音Gǔ Gē。

功成名就后的莫尔斯，主要工作就是收钱、数钱，以及为申请和维护专利权打官司。被他告倒的人包括在轮船上给他演示电磁学实验的查尔斯博士，他的好几个合作伙伴和投资人，还有前面说到的被警察当成特务通缉的戴尔（莫尔斯有亲戚在戴尔实验室做过，至少有核心技术泄露的嫌疑）。

总之，通过一系列浩繁冗长艰难的官司，法院最后判定电报专利归属莫尔斯（虽然在学界，莫尔斯的"电报之父"头衔至今还有争议）。不仅在美国境内可以坐地收钱，美国政府还帮着莫尔斯满世界维权，从欧洲各国争取专利使用费，据说一共高达四十万法郎，分文不少全给了莫尔斯。美国政府为了保护国民的科技原创热情和脑力劳动的收益，也可谓倾尽其能了。

最后还可以八卦的是，除了绘画和科技，莫尔斯还醉心政治。官司赢尽、数钱手酸之余，他火力十足地投入社会政治活动。不过跟他的绘画事业一样，这条路他走得也不顺利，参加竞选失败，发表政见被骂——幸好如此。

为什么这么说？因为莫尔斯是个极端的民族主义者、单边主义者、孤立主义者，激烈地反对移民，反对美国参与全球事务，而且热烈支持农奴制。在废奴运动和南北战争中，他跟《飘》的作者玛格丽特·米切尔一样坚定地站在南方一边。

What makes a scientist

达尔文
物种从不曾进化？

在科学领域，理论本身显然比理论的诞生过程更重要，一个定律错误千百遍后，终于找到正确表达，后来的学生只须记住正确公式，不必管它是怎么来的。

但科学史的情况可能正好相反。真理的发现过程往往比真理本身更有趣，更意味深长，更能折射人情、人事和人性，也是人类探求真理活动的复盘。一个突出例子是达尔文（Charles Robert Darwin，1809—1882），他给后世留下进化论的同时，也留下了一个发现进化论的历史疑团。

1835年，二十六岁的达尔文参加"贝格尔（Beagle）"号军舰的环球旅行，由此引发了一场伟大的理论诞生。

但是进化论思想成形之后，他没有整理手稿，更没有付印，直到二十年后的1859年，才将研究成果公之于众，这还是因为一个契机：

年轻的华莱士发表了相关论文并获得好评，随后将一篇论文寄给达尔文本人，

文中观点与达尔文年轻时的构想如出一辙。这让达尔文很为难，扣押前来讨教的年轻人的论文，抢着发表自己的？这样做太不地道，还容易被误认为是剽窃。为了鼓励培养年轻人，力挺别人的论文，对自己又太不公平。最后，达尔文将华莱士和自己的文章同期发表，并一夜成名。由此也留下一个历史之谜：他为什么要延误这么多年后才发表《物种起源》？

健康状况、宗教信仰，以及温和的个性，都是众所周知的原因。

达尔文患有慢性病，病患不弃不离地折磨了他一生，据说是因为在南美考察时感染了一种热带病。此外，当时宗教势力还很强大，以"神创论"为核心价值的教会不可能接受进化论，一旦摸了那个老虎屁股，必然引起轩然大波。最后，作为娇生惯养的富家子弟，达尔文生性害怕与人冲突，性格优柔寡断，不无懦弱。

在创作和出版《物种起源》的过程中，他的思想不断地反复，有时很自卑，觉得自己做的一切都毫无价值，有时又狂妄地坚信自己是天才，正在改写历史。欧文·斯通在《达尔文传》中，说他"公开宣称他的书将获得成功并被普遍接受，跟着却又认为他的书一定会遭到失败，没有人会买它和读它"，可谓形象生动。

不管什么原因，推迟二十年发表的成果，客观上保证了它问世时的成就和历史地位。因为，在漫长的二十年时间里，达尔文做了两件事：完善进化论理论体系，确立自身的学术地位，也在事实上"等待"到了合适的发表时机。

达尔文曾在他的自传里说到，他在科学方面所获得的任何成绩，"都只是由于长期思索、忍耐和勤奋而获得的"。他能成为一个科学家，主要依靠的是："对科学的爱好；在长期思索任何问题上的无限耐心；

在观察和搜集事实上的勤勉；一种创造力和丰富的常识。"他几次提到的忍耐、耐心、长期，显然都不是虚言。

对蔓足类动物藤壶和地质学方面的研究，给自然选择理论提供了直接的证据。通过多年的学术建树和交流，达尔文在他周围形成了一个学术团体，成员包括当时颇有名望的赖尔、赫胥黎、胡克和格雷等，他们开始都不能完全接受进化论。但达尔文在与他们的交流中，知道自己的理论哪些地方最容易受到质疑，哪些部分的论证最薄弱，从而有针对性地加强论证。

与此同时，他个人的学术地位与日俱增，从仅仅见多识广、人微言轻的博物学家，一变为有声望的知名科学家。最后，当华莱士富于创见的自然选择理论寄到他案头，他能从容拿出自己显然更成熟和系统的科研成果。

明明是两人同时发表的论文，但华莱士后来主动提出将进化论和自然选择理论称为"达尔文主义"，就因为达尔文随后出版的《物种起源》巨作实力雄厚、轰动一时，碾压式覆盖了两人之前发表的单薄论文，还因为达尔文已经是享有盛誉的成名科学家，相对于初出茅庐的华莱士来说，如同小舢板旁边的大海轮。

其实早在达尔文之前，他的祖父伊拉斯莫斯·达尔文就曾提出自然神论的进化理论，拉马克在达尔文出生那一年，也提出过进化图像，钱伯斯1844年完成的《创造自然史的遗迹》同样主张进化论。可见在人类历史上，除了少数实在无与匹比的天才之外，谁也不比谁聪明多少。你能发现的自然秘密，别人也在接近，于是有了发明权的问题。

这一类问题，时间早晚当然是最关键的，但理论的完善、论证的严密，甚至发表的策略，对于历史评价和定位来说，都是不容忽视的因素。达尔文的理论并不是最具开创性的，却是最完善和严谨的，所以他才成为进化论的代名词。

可以想象，如果达尔文抢在三十岁那会儿，《物种起源》刚刚脱稿时就出版发行，他的人生经历和历史评价可能会是另外一回事。证据之一是，在达尔文之前，钱伯斯匿名出书提出进化论，结果引起舆论压倒性的谩骂。而今天，普通人甚至不知道历史上曾有这么一个人。

历史有时就是如此无情，时间节点如此重要。晚了，成果归入他人名下；早了，理论的幼苗被成见掐死在萌芽阶段。

另外，必须要提出来"以正视听"的是，达尔文并非"进化论"的创立人。他确实提出了一种具有颠覆性的思想，但一直以来，他讨论的都是世系演化（descent），而不是进化（evolution）。

两者的区别是，达尔文并不认为物种的演化是"进步"，而只是一种面对环境的不同选择和适应。物种是在改变，他从不认为物种有进化。

说到这里须要介绍一点儿宗教历史背景。在达尔文的时代，人们是这么认识世界的：神基于某种"创造理念"，制作了一个世界，在这个世界里有很多物种，它们的中心和最高形式，就是人类。这个世界稳定、安静、井然有序。人是万物的主人，神是人的主人。这些思想集中体现在神学家威廉·帕里的《自然神学》一书中。这本书曾经深深影响了年轻的博物学家达尔文。

让达尔文开始对当时通行的世界观产生怀疑的，是以下一些事实。

其一，环球航行中，他第一次见到了海洋深处那么多神奇美丽的生物。如此美妙的生灵，却从来不被知道，更不被欣赏，上帝是怎么想的？费力创造它们的目的是什么？没有目的？但上帝似乎不应该干

"闲着没事儿干"的事儿。而且，这些生物和达尔文见惯了的陆地生物那么迥异，就像两个思想观念、创作风格完全不同的造物主分别造出来的。如果拉斐尔和毕加索的画作混淆在一起，你也会产生如此不解和疑问的。

其二，"贝格尔"号于1832年年底到达位于南美最南端的火地岛，达尔文发现，那里的土著居民（野蛮人）和他这样的文明人，"比野兽和家养动物的差别还大"。可是，"贝格尔"号上就有三位土生土长的火地岛人。上一次船长航海到这里，将这三个火地岛人带回欧洲，接受"文明"教化，现在再送回火地岛来传教。他们和达尔文的差异就小得多。也就是说，不管最开始上帝将人做成什么样子，这个人从外形到本性，都可以有巨大的变化，简直能够变成——上帝做的另外一种人。

其三，离开火地岛后，"贝格尔"号到达南美一处人迹罕至的海峡。这里荒凉的景象显示着大自然的严酷，完全不适宜人类居住生存。这里冰雪覆盖的峭壁、凄厉的海风、寸草不生的盐砂地，看起来绝不是为人类而存在的。那么，对人类无用之物，上帝为什么要造它们？

其四，1835年2月20日，达尔文遭遇了一次地震。他本人虽然幸免于难，但鲜活的生命在眼前瞬间消亡，这样的经历足以让他深深思索和怀疑：他们做错了什么？上帝为什么创造他们后，又如此冷酷地带走他们？

……

总而言之，达尔文开始经历思想的地震，翻天覆地的观念变化：物种是演进的，根据对环境的适应情况，有生有灭，有始有终，人类混迹其中，并没有特别的优势或优待。思想、道德，都是大自然的选择,而不是神授和天赋。天灾、疾病和死亡,也是自然选择之一种,不是天谴,跟神的意志无关,跟善恶对错无关。

在环境里,人类和所有的生物物种一样,变化着、适应着,努力让种族延续下去,直到力不从心的一天,物种灭绝。如此说来,深海鱼"选择"目盲、鸽子"进化"成空心骨骼,总趴在水底的鱼就会"比目",这些跟人类演变成直立的原则是一样的,一切都是自然的选择。常言道,笑比哭好。真的吗?不,哭和笑,跟好和坏没有关系。为什么人类在高兴的时候,会露出一种命名为"笑"的表情呢?那是因为,狒狒拥有巨大犬齿,某些时候需要展示出来。而人类的笑,就是这种犬齿展示的生理遗传。别以为演化成文明怡人的"露八颗牙齿",它就能获得高一等级的道德判断或审美判断。

所以,一种动物高于另一种动物的观念,也是荒谬的。达尔文显然深刻认识到了这一点,这也是他和华莱士的重要区别之一。达尔文在最后一版《物种起源》里,才使用了"进化"概念,那是因为evolution这个词已经被滥用了,他只能"入乡随俗"。但这个词背后的观念和傲慢,达尔文终其一生也没有接受。

但后人对此显然没有意识到,或者没有给予足够的重视,所以,他们一直说,达尔文的思想是优胜劣汰的进化论。殊不知,"适者生存"是绝对的,"优胜劣汰"则有待商榷。

胜利者必"胜",失败者必"汰",但被淘汰的一定是"劣"吗?那得看你如何理解"优"和"劣"。只要简单想一下癌细胞,结论恐怕就要慢半拍出来。

癌细胞比任何细胞都强大,结果它大获全胜之时,就是它的寄主去世之日,也是癌细胞失去寄主一同死亡之时。相对于其他生物,人类算得上最厉害的癌细胞,而地球就是作为寄主的人体。人类能力无穷,改换了地球面貌,能挤占所有生物的生存空间。但有朝一日环境恶化,人类可能轻易灭绝,而蟑螂和细菌可能继续生存很久。所以,到底谁是真强大?

再想想从伽利略到布鲁诺等一干人等,不圆通,不合时宜,明明白白的"不适者","不生存",但要论他们的优劣,怕是不容易。同理,"适者生存"的识时务者,未必是真俊杰,反倒是庸碌者多。

生物的"进化"有时其实是"退化",胜利却带来淘汰。美国病毒学家在《第四级病毒》书中说,很多给人类带来致命疾病的"第四级病毒",本来微小、安静、与世无争,它们潜伏在地球的深处、一些黑暗的角落里,并不打算和人类打什么交道。但人类因为太"优胜",太"强大",无节制地扩张自己的生存空间和认知领域,以至于打扰了它们的生活,破坏了它们的生存环境,迫使它们暴露出来,离开它们习惯的生活空间,选择新的生活环境。但人体并不适合这些病毒的寄生,于是人死了,病毒也与之俱灭。现在,请所有活着的人自问:人类和病毒,到底谁优谁劣,又到底谁胜谁汰?

所以,达尔文才反复申明,生存和生存之间、物种和物种之间不存在道德优劣判断。他提出的只是选择论、演化论,不是进化论。强调这一点,是因为人类实在太习惯于人类中心的观念,充满根深蒂固的傲慢和自以为是。

举个例子来说,很少有人意识到,"破坏环境""保护地球"都是些多么奇怪而且无理的表达。

无论什么样的环境都是环境,谈不上破坏,其实人类真正想表达的是,环境如果变得不适宜人类生存,这是一种破坏。但这与地球本身何干？地球如果会说话，它会说，嗨，两条腿直立的小人儿，你们好！我不介意变成热辣女郎，面对太阳情郎的时候，飞快地蹿上67或670摄氏度高温，男朋友走了我再整个儿变成冰球。我也毫不在乎表面有没有水、植被、大气层，全身覆盖滚烫的沙子没什么不好。"毒气"，那是你们人类的说法，对我来说，什么气体都是气体，大气层充满二氧化碳、氢、氦、氖、氩、氪、氙气，唯独没有氧气，那也没什么关系。即使没有大气层，对我来说也无所谓。我怎么可能在意这些所谓的"环境问题"呢？我尤其不在乎某一棵树或某一种生物对我的评价。我只是房东，并不在乎房里住着什么样的房客，是你们人类，是巨无霸恐龙，还是蟑螂。事实上，你们人类几乎是我这儿最坏的房客，霸道、自私、偷东西，严重打扰别的房客。也许有一天，你们会害得自己和其他所有房客都待不下去，你们都死翘翘，但我还是我，大不了再招进其他一些房客来，能适应紫外线、陨石、熔浆的变异生物。这样很好，新的环境，新的房客，这才是让我安宁的好环境和好房客。

瞧瞧，地球一发话，人类哭都哭不出来了，还"进化"呢。

焦耳
任何坏事都可能有利

1818年的平安夜,在英国曼彻斯特郊外,一个姓焦耳的富商家里,一个小娃娃降生了。

新生儿的父亲欣喜若狂,给孩子取名詹姆士(James Prescott Joule,1818—1889),那时候,他完全没预料到,这个儿子以后会将他家的姓氏,变成能量、热量和功的国际单位(焦耳,简称焦,符号为J,1焦=1牛·米,即1牛的力使物体在力作用的方向上移动1米时所做的功。1焦=1瓦·秒,即1瓦的功率在1秒内所做的功)。

焦耳有着成为纨绔子弟的全部条件:老爸是酿酒商,家里除了酒就是钱。父母宠爱他,看他身体不好,越发舍不得送他去上学,读什么书?辛苦拿学位还不为找份好工作?咱不稀罕!跟爸爸在家学着酿酒,继承家业,一辈子啃老也毫无压力。

焦耳小朋友也觉得这样挺好。他在家里很自在,喜欢干什么就干点儿什么。酿酒商的孩子能玩什么?还不都跟酿酒有关。

焦耳最初接触"科技",就是捣

鼓出一台电磁机，想取代蒸汽机，提高酿酒效率。效率是提高了，可当时电磁机用的锌电池贵得出奇，多卖出去的酒钱还不够买电池的。不过在此过程中，焦耳对电和热越发好奇起来，他的兴趣和研究一骑飞驰而去，很快忘了"初心"，离他爸的酿酒事业和最初的赚钱目的越来越远。

他老爸大概想，这孩子瞎折腾什么呢？没啥用，还尽糟蹋钱！但他不是溺爱孩子吗，转眼便想通了：在家敲敲打打的，费点儿小银子，还不比出去吃喝嫖赌的败家子儿强多了？干脆腾间房子出来给他做实验室，儿子跑出去跟着化学家道尔顿（对，就是那位兄弟俩都患色盲的）学东学西，他不懂，也支持。

焦耳随即就"折腾"出了一个公式：$Q=I^2Rt$，意思是，电流通过导体产生的热量，跟电流的平方成正比，跟导体的电阻和通电的时间都成正比。这个公式，如今的高中生都要背，叫"焦耳定律"。

不过在当时，可没人知道这个词儿，谁承认他呀？一个压根儿就没进过学堂的富家子弟，玩科学跟八旗子弟玩蛐蛐、遛鸟、古玩和票戏似的，就敢信口开河说没有热质存在，是电流在产生热？笑话！那时候，"热质说"（Caloric theory）已经在世界各大高等学府和研究机构里，由教授、院士、大牌科学泰斗们讲授了一百多年了。

焦耳这小子还挺倔，而且被宠大的孩子，自信心都膨胀得不行，只怀疑权威和传统，等闲绝不怀疑自己。他不断地发表论文，大会小会上发言，到处为自己宣传。可就是没人理会。他连公式都列出来了，可怎么听都像外行发烧友的伪科学。

他开始被人正经对待，还是在俄国正牌物理学家也得出相同结论之后，在其他知名学者（如开尔文）的认同和推荐之后。当越来越多不同的"职业科学家"在不同国家、从不同角度、用不同方式,不约而同证实能量的守恒和转化,人们追溯最初提出这命题的人,才发现了圈子外的焦耳。

1850年,英国皇家学会吸纳焦耳为会员,算是让这个"业余爱好者"转正。接踵而来的皇家勋章之类的奖励就不胜枚举了。这些认可和荣誉,距离他第一次发表热学论文已经差不多十年。

这不能不让人感慨:历史好不微妙。

如果焦耳不是业余的,他的发现会被学界注意和认真对待,也许早就得到证实和认可。

但另一方面,焦耳能做出这成果,很重要的原因是他没读过书。他完全是从现实角度切入问题,而没有学院理论的先入为主。如果他从刚接触功和热开始,学到的就是"热质"等概念,从中学到研究生的课程里,有一整套关于热质的系统理论,等他学完了,还可能质疑教材和教授,有所新发现吗?

孟德尔
被美德成全的科学家

格雷戈尔·孟德尔（Gregor Johann Mendel，1822—1884）被认为是现代遗传学的创立人，但他活着的时候，最重要的身份，是教会学校代课教师和修道士，平生最高头衔，是一家名不见经传的乡村修道院院长。

至于科学、遗传学，最多算业余爱好。

孟德尔生在奥地利的农村，他从小跟着父母和姥爷干些农活，种花弄草，嫁接果树，受过一些很不系统、不规范的教育。

因为家里穷，娃多养不起，孟德尔从小被送进修道院，教会不让他饿肚子，还能学点儿东西，这样以后也能混口饭吃。他的理想是当个老师，但成绩不行，教师资格考试一直考不过。有十多年时间，他一直在教会学校当编外代课教师，约莫相当于民办教师，体制外的。

因为对大自然和花花草草有兴趣，他请求修道院院长给他一小块土地。他种了很多豌豆，有的是高茎的，有的矮茎，有的开红花，有的开白花，有的长绿色豆荚，有的

长黄色豆荚……孟德尔像对待宝贝一样，每天去看那些豌豆，豌豆成熟了，也不收，也不吃，就看着豌豆老了，挖掉，再种新的。没有人知道这个内向而沉默的修道士，整天在地里瞎捣鼓什么。

这样一折腾就是八年。在别人看来，种豌豆不过是一个修行者可容忍的私人怪癖，没什么坏处，也没什么意义和好处。事实上，孟德尔在进行遗传性状试验。记录资料表明，他至少研究了几万株植物！

八年后，孟德尔认识到，决定遗传的是基因（孟德尔管它们叫"遗传因子"，hereditary factor），基因有显性和隐性性状之分，他还总结出两条遗传规律：分离规律和自由组合规律。

1865年，在一次地区性自然科学学会的小型学术会议上，孟德尔宣读了自己的论文。论文很硬核，就是一大堆烦琐枯燥的数据，成功地把所有与会人员都说瞌睡了。

孟德尔毫不气馁，把这篇论文扩充成三万字的《植物杂交实验》，收录进会议录。会议论文合辑照例送到全世界各地一百多家图书馆收藏，但作为一个小地方的民间科研组织的业余研究者的成果，没有引起任何人的注意。

孟德尔还满怀憧憬地将论文复印了四十多份，寄给他能联系到的所有生物学家，但几乎没引起任何人的注意。证据之一是，迟至1872年，达尔文还在叹息和遗憾，他的进化论和自然选择学说得以成立的前提，是同一物种有遗传和变异，可惜却没人知道遗传的机理，怎么就没人研究这个呢？为什么？！

达尔文是孟德尔寄送过论文的四十余人之一。

孟德尔自己也慢慢地心灰意冷。他后来又当上修道院院长，忙于行政事务，为了维护修道院的利益，与政府旷日持久地对峙，人生的最后近二十年,他再没接触过生物学。

1884年1月6日,孟德尔去世。很多人参加了这个性格温和、为人和善的修道院院长的葬礼,但没有人知道,他们正在送别一个伟大而寂寞的科学家。他的研究成果被重新发现,还要等到十六年之后。

1900年,老天终于开眼了。三位植物学家在独立进行的植物试验中,不约而同发现了尘封的孟德尔的研究,这个陌生的名字随后引起整个学术界的高度重视。

荷兰的德弗里斯(H.De Vries)、德国的科林斯(C.Correns)和奥地利的切尔马克(E.Tschermak)都声称,他们分别发现了遗传规律后,再检索到孟德尔发表于三十五年前的文献。

我总在想,这三个人经过辛辛苦苦的研究,终于有了令人满意的成果。而此时,他们发现自己的努力在科学史上不过是重复劳动,会是什么感受?沮丧、挫败、失望、愤怒,甚至,恨。他们会宁愿三十多年前的那个老修道士从来就没有存在过;宁愿自己没有看到过这篇发黄的论文;宁愿那篇迄今为止没被几个人读过的论文干脆从世界上消失。

是的,他们完全可以假装没有读到过孟德尔这篇落满灰尘的论文,即使读到了,也大可以"忘记",径直发表自己的成果即可。有什么关系呢?世界上几乎没人知道孟德尔这个名字,穷乡僻壤一个已经死去多年的老修士,既没有子孙后代,又没有弟子后学。他们可以无视那篇论文,任由它掖在历史的黑暗狭缝,或冲进岁月的下水道。他们自己则在阳光下安享"遗传学之父"之类的名号。

就算多少年后,孟德尔偶尔被重新发现(很可能永远没有这一天),那时候名分已定,既成事实,恐怕也没人再去追究了。科学史上这样的"冤案"太多了，中学课本里昂立着科学巨人哥白尼、哥伦布、达尔文、贝尔和李斯特，可有几个人知道他们背后还有阿里斯塔克斯、列夫·埃里克松、曲维尔、伊莱莎·格雷和塞麦尔维斯？即使这几对的情况各有不同，但科学探索和技术进步，谁不是站在前人的肩膀上？谁没有在前人的树下乘凉？得到代表性荣誉的总是集大成的那个人，其他的就在四舍五入中被"舍"掉了。历史并不那么公正，这是没办法的事。

更何况，孟德尔的学说并不完美，科林斯用更先进的细胞学知识解释遗传学，比孟德尔论文的内容更丰富，其他两个人也发现了孟德尔理论和表达的不足，关于遗传，他们有更完整和准确的表达。他们为什么不彰显自己的工作成绩，而去抬举一个他们不知道是谁的逝者？

但他们却不约而同地选择了"舍"掉自己，让走在前面的孟德尔进"入"历史。遵循先来后到的原则，遵循科学界的道义，他们越过无情的时光，把功绩的桂冠戴到了孟德尔的头上。

孟德尔今天能够有"失而复得"的盛誉，除了他自己的工作，还有后人"不贪天之功以为己力"的美德才得以成全。回顾科学史上，那么多为了发明权和首创之功而闹得不可开交、打得头破血流的事件，孟德尔实在太幸运了。而这三个人，也实在值得我们致以崇高的敬意。

巴斯德
日常生活里的科学

去超市随便拿一袋牛奶看看,上面大概率会写着"本品采用超高温瞬间灭菌技术(UHT)和巴氏消毒法,请放心食用"云云。这里的"巴氏",就是指的法国人路易斯·巴斯德(Louis Pasteur,1822—1895)。

如果要做面包和馒头,首先当然要用酵母发酵。如果某些人不能文明养宠物,导致人被狗咬伤、被猫抓破,第一件事当然是打狂犬疫苗。这些现在看来顺理成章的事儿,都与巴斯德有关。

近代微生物学的奠基人巴斯德,就以这样的方式,不露声色地活在我们的生命里。

巴斯德的一生都在研究那些肉眼看不见的东西。他揭示了发酵的本质,原来是某种微生物的新陈代谢,用加热的方法可以杀死它们。微生物在生物体内的生长会导致传染病,但另一方面,微生物病菌通过特殊的培养,降低毒性,可以转化为相关传染病的疫苗。这一连串的理论,构成了巴斯德的细菌学。

理论运用于实践,他相继研制成功炭疽病疫苗和狂犬病疫苗等,后来的科学家们预防斑疹伤寒和脊髓灰质炎等疾病的方法,也是沿着巴斯德的思路展开的。

最难得的是,就像图灵作为一个电脑专家,可以扭转二战的战争局势一样,一个生物学家不仅能治病,还能改变经济形势。

法国的啤酒业曾经称雄整个欧洲。但啤酒不耐收藏,容易变酸。巴斯德应邀破译了啤酒变酸的秘密(发酵),并给出了控制的方法:只要在六十摄氏度持续半小时以上,乳酸杆菌便死光光,啤酒的口感还不受影响。这就是著名的"巴氏消毒法",现在已经被广泛运用于各类食物保存。而在当时,它使得法国啤酒的损耗大大减少,这省出来的自然就成了啤酒商的利润。一个科学发明支撑了一个产业。

法国的产业经济后来还遇到过别的危机。有一次,南部的蚕突然大面积死亡,原因不明,养蚕业面临突如其来的灭顶之灾,丝绸工业也一损俱损,每年损失高达一亿法郎。又有一次,全国的鸡群暴发霍乱,导致养鸡农场大量破产,这两次大的危机,后来都是巴斯德从其细菌理论中找到病因和对策,拯救了经济,化解了危机。

食物会腐烂,人类会生病,都是因为看不见的细菌。巴斯德发现了一整个微观世界,用来解决我们在宏观世界里遇到的麻烦。他用他的发现,改善了人类生活品质,拉长了人类平均寿命。

知识最后总会落到日常生活中,越是非功利的知识,越可能落在生活最深的层面。朱熹关于"天理"的讨论,看似"虚幻缥缈"的宏篇大论,却解答了诸如老公死后女人该怎么活,以及怎么做父亲(儿子、兄长、臣民、丈夫）等一系列现实又具体的问题。

另一方面，日常生活中的琐屑小事，追究下去都可能有深刻的道理。有一对年轻夫妻，总是吵闹，男生情商不高，常常无意中做错事、说错话。女方受了伤害，不免要报复，拿同等杀伤力的话反击。男方委屈、气愤，觉得自己是无心，对方却是恶意的。其实从"动机和效果"上来讲，他们俩吵架，是因为两人的理论观念不一致，男方是动机论者，女方是效果论者。

理论常常就是这样"潜伏"在经验生活中，也折射在个人的言谈中。理论和逻辑也需要找到自己"现实的根""经验的家园"。

要讲解巴斯德，不妨这样开始：酸奶一买回来，就要放进冰箱。为什么呢？因为不这样，酸奶就坏了。"坏了"又是什么意思呢？其实呀，酸奶本来就是"坏了"的牛奶……

很可能，讲解任何"高深艰涩"的科学和哲学，都可以用类似的方式开头。

最后可以提一下的是，巴斯德的个人道德也有口皆碑。"科学家应该考虑后世的评论，而不是当世的荣辱"和"科学没有国界，但科学家有自己的祖国"这两句名言都出自他口。后一句话的背景是，他曾接受德国波恩大学的荣誉学位证书。但普法战争后，德国强占了法国领土。作为抗议，巴斯德退还了荣誉学位证书。

巴斯德的才华和精神感染了很多人，其中包括一个叫梅斯特的人。1885年，梅斯特才九岁，被一条疯狗咬伤十四处，当时，狂犬病是绝症。梅斯特的父母已经在伤心欲绝地给儿子设计墓碑，没想到巴斯德给孩子注射了自制的狂犬病疫苗。梅斯特因此成为世界上第一个被疯狗咬伤而没有患狂犬病、好好活过来的人。

长大后，梅斯特成了巴斯德研究院的看门人。1940年二战期间，法国被德国占领时，当年的小男孩已经是六十四岁的老人。不知出于什么目的，德军意欲进入巴斯德的墓穴，强迫梅斯特打开墓门。梅斯特坚决拒绝，最后因此而自杀。

法布尔
等待阔佬戈多

托尔斯泰的《安娜·卡列尼娜》里写道:幸福的家庭都是相似的,不幸的家庭各有各的不幸。这是文学史上最著名、引用最多的开头之一。

想想也是这个理儿,设若幸福由多个元素组成,具足的自然相似,而不具足的各有各的缺乏项。同理,失败的人各有各的失败法,成功的人都是相似的——当然不是指相同的经历或道路,而是相似的品质,比如,不等待。

法布尔(Jean Henri Fabre,1823—1915)就是一个"不等待"的人。他的穷困在科学史上都是出名的,出生在法国南方的农民家庭,供不起他接受完整的基础教育,法布尔十来岁就出去打工,从苦工到小商贩,干过很多活计,动不动就露宿街头,饿肚子也是家常便饭。后来,好不容易获得奖学金,读完师范学校,当了名小学老师,一直为一家七口的生计奔波,可谓半世困苦。

因为从小放养,他跟大自然亲近,喜欢观察动物,尤其是昆虫。

他当然也有自己的梦想。法布尔的"梦想清单"排名前三的分别是：去大学教书（薪水多点儿，还有空余时间从事昆虫观察）；创立一所昆虫实验室；拥有一块可以观察昆虫和做试验用的土地。

第三个梦想是他唯一实现的愿望。年过半百之后，法布尔攒的钱终于够买一小块荒地了，他把这块土地命名为"荒石园"，倒是名实相符。他曾欣慰又酸楚地感慨："愿望到底实现了，只是晚了一点儿。"正可呼应张爱玲的那句名言"成名要趁早"，晚了，成了名都不那么开心，反而有点儿心酸。

法布尔把荒石园建成昆虫的乐园、自己的王国。他余生三四十年都待在这里——仿佛是作为穷困的补偿，他倒是难得的高寿。

曾有一个朋友很沉痛地说到法布尔的这些经历，他年轻时也有梦想，也穷困潦倒，度日艰难。于是他发誓，在三十岁之前成为百万富翁，实现财务自由，从此退出江湖，全心投入他的梦想。

结果是，他几次实现财务自由，又几次"破产"。在谋生、做生意和创业过程中，他一直以为自己跟别人不一样，就因为他有那个梦想，一直觉得自己只是在为真正的生活做准备，却没想到这一准备就是一辈子。

他曾经经常引用泰戈尔《吉檀迦利》里的句子："我要唱的歌，直到今天还没有唱出。每天我总在乐器上调理弦索，时间还没有到来，歌词也未曾填好，只有愿望的痛苦在我心中。"（冰心译本）

后来却发现，想象中的真正的生活与他每天过的生活渐行渐远，直到消失在地平线。他从来也没有，再也不可能开始真正的生活。他的梦想还没开始，就结束了。现在，他是大富翁，跟当初梦想的唯一关系，是希望能资助有同一梦想的年轻人。

其实，这样的结果也不错，但朋友还是觉得遗憾，他总结自己丢失梦想的原因，是总在等待"条件成熟"的一天。但条件迟迟（永远）不成熟，他也就迟迟（永远）没有进入生命的正题，只有日子毫不动摇地天天流逝。

等到条件终于成熟，大概率也早就物是人非，空余心愿。

事实上，除了极少数幸运儿，生在有实力的家庭，或者遇到慧眼识珠的"金主"资助，否则，世上哪有现成的"成熟的条件"等着你？先要生存，再图发展，是绝大多数人都要面临的现实。

没有人能仅仅因为理想就与众不同，是因为奔向理想的姿势才有别于常人。

当年在阿维尼翁（Avignon）师范学校读书时，法布尔就知道理想丰满，现实骨感。学校规定的课程完全引不起他的兴趣，他宁愿逃课出去亲近大自然，观察胡蜂的螫针、植物的果实，写观察笔记或者写诗。可总是逃课，成绩下滑，他就拿不到下一年的奖学金。没有奖学金读不起书，就别想当上老师，只能一辈子打短工。

怎么办？法布尔必须在理想和现实的夹缝里腾挪，不能不面对现实，也不愿意完全（哪怕是暂时地）放弃理想，于是，他拼了命地用两年的时间修完三年的学分，剩下的一年，可以自由地、优哉游哉地投入他喜欢的博物学。

法布尔喜欢观察昆虫，没有人给他提供便利，便自己创造条件和机会。几十年的时间里，法布尔经历着一个又一个孩子的夭折，奔波着一份又一份的兼职工作，见缝插针地一个笼子一个罐、一把铲子一把锹地添置他的"实验设备"，一个字一个字地写下笔记，在家里一寸一寸地挤"科学空间"——那是他梦想的空间。

《昆虫记》原书不过两册十章，法布尔为之观察了四十年，写了二十一年。因为现实留给他梦想的缝隙太小了，但他有一条缝，就做一条缝的事，而不是等到现实让出一间房来，才安心坐下来"开始梦想"。

　　等待一个阔佬，听说有个名不见经传的农村小子喜欢虫子，就为他建一个丰茂的百草园，为他铺床叠被，磨墨备纸，再焚香沐浴，请他来写一部传世名著？——那你就等着吧，如等待戈多。

　　或者，等到自己咸鱼彻底翻身，现实问题全解决，再全勤投入理想——那时的你，还记得自己的梦想，还能捡起年轻的梦想吗？

　　春天想去山那边赏花，花十个月置办好行装，终于动身前往，还能见到什么呢？梦想如鲜花，不能等，要从现在就开始，想到就要抬脚前往。

汤姆生
科学家的非科学需求

在唯物主义和无神论教育下长大的我们,可能不能理解"科学家竟然信奉基督教"这件事。

从历史角度理解,不是科学家信了教,而是一部分教徒成了科学家。

古代的教徒认为,上帝创造了一切,人以前只能乖乖服从。后来发现世界竟然有规律,人类可以摸到规律,发现大自然的秘密,从而加以掌控。致力于做解密工作的教徒就成了科学家。

被认为开启了现代科学、却坚信上帝是第一推动力的牛顿,早就对"科学家何以信教"给出过答案:当人类自己的认知和力量能够把握和控制时,人相信自己和科学;而无论如何努力挣扎都破译或摆脱不了时,人信仰上帝。上帝是个筐,人拿不动、扛不住、担不起的东西,都可往里装。

威廉·汤姆生(William Thomson,1824—1907)则从另一个角度做出了回答。

这个神童毫无疑问是个传奇,他爸爸是英国皇家学院的数学教授,他从小也玩,不过是在爸爸的大学数学课堂上玩,十岁正式入学,入的是格拉斯哥大学。在剑桥大学,他同时获得过赛艇和数学的最高奖,可见其精神和肉体都健硕卓越。他用英文和法文写数学论文,用笔名发表,因为他的家族及其社交圈里,到处都是形形色色的科学家,他不想让长辈和长辈的朋友们因为不如一个小孩子而尴尬或痛苦。对于一个天才青年来说,这是一种难得的温厚善意和人情练达。

二十一岁大学毕业后,汤姆生花了一年时间游学欧洲大陆,回来后便担任格拉斯哥大学的自然哲学(就是物理学)教授。一当就是半个多世纪,后来还当了校长、皇家学会会长、法国科学院院士,荣誉多多。

因为铺设了英法间第一条海底电缆和横穿大西洋的海底电缆,六十八岁的汤姆生被英国王室封为开尔文勋爵(Lord Kelvin)。"开尔文"现在还是热力学温度的单位(简称开,符号 K),国际单位制中七个基本单位之一。

勋爵在光的波动理论、电磁学和热力学领域都有建树,是热力学第二定律的奠基人之一,也是制冷技术的发明人,解决了越洋发送电报的技术难题,还研制发明了一大堆电工仪器:镜式电流计、双臂电桥、虹吸记录器等,以及适用于铁船的特殊航海罗盘、深度探测器、开尔文温度计和绝对温标(开氏的零度是绝对零度)。还有,物理学界至今使用的部分统一单位,伏特、安培、法拉、欧姆等作为电学单位获得普遍认同和广泛使用,都有开尔文的努力。

他活了八十多岁,写了六百多篇论文,获得过近七十项专利。他在生前就获得了巨大的荣誉,被认为是英国第一位物理学家、维多利亚时代的科学巨人,死后葬于威斯敏斯特教堂,牛顿的旁边。

但是后人谈论汤姆生,更津津乐道的每每是他的几次错误:他估计地球和太阳的年龄时,保守得相当离谱;他在法拉第的引领下研究电磁,新理论已经呼之欲出,却奇怪地戛然止步,把研究成果交付麦克斯韦,也把"创建电磁场理论"的历史功绩拱手相让;同样的情况发生在他研究热力学即将突破时,又是临门不射一脚,否则频率的单位也许就不是赫兹(Hertz,简称赫,符号Hz),而是汤姆生了。

汤姆生留下的最大话柄,是他作为权威老科学家,在1900年英国皇家学会的演讲(也就是20世纪的第一个新年致辞)中宣称,以经典力学、电磁学、热力学和统计物理学为支柱,一座宏伟又完美的经典物理学大厦已经完全建成。任何人都能感觉到他此时的踌躇满志和幸福陶醉。

事实上,他并不缺乏学识——而且是最前沿的学术认知,因为他的演讲清清楚楚地提到了牛顿经典物理学天空上两朵不祥的"乌云":美国阿尔伯特·麦克尔逊(Albert Abraham Michelson,1852—1931)和爱德华·莫雷(Edward Morley,1838—1923)的"以太实验",以及被德国克希荷夫(Gustav Robert Kirchhoff,1824—1887)引入热力学的"黑体辐射"(black-body radiation)问题。

汤姆生的科学直觉是一等一的,那两朵可恶并令人不安的乌云,后来确实带来了大风暴,前者在事实上确定了光速不变的原则,引导科学家们抛弃绝对时间的观念,催生出后来的相对论。后者则导致量子力学的诞生。只不过,他把物理学新时代的"朝阳",说成了美好旧世界的"乌云"。

于是，就在物理学历史上最伟大的革命初露端倪之际（从19世纪最后十来年到20世纪最初几年，不断有科学家试图解释麦克尔逊－莫雷实验，而爱因斯坦五年后发表了狭义相对论），汤姆生却宁愿选择无视"乌云"的存在，志得意满地宣布，"物理学现在已经没有新东西可以发现"了，"剩下的一切，只是更加精确的测量"，以后的学者只要做些边角修补的工作，不可能也不需要再有大改动了。

特别要说明的是，汤姆生是"选择无视乌云"，而不是"无视乌云"。他不仅知道乌云，还知道乌云意味着什么，他只是太不愿意面对随后的飓风，宁可相信那仅仅是两朵终将飘散的小云彩。他真正缺乏的，不是知识和能力，而是精神和勇气。

这一点本无可厚非。无论如何，人总需要一个思想的栖息地。不是随便什么人、不是随便什么时候，都可以承受"打破""重组"和"从头再来"的。说"永无止境的探索"，那是针对全人类整体而言的，至于个人，到一定的时候，都会累、会倦怠、会恐慌，会害怕攀登的道路永无尽头，真理永不可穷尽，而生命在日日流失，于是渴望一劳永逸地抵达终点，渴望一间真理的小屋，供全部的思想和精神停下来，安居乐业。这种心理的危机感和对安全稳定的追求，是人性的本能需求。所有热衷于建立体系的哲学家和物理学家都是如此，宗教的精神需求亦源于此。

这个心理状态和精神需求，和两千多年前的毕达哥拉斯如出一辙。不同的是，开尔文只是不愿意相信乌云背后还有危险的"飓风"，毕达哥拉斯却强势到不惜杀害指出了乌云的人。

科学很伟大，科学精神（实证、理性）很重要，但这不是人类唯一的需要，甚至不是最重要的。人类还需要精神的皈依和安宁，哪怕它是"非科学"甚至"反科学"的。人类需要进步，也需要稍息和相对的停顿。科学再发达，人类再进步，半真半假的算命、星座、占卜、神秘主义还是会大行其道。为什么？

因为我们知道的事永远少于我们不知道的，科学能解释的部分相对于整个世界，永远只是小小一隅，而在科学无力发言的广袤领域，有多少人能容忍"我不知道"的空白，让认知和精神一直在不确定和待定中飘摇？又有多少人愿意选择相信一个哪怕是虚构但更宏大的"说法"，能给世界完整的解释，从而心有所安和所属？

由此可以引申出另一个说大不大、说小不小的问题：人越到老年，这种安歇于精神家园的需求越迫切，因为"来日无多"，想安顿，想歇息，落叶想归根。可以想象，当开尔文宣称物理学大厦已经竣工时，一定满心都洋溢着"可以瞑目了"的满足和轻松。他多么不愿意打破和毁灭这一份圆满和完美，只可惜……

只可惜，相对论和量子力学还是喷薄而出，乌云带来的是瓢泼大雨、电闪雷鸣。这样的大雨，首先淋湿的，就是开尔文这样的老人的心。

这就是人类不应该过分倚重老人的原因。老人的经验是可贵的，但其精神状态很自然会趋于保守和安稳。老人的守旧是必然的，不能承受创新之重，这源于他们的生命和心理状态，源于迫切需要稳定和安全感的本能需求。

守旧未必是坏事，社会需要相当的保守力量，正如汽车需要刹车，关键时候不刹车，就会车毁人亡。但另一方面，汽车的主旨和核心要件，是油门，而不是刹车。如果没有强劲的油门提供动力，又何必发

What makes a scientist

明和制造汽车呢?

  这里说的老和年轻,可以指真实的年龄,但更是指一种心态。老人也可以保持开放的心,随时准备拥抱未来。而人还年轻,心已衰老、求稳、封闭,最是可悲。

诺贝尔
用钱做最好的事

长大以后盘点人生,发现一件"荒唐"的事,我平生第一个叫得出名字的科学家,居然不是爱因斯坦或牛顿,而是诺贝尔(Alfred Bernhard Nobel,1833—1896)。而在知道他名字后很长时间,我都以为他只是个富翁,没想到他还是科学家。

至于诺贝尔奖,我最初的认知也不是它有多重要,而是它多有钱。真的好多!其数额依基金会的收入而定,一般都在十万美元以上,迄今为止最少的一次也有114935美元,此外还有重达200克的23K金质奖章。

诺贝尔一生拥有355项技术发明专利,其中包括雷管炸药和硝化甘油,在五大洲二十多个国家开了一百来家公司,其中包括石油公司、钢铁厂和兵工厂,做过军火生意,确实是超级富翁。可他没有妻儿,唯一的弟弟已经于1864年研制炸药时被炸死,他的巨额资产留给谁?给自己的宠物,还是捐给慈善事业?

诺贝尔晚年时,他的一个老侍者总是问他,死后会给自己些什么。诺贝尔就此

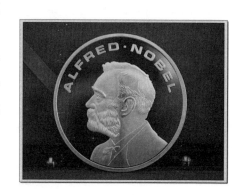

开始考虑"及身而散"的事。

最开始,他将遗产的20%分给二十二个亲戚、合伙人和用人,其他的分设科学奖项。两年后,他修改遗嘱,给亲戚的钱从270万瑞典克朗减到了100万,剩下的920万美元作为基金,利息平均分做物理学、化学、生理学或医学、文学、和平五项奖。他在遗嘱里交代:"不分国籍、肤色和宗教信仰,必须把奖金授予最合格的获奖者。"

顺便说一下,诺贝尔是个多情种子,性情中人,在他的奖项设置中有充分体现。据说他之所以没有设数学奖,是因为他的情敌是个数学家,而之所以在各学科奖项外,单设立一个怪怪的和平奖,是因为他爱慕一个奥地利姑娘贝尔塔·冯·苏特纳(Bertha von Suttner,1843—1914),这姑娘是社会活动家、和平主义者。而且苏特纳也确实于1905年获得了第五届诺贝尔和平奖。

从1901年开始,每年一次的颁奖仪式相当隆重,其中科学奖固定于诺贝尔逝世的12月10日,在斯德哥尔摩音乐厅举行(和平奖同时在挪威的奥斯陆大学讲演厅举行),每次有1500到1800人出席,男士必须穿燕尾服或民族服装,女士穿正式的晚礼服,仪式所用鲜花全部从意大利花都圣莫雷空运过来。瑞典国王亲自授奖,是诺贝尔给了国王这样的荣耀,而不是相反。

一个多世纪以来,诺贝尔奖已经发展为权威的国际大奖,全球有近千人获得过诺贝尔奖,其中四个人和一个团体(联合国难民署)获得过两次,一个团体(红十字会)获得过三次。尤其在物理学、化学和医学三大领域,绝大多数科学奖都实至名归,囊括这些领域公认的重大科学进步,基本没有遗漏(文学奖虽有疏漏或争议,但整体水准仍差强人意)。用瑞典皇家科学院秘书长埃林·诺尔比的话说,诺贝尔奖描述了一部百年科学发展史。

诺贝尔是富翁,他知道钱的意义。他表示,理想的奖金额应能保证一个教授二十年不拿薪水仍能从事研究。这一意图显然被很好地领会了。1912年,拥有技术发明专利的百万富翁达伦获诺贝尔物理学奖,曾引发广泛争论。此后,科学奖非常明显地偏向那些从事基础学科研究的科学家,而不是技术拥有者,因为后者本身就能通过技术推广获得巨大效益,而前者的研究赚不到钱,却是后续研究和技术开发的基础,所以更需要经济保障。

中国的农业传统深厚,"士农工商"的社会结构,使得无论儒家孔孟,还是法家商鞅韩非,都热衷于贬商抑贾。这就形成了骂财富恨富人的文化传统,跟有钱人相关的简直没好词,无商不奸,为富不仁,民间故事里充满鞭挞嫌贫爱富者的道德教化,财主、员外、商人也没几个形象好的。直到今天,在资本已经极大地被浸染和改变日常生活之际,我们仍然习惯于批评资本和商业。

莎士比亚在《雅典的泰门》里痛骂黄金,那一段写得好生精彩!说那黄色发亮的金子是"该死的土块""人尽可夫的娼妇""只要一点点,就可以使黑的变成白的,丑的变成美的,错的变成对的,卑贱变成尊贵,老人变成少年,懦夫变成勇士"。它"惯会在乱七八糟的列国之间挑起纷争""这黄色的奴隶可以使异教联盟,同宗分裂;它可以使受诅咒的人得福,使害着灰白色癞病的人为众人所敬爱;它可以使窃贼得到高爵显位,和元老们分庭抗礼"……

当真是排山倒海、痛快淋漓!

但回到作品,这段台词只是泰门特殊经历后的激愤之辞。老实说,他落魄前那种挥霍无度的架势和做派,本来就挺傻的,后来又走到另一个极端，成了"傻的平方"。是他不懂得运用财富，反过来还胡乱怪罪和咒骂金钱。钱成了泰门无力掌控财富的背锅侠。

这正如君王自己不懂治理国家，沉迷酒色，之后却怪酒色亡国。酒色怎么可能亡国？酒只是一种物质，至于美女，就算女子有心干预政治，也必得通过皇帝不是？最基本的事实是，人不可能出卖和毁坏他没有的东西，所以只有掌国和治国者才可能亡国。其他人最多只能影响治国者。但所谓治国，最基本的能力，不就是辨析和评价各种影响作用，最终做出自己的判断吗？

我顶讨厌"金钱是一切罪恶的根源"一类的陈词滥调，钱是死的，人才是活的。是人在用钱，又不是反过来。一个人被人砍死或枪杀，法院会判处砍刀或手枪"终身监禁，剥夺被使用权终身"吗？水是生命之源，还不是一样会淹死人、呛死人？考试不及格就怪题目难，怪签字笔写出了错误的答案？这是什么逻辑？

钱也一样，谁说钱不是好东西？钱不仅能买到很多物质，甚至能买到精神抚慰——精神损失费就是明证。钱意味着财富，它推动爱迪生搞发明，促使哥伦布发现新大陆，诱导人类创造出那么多发明改善人类生活，还保证基础学科研究者能安心和投入地工作。人类必然爱财富。

诺贝尔奖奖金能够"买到"尊严、荣誉、安全感、超越的科学精神和态度，又因为众望所归的诺贝尔奖是全世界科学家（以及文学家）梦寐以求的目标，有多少人将诺贝尔奖作为自己工作的动力和目标？原来，钱还能买到激情、希望、期盼、动力和目标。

诺贝尔挣了很多钱，而且用钱做了钱能做的最好的事情。钱，如此美好，没有人不想要，只可惜常常集中到了错误的人手里，被这些不够好的人用坏了。

　　所以，人类该做的，不是贬低财富和抵制欲望，而是要控制和引导欲望，个人在学习挣钱技能的同时，就要开始学习如何管理钱和使用钱（比如，是囤积限量版包包还是资助一个艺术项目），用钱行使投票权（比如，买这家而不是那家的商品）。全社会则要学习如何制定好的制度，确保钱能更多地汇集到配得上它的人手中。

门捷列夫
没有确保，只有信念

1955 年，美国伯克利加州大学的三位科学家人工制造出了一种原子量为 101 的新元素，并将它命名为"钔"，为的是纪念俄国的门捷列夫（Дмитрий Иванович Менделеев，1834—1907），元素周期表的发明者。

门捷列夫的成就印在每一本字典的最后一页。那份元素周期表，据说是他冥思苦想多日后，神奇般在梦中完成的。他设计的表里，大胆地为那些当时还没有被发现的元素留下空格，后来被证明，他的全部预言都正确。

其中最为人们所津津乐道的"神奇"事件，是门捷列夫预言在"锌"与"砷"之间有两种未知元素，其性质分别是"类铝"和"类硅"。四年后的 1875 年，法国化学家布瓦博德兰（Paul-Émile Lecoq de Boisbaudran，1838—1912）用光谱分析法，从锌矿中发现了一种全新的元素，命名为"镓"。

新发现的镓，性质果然与门捷列夫预言的"类铝"一样，只是比重不同。门捷列夫从来没见过那种新发现

的元素，却给巴黎科学院写了一封信，说镓的比重应该是 5.9 左右，而不可能是公布的 4.7。布瓦博德兰大为惊讶，于是重新测量镓的比重，果然是 5.94，原来的数据测量有误。

除了划时代的元素周期表，门捷列夫还在气体定律、气象学、石油工业、农业化学、无烟火药、度量衡等多个领域做出独到贡献。他的成就如此了得，以至于后来他犯了重婚罪时，沙皇不仅下令赦免，还亲自出来给他站台，帮他平息众怒，摆平此事。毕竟，整个俄国也没几个门捷列夫。

然而当初，俄国并不认可门捷列夫。准确地说，门捷列夫是西伯利亚人，不属于标准正牌的"俄国"。他的苦难与生俱来：贫穷的父母生了一大堆孩子，具体数目不明，不过肯定超过十个。父亲因白内障失明而失业，随后病逝，母亲拉扯着十多个孩子（都够一个小型幼儿园了），又因为工厂被焚毁而失业。而在学校，门捷列夫表现平平，成绩仅仅过得去。辍学干活儿似乎是最自然的决定。

但是，只要门捷列夫自己不提出退学，母亲就咬着牙坚持供他。这样一直熬到 1850 年，门捷列夫中学毕业。他随后特别不懂事地提出，还想读大学。母亲在贫病交加中，二话不说就带着最后的储蓄，陪儿子去莫斯科大学，想登记注册入学。但莫斯科大学不接受任何来自西伯利亚的学生。母子俩辗转来到圣彼得堡，费尽周折找到一所愿意接受"贫困差生"的普通师范学院。仅仅几个月后，"如愿以偿"的母亲便客死他乡。

"知识改变命运"和"善有善报恶有恶报"一样，这类话是真理还是谬误，全看社会制度如何制定和运行。

读书求知，到底会不会改变命运？会在何时、何地、以何种方式、

What makes a scientist

在多大程度上改变命运,都不可而知。相反,打工的收益却立竿见影,完全可预期。干一天活儿,晚上就会有几块钱几毛钱的进项,这才是板上钉钉、可靠可信的。

门捷列夫在整个读书阶段,都很平庸,成绩一般,没有过人之处。没有什么可以向妈妈承诺:这孩子以后会有出息。他母亲能凭借的,只是她的信念和信任:对知识价值的信念,对孩子的信任。这一点信任,支持她毅然决然把孩子推上求知的道路,而不是谋生的道路。虽然谋生显得如何至关重要又刻不容缓,求知却何等遥遥无期和虚无缥缈。

所谓成就,就是比一般人看得远一点儿,故而能选择一条稍微长一点儿的道路,并且在这条道路上,走得稍微远一点儿。但人的视野终究有限,有些道路会远得看不见尽头和终点。能支持人选择这种道路的东西,除了信仰,还能是什么呢?

向伟大的、坚持信念的妈妈致敬!

最后说一个跟元素周期表有关的中国历史知识。翻开明史查查"本纪",任是谁都会大吃一惊。明朝的王室成员,有史可查的有:

朱勤烷、朱孟烷、朱悦烯、朱定烷、朱琼烃、朱颙炔、朱厚烷、朱厚烃、朱公锡、朱慎镭、朱同铬、朱同铌、朱在铁、朱在钠、朱均钚、朱奉镅、朱成钴、朱成钯、朱恩铜、朱恩钾、朱恩铈、朱帅锌、朱寘镧、朱效钛、朱效锂、朱诠铍、朱弥镉、朱谋㙙……

妥妥的一份元素表有没有?

最神奇的是,众所周知,居里夫人于1899年发现"钋"(用这个名字来纪念她的祖国波兰),于1902年发现镭元素。而在大明王朝,前有韩惠王朱征钋(1451—1469),后有1577年受封的永和王朱慎镭。

老朱家这是化学大咖家族,还是魔法预言家?提前几百年玩穿越?

这个说来话长。

朱元璋赤贫,万般无奈才落草为寇当叛贼,没想到最后当了皇帝。人总是这样,越缺什么,就越在意什么。朱元璋作为文盲,君临天下了就特别想显得有文化。

做皇帝的当然也想子孙绵延,万世基业永固。他便套用五行相生相克的路数,"木生火,火生土,土生金,金生水,水生木"。他是水,水生木,他的子侄们,包括太子朱标,四子朱棣,名字里都带个木字旁,孙辈都是火字旁,以此类推。

以燕王的后代为例(其他支系都依此例,但只有朱棣这一支都是皇帝,名字好找),朱棣往后分别是:朱高炽(仁宗洪熙皇帝)、朱瞻基(宣宗宣德皇帝)、朱祁镇(英宗正统/天顺皇帝)、朱见深(宪宗成化皇帝)、朱祐樘(孝宗弘治皇帝),一直到最后的朱由校和朱由检兄弟,愣是丝丝入扣、纹丝没乱。

开国皇帝定下的这个取名法,寓意很好,操作性强,唯一的毛病是,字不够用。

朱元璋自己一共二十四个子侄,"子又生孙,孙又生子;子又有子,子又有孙。子子孙孙,无穷匮也",这增长态势可是成几何级的。清朝后来同样犯了短视的毛病,把王室子弟养起来,却对子孙的数量估计不足。几代之后,就养不过来了。

木字旁、水字旁稍好,最愁的是金字旁,本来字就不多,到玄孙辈就出现了搞怪的朱申锯、朱恩钱、朱觐锥、朱弥铲、朱弥钳,整个五金行都齐活儿了。再转一轮,理没屈,词真穷了,怎么办?只有一个办法——生造。

造字这件事，其实不像我们今天想得那么匪夷所思。

且不说知名度高的"曌"字，是武后给自己取的名，表示日月当空。"茶"这字就是茶圣陆羽给造的，这个字根本就是一幅画：下面木头烧火，上面有植物叶子在咕噜噜煮着。

"猹"，鲁迅根据这种动物的绍兴发音，加上表示性质的反犬旁，就造出来了。

为了翻译英文的 she，民国文化大佬们吵了很多年，终于生造出一个"她"字来，专门有本书《"她"字的文化史》，写这件事，很值得一看。

20 世纪 40 年代，中国共产党在解放区制定过一个计算工资的单位，叫作"饻"，表示有吃有穿，还挺形象。一饻等于几种实物价格的总和。

更近一个造字的例子，是 1953 年，混凝土在工程里广泛使用，词也是常用词，但忒难写。工程教授蔡方荫一琢磨，混凝土不就是"人工石"吗，就拼出个"砼"字来，读音嘛，取法、德、俄语里"混凝土"一词的发音，定为"tóng"。

在国外也有相似的例子，英文的八月之所以是 August，就因为恺撒的外甥屋大维，后来创建罗马帝国，当上首任元首（没错，元首 Princeps 这个词也是他造的），还被元老院封为奥古斯都（Augustus，神圣高贵的意思）。

屋大维很喜欢这名头，不仅将自己名字改成屋大维·奥古斯都，还把自己出生的那个月定为神圣高贵月，就是 August。

说回到明朝，朱元璋的子嗣们开动脑筋，造了很多金字旁的字。于是有了很多稀奇古怪的名字。反正日常也不用，就是户口登记时写一个符号,老朱家就这样用无穷的想象力和造字大法,基本实现了老祖宗朱元璋对整个家族的构想和预定。

转眼到了清末,江南制造局的领导徐寿是个开明人士,写过论文《考证律吕说》,请英国传教士傅兰雅(John Fryer,1839—1928)翻译成英文后发表在《自然》(Nature)杂志。

这两人还合作翻译了元素周期表。徐寿一开始就定下翻译原则,所有的金属都用金字旁,气体都用气字头,剩下的都用石字旁(最后只有两个例外:一个是汞,水银虽是金属,但是液态。一个是溴,既不是金属也不是气态,按说应是石字旁,但溴的日常形态是液体)。

跟明王室一样,徐寿也遇到了汉字不足的问题,他造了很多气字头和石字旁的字,至于金字旁,我只能说,元素的名字跟明朝皇族的名字咋那么像呢?我都能脑补出徐寿某天无意中翻开《明史》时的惊喜表情:好家伙,朱家王室老祖宗太贴心了,莫非预见到我今天翻译元素的困难,提前帮我造好了金字旁的字,直接拿来用就行了。

元素是专有词汇,翻译一度很乱,钾曾被译为"灰精"、砷是"信石",合金译为"杂金"、氯化钙译为"镉弗"、乙醚译为"以脱"……直到今天,14 号元素 Si 在海峡两岸的译名仍然不同,港台依照清末和民国的旧译为"矽",大陆则改译为"硅"。于是我们嘴里的"硅谷",到了港台就成"矽谷"。

比较而言,徐寿的译法最明晰成体系,后来又经过郑贞文、传教士丁韪良等多人的反复切磋,最终成为现在同学们上化学课要背诵的元素周期表的模样。

至今,还不断有新元素发现,元素周期表也在持续"生长",造字也从没断绝。近年来,门捷列夫创制的这张表上,又新增了几个元素:

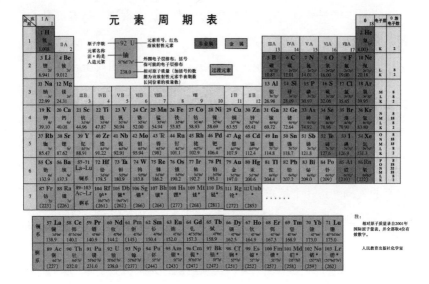

　　113号元素钅尔（nihonium），因为是在日本理化学研究所发现的，故而以日语里日本的国名にほん（nihon）命名。

　　115号元素镆（moscovium），由俄罗斯化学家发现，以首都莫斯科（Moscow）命名。

　　117号元素石田（tennessine），是在美国田纳西州橡树岭实验室发现的，就以田纳西（Tennessee）命名。

　　118号元素气奥（oganesson），为纪念超重元素合成先驱者尤里·奥加涅相（Yuri Oganessian）而命名。

　　喜欢化学的同学们可以加油，门捷列夫的表格还有空格在等着你。化学课课间，也大可以考虑一下，造个什么样的新汉字，这些都是值得你投入生命和智慧去做的事。

爱迪生
价值的最后认定

每个人的存在都有其价值，每个人也都可能要对别人的价值做判定。但是"此人之肉，彼人之毒"，真正能判定一个人价值的，会是谁？

1847年，爱迪生（Thomas Alva Edison，1847—1931）生在美国的俄亥俄州。七岁患猩红热，唯一的求学经历是八岁时读了三个月的书，结果被定性为"劣等生""迟钝的低能儿"，撵出校门。

他妈妈极力辩护说，她的儿子其实比同龄的大多数孩子都聪明。这是一个母亲盲目的"溺爱"和"袒护"。

这一次，学校判断了爱迪生的价值，妈妈给出另一个判定，两者相差悬殊。我不知道爱迪生相信谁的。

1863年，爱迪生发明"投票计数器"，获得了生平第一项发明专利权。但在推销过程中，一位国会议员说，这是一项没人需要的发明。因为他们根本无意加快选举投票的议程，有时候，慢慢地投票正符合政治上的需要。爱迪生从此学了乖，本着美国式实用主义，他再

不发明与政治有关的东西,再也不发明没用的东西。

这一次,市场和实践判定了爱迪生发明的价值,他认同和接受了。

1869年,爱迪生发明"普用印刷机",向华尔街一家大公司经理推销,有心狮子大张口索价五千美元,但没有勇气说出来,于是吞吞吐吐让经理自己开个价。经理犹豫地问:"要不,四万?"见爱迪生没反应,立马爽快道:"那就再加点儿。"

这是爱迪生平生挣到的第一笔大钱,他的第一桶金。他用这笔钱在新泽西州建了一座工厂,专门制造电气机械。

这一次,对于发明之价值贵贱,他人的判断第一次高于爱迪生的自我期待和预计。

爱迪生是职业发明家,却在很长一段时间里得不到科学界的承认,原因是他偏重实践,完全没有理论建树。开始他很自卑,努力往"科学家"身份上贴,却总也贴不上。理论不是他能搞定的,他到底还是只能做自己擅长的。

后来他功成名就,还富甲一方,终于敢公然蔑视理论界了。被人指出数学差劲儿,他就财大气粗地强势回击说:"确实,我不是数学家。但是我能雇来数学家,他们却不能雇我。"

爱迪生文化程度不高,但一生有近两千项发明,是当之无愧的"发明之王"。临终时他坦然道:"我为人类的幸福,已经尽力了,没有什么可遗憾的了。"葬礼那天,全美国熄灯一分钟,以示哀悼。这是人们向他致敬和致谢的最好方式。

这一次,似乎是对爱迪生价值认定的终极版,他的人生、他的工作,值得全国断电一分钟。这大概算得上古人说的"盖棺论定"了。

人不可能不在乎别人的看法,也总是在与他人的对照中了解自己,

"他者"是自我的参照系。所以，不要沉浸在自我迷幻中，自以为是，孤芳自赏。须知旁观者清，要学会倾听他人的看法，兼听则明。

但另一方面，又不能过于在乎别人的看法。因为从空间上说，你只知道身边人对你的看法，众所周知，近距离的判断容易失真。而从时间上说，你知道的只是别人现在对你的看法，但你可以改变和塑造未来的自己，他人的看法也将随之改变。

事实上，他人的判断失误，是一再发生的。

一个孩子的爸爸曾试图与学校训导主任探讨儿子将来从事什么职业，这位教导主任直截了当地回答："做什么都没关系。你的儿子将是一事无成的。"这个孩子是爱因斯坦。

另一个孩子在学校成绩差，表现又不好，因此饱受歧视，还气得老师叫来家长，劝他退学。这个孩子是牛顿。

一个人的画挂了很多天无人问津，最后一个贵夫人在他的推销下，以低廉的价格把画作中的一个苹果剪下来买走了。这个画家是凡·高。

不同的时间、境况、角度，对人和事的价值判断都不同。幸好，价值是要到最后才能认定的。有了这个信念，人能够活得勇敢些。

首先，如果一个人否定你，不要沮丧，也不要悲观。世上永远都有否定你的人，而永远都有肯定你的人。你要做的，首先是判断他说得对不对，有则改之，无则加勉。

其次，如果过多的否定伤害到你的情绪和自信心，就果断地否定那些否定。归根到底，别人的评价有没有价值，对还是错，要由你自己裁定。为别人的三言两语迷失自我，不值当。

最后也是最重要的，虽然他人的评价有重要的参考价值，但人生的选择权永远在自己手里。一个人最后的、真正的价值，不是被他人评定的，而是由自己实现的。你的未来应该由自己的设计来确定，而不应由别人的闲言碎语决定。

即使被认定"没价值"，而且这认定有道理，也只是"迄今为止没价值"。有的东西是属于未来的，你也拥有未来。不管此刻别人的评价是什么，都不可能比你对未来自我的设定更重要。

别人的话，也重要，也不重要，听听就好。真正要紧的，从现在开始，行动起来，塑造自我，书写未来。你的价值，由你自己定。

贝　尔
谁能预见未来？

妻子天天在催促，亚历山大·格雷厄姆·贝尔（Alexander Graham Bell，1847—1922）的心也越来越不踏实。

1877年7月，在被西方联盟（Western Union）电报公司奚落并拒绝后，贝尔千辛万苦找到些小投资商，办起了自己的公司，想推广他发明的电话。他拥有公司15%的股份，不算多，但他已经很满足。

苦撑了两年后，公司居然开始赚钱了。股票涨到了每股65美元。贝尔的妻子欣喜若狂，又心急如焚，天天都担心股票已经涨到顶了，要到拐点了，第二天早上起来就要暴跌了。

贝尔稍微镇定些，坚持到10月，价格涨到了每股250美元。烫手啊，他也沉不住气了，猴急地全部抛售，赚了"好大"一笔钱，惹得全家好开心！于是决定出去旅游，好久没这么放松地玩一下了。

等到一个月后旅游回来，每股价格蹿到了1000美元。

后来，这家凑起来的小公司发展成当时世界上最大的私营公司——美国电话和电报公司（AT&T）。因为太

大，不得不被反垄断法强行拆成好几家。贝尔要是拿稳他的 15%，本可以直接跻身世界顶级富豪之列。

贝尔夫妇后来有没有悔青肠子我也不得而知，但我在这里要说的，并不是一只股票的故事，而是一个发明家对自己的科研成果的认识问题。

事实上，科学史上类似的例子很多。有的人知道自己的发明或发现有用，但不知道多有用，还有的干脆不知道自己发明的是什么。所以如果真有上帝，上帝真的创造了世界，我猜他也有很大可能不知道自己在做什么。

日本的井上大佑在酒吧打夜工，顺手捣鼓出一个叫卡拉 OK 的机器，压根儿就没想到这玩意儿还能申请专利，为此损失无法计算。曾经无数 KTV 老板赚到盆满钵满，他却没有一分钱入账。人们实在看不过去，三十年后颁给他一个搞笑诺贝尔和平奖，因为他给人类提供了"互相宽容谅解的工具"。

1969 年，美国国防部高级研究计划署（ARPA）麾下的科学家图工作方便省事，将四所大学的电脑连接起来，实现资源共享。完全没想到在此基础上发展出来的互联网，将彻底改变全世界。

坊间还流传有很多专业人士的搞笑预言。

美国数字设备公司（DEC）是美国仅次于国际商业机器公司（IBM）的第二大信息系统公司，公司的创始人兼总裁肯·奥尔森女士说过，没有理由相信电脑会走进家庭。

莱特兄弟在试飞成功前两年曾预言，人类在五十年内不可能飞上天。结果飞上天了，然后，法国陆军元帅又说，飞机是个有趣的玩具，但没有军事价值。

一流的实验物理学家欧内斯特·卢瑟福（Ernest Rutherford，1871—1937）曾利用 α 粒子轰击氮，成功将氮转化为氧和氢，这是人类历史上第一次实现原子核的人工嬗变，他却表示，人类任何时候都无法利用蕴藏在原子中的能量。

已经成为智慧象征的爱因斯坦曾断言，人类不可能获得核能量，而且测不准定律是错的，他对此事的看法成了一句名言"上帝不掷骰子"。

撒切尔夫人在当选首相前十年肯定地说：在我所处的时代，女性是不可能成为英国首相的……

而且，如果连发明者贝尔自己都迫不及待地抛售股票，那么西方联盟电报公司此前因为"电话的毛病太多，不可能成为通信手段"，而拒绝购买贝尔的技术，也就不足为怪了。

我之所以称这些为搞笑预言，而非愚蠢预言，是因为笑话他们愚蠢的人，并不更聪明一丁点儿，仅仅因为生在人家后头，看到了事情的结果。这种事后诸葛亮的傲慢未免太肤浅。

常见到评论家和分析家，在两军交战或大国对决已见分晓后，在一段历史已成事实时，头头是道地分析 A 必败而 B 必胜的原因，一说就是"历史的必然"，言之凿凿，好像事态绝无别的可能性。

其实只因时间是单行线，历史走向唯一，但这个唯一是否就是必然？这是个没法证明也没法证伪的问题，是科学方法没法解答的。换言之，这个问题不可能有科学答案，只在于个人信或不信。有"事后优势"的人，对于同样的情况、相反的结果，照样能把 A 必胜而 B 必败分析得无懈可击。那不是聪明，是取巧卖乖。

真正值得钦佩的，反而是在历史当中，前途未卜之人的踟蹰、煎熬和最终选择。莱特兄弟和撒切尔夫人对未来的预计那么悲观和保守，却绝不因此而懈怠和放弃，仍然坚持朝着自己认准的方向跋涉前行。

想法上悲观、做法上还能积极的人，最为可贵！

换一种理解方式，其实他们的预言都完全正确。莱特兄弟如果放弃，飞机真的要到五十年后才能问世！撒切尔夫人的情况也一样，没有她打破惯例，女性多少年也登不上权力最高峰。正是他们的努力，打破了他们自己的预言，推动了历史的发展。

不仅未来难以预见，而且得失也难以计算。井上大佑就说，他一点儿也不后悔，因为即使当时他申请了卡拉OK的专利，并因此赚到钱，以他的个性，一定到处乱投资，到了经济衰退期，一切都归零，钱不过在他手里转一个轮回，然后打个水漂，和根本没经过他的手也没多少区别。这话听起来，够气派也够聪明。

再来说贝尔，看起来他卖股票确实亏，但毕竟是赚了钱，只是没赚到最大值。比他更亏的，是拒绝购买他专利的西方联盟电报公司。还有比西方联盟电报公司更亏的。英国博物馆的材料显示，在贝尔之前，早有个德国教师发明了电话，只是他太谦虚，不觉得自己发明的小玩具除了好玩，还有别的什么意义。

更神的是，有个超级倒霉蛋伊莱莎·格雷，不但发明了电话，还申请了专利。他只比贝尔晚一两个小时（因为太慎重，他出门前多换了一次衣服？还是走在路上碰到熟人多聊了几句，以至于酿成终身悲剧？），他后来打官司也没打赢，贝尔还是"电话之父"，名和利，一样也没落到格雷头上——不过是一两个小时的人生鸿沟。如果格雷申请专利那天是打车而不是挤公交去的，如果那天早上贝尔睡了个懒觉……后果真是"不堪设想"，什么都轮不到贝尔了。这么说起来，他赚得可不是一点点。

所以说了,别计较那么多,有些事也不必想。谁能预见未来?谁又算得清人生的得失?

人生真正要紧的,是"学求其于世有济,事行乎此心所安"。其他的,交给天意和时间好了。

柯瓦列夫斯卡娅

生就女儿身

一个匈牙利王子爱上了一个四处漂泊的波希米亚女子,为此他甘愿放弃王位,两人过着幸福的平民生活,他们的孩子后来成了俄国陆军中将,并于1850年1月在莫斯科生了个女儿,她就是索菲娅·柯瓦列夫斯卡娅(Sofia Kovalevskaya,1850—1891)。

克鲁科夫斯基是个想法简单的军人,他从没想过自己两个女儿的人生,除了嫁人生娃外还有任何别的可能性。当然教育还是要接受的,很多年后,他对此表达过"没法后悔"。他只是按照常规操作,给孩子们请了家庭教师,哪里知道女儿那么有天赋又有个性?如果早知道这样……他不可能早知道。

柯瓦列夫斯卡娅很快学完了解析几何和微积分,除非进大学深造,否则她的求知欲没法得到满足。

女子进大学,在当时的俄国根本是天方夜谭。但将军爸爸再次犯了忽略的错,反正冬天全家也要搬到彼得堡去住,柯瓦列夫斯卡娅还不到十四岁,提出去彼得堡大学旁听。爸爸想的是,小女孩丢在校园里,总比泡在酒吧舞厅里好,就同意了。

彼得堡大学的数学教授车比雪夫（P. L. Cebysev，1821—1894）对柯瓦列夫斯卡娅深为欣赏，但慑于当局和校方的压力，没有接受她为注册学生。

在俄国境内，没有大学的门会对女性敞开。无奈之下，柯瓦列夫斯卡娅决定出国读书。她的姐姐学习不如她好，但跟她一样不安分，也盼望去更广阔的世界游历。

可未婚女子不可以独自出门，获得行动自由的唯一办法是嫁人，某小姐摇身一变为某太太，就能跟随丈夫满世界活动了。

柯瓦列夫斯卡娅设法在莫斯科大学找到了一个宝藏大学生弗拉基米尔·柯瓦列夫斯基（Vladimir Kovalevsky）：研究古生物学、正在办理留学、为人善良、观念现代。柯瓦列夫斯基比车比雪夫勇敢，愿意"以身相许"地帮助柯瓦列夫斯卡娅，两人火速办理了假结婚手续。次年（1869）柯瓦列夫斯卡娅偕安娜随"丈夫"一同迁居德国。

安娜随后去了正在进行大革命的法国，嫁给一个社会活动家，后来夫妻双双成为职业革命家，柯瓦列夫斯卡娅则进入海得堡大学攻读数学，学习椭圆函数。

安娜支持巴黎公社，与父亲的政见不同，被掐断了经济供养。柯瓦列夫斯卡娅便从自己每月一千卢布的生活费里分出一半来资助姐姐，这导致她生活拮据。

柯瓦列夫斯卡娅后来辗转到柏林大学，因为那里有"现代数学分析之父"维尔斯特拉斯（Karl Theodor Wilhelm Weierstrass，1815—1897）教授。但该教授强烈反对女性从事科学，认定"数学与女人无关"。难以想象，柯瓦列夫斯卡娅需要有怎样的实力和口才，才能说服这个固执的大数学家。

维尔斯特拉斯始终不能容忍他的课堂上出现女性，却答应每周日单独给柯瓦列夫斯卡娅上课，这样持续了四年。她上了一个不是大学的大学。

大学四年，柯瓦列夫斯卡娅完成了三篇论文，分别是关于偏微分方程理论、阿贝尔积分和土星光环形状的研究。维尔斯特拉斯还是没法让他所在的大学接受女学生，但柯瓦列夫斯卡娅的成绩好得不给个说法实在说不过去。于是，在升任柏林大学校长之后，维尔斯特拉斯向另一所相对宽松的哥廷根大学举荐自己的这个弟子。

二十四岁那年，柯瓦列夫斯卡娅成为历史上第一位女数学博士。哦不，是"最高荣誉哲学博士"。给女人学位这件事实在做不到，只能加上"荣誉"一词。在今天看来，这个"荣誉"一点儿没有折损柯瓦列夫斯卡娅的才能，反而彰显了人类历史的"不荣誉"。

此外，柯瓦列夫斯卡娅与"丈夫"柯瓦列夫斯基假戏真做、日久生情，在她毕业这年正式成婚。真正的事业爱情双丰收。

1874年，柯瓦列夫斯卡娅跟随丈夫学成归国，本以为可以扬眉吐气，没想到却是伤心之旅。

几年时间，她从好学的小姑娘变成女博士，从少女变成夫人，但俄罗斯毫无变化，还是她离开时的样子。在俄罗斯人的眼里，她过去是将军家的贵族小姐，现在是教授太太，不可能有别的身份。之前，全俄罗斯没有一所大学能接受女学生，现在更不会接受女教师。

在保守的俄罗斯当贵族太太，能做的事很多：生儿育女、打骂奴仆、参加聚会、调情外遇、谈情说爱，但对柯瓦列夫斯卡娅来说，唯一被允许而她又愿意做的事，是写点儿小说和剧本。

柯瓦列夫斯卡娅有文学才华，以前就出版过小说《一个女虚无主义者》，回国找不到大学教职、闲居在家的时间，她与人合作创作剧本《为幸福而战》，还写了自传体小说《童年的回忆》等，据说其文笔有屠格涅夫之风。但文学终究不是她的正业、她的心之所归。

精神苦闷的同时，现实处境也每况愈下。柯瓦列夫斯卡娅的父亲过世，没有留下什么遗产，丈夫的生意惨淡，家庭生活陷入窘迫。她还同情革命，在沙皇俄国简直无立足之地。丈夫希望她收回政见、谨言慎行，她却宁愿坚持自我而逃离故土，去柏林大学投奔维尔斯特拉斯老师。分歧直接导致了夫妻决裂，柯瓦列夫斯卡娅带着出生不久的女儿，悄悄惶惶独自离国。

1883 年，留在国内的丈夫遭人陷害，导致公司破产，自杀身亡。柯瓦列夫斯卡娅在万难中回国亲自调查，恢复了亡夫的名誉，并第二次试图在俄国高校求职，依然未果。

柯瓦列夫斯卡娅并非没有选择，只是在俄国没选择。她很快应聘到斯德哥尔摩大学，当地报纸对此的报道是"科学公主柯瓦列夫斯卡娅夫人光临我们城市，她将是全瑞典的第一位女讲师"。第二年，柯瓦列夫斯卡娅成为该校数学教授——世界上第一位女教授。五年教授任期满后，她顺利获得终身教授席位，又一个历史"第一"。

其间，虽然经历了 1888 年姐姐病逝的打击，她还是成功解决了困扰数学界百余年的"数学水妖"问题（关于刚体在重力作用下绕定点旋转）。她的解答如此优美，以至于悬赏的法国科学院将"波尔迪奖"（Bordin）原定的三千法郎奖金提高到五千法郎。这是柯瓦列夫斯卡娅平生最重要的学术成就之一，使得数学分析从此作为近代力学研究的一种新方法。她本人也因此当选为瑞典科学院院士。

她在数学领域的另一项重要贡献，是关于偏微分方程初值问题的存在定理，如今被称为"柯瓦列夫斯卡娅定理"。

柯瓦列夫斯卡娅斩获国际盛誉之际，俄国终于有所触动。1889年，俄国科学院修改章程，删除"不准女性入选院士"的条款，这一修改是为柯瓦列夫斯卡娅量身定做的。几天之后，她当选为俄国科学院第一位女院士。

受到此事的鼓舞，思乡心切的柯瓦列夫斯卡娅于第二年冬天，第三次尝试回国求职。这时候，她已经充分证明，她是那个时代最重要、最优秀的数学家之一，但所有的大学都拒绝了一个院士的求职，仅仅因为她是女性。

1890年冬天，柯瓦列夫斯卡娅第三次无功而返。在奔波前往瑞典的途中，她感染风寒，诱发肺炎，于1891年病逝，年仅四十一岁。她是以离开故乡、背对祖国的姿势离开人世的。

半个多世纪后的1950年，莫斯科为这个女子诞辰一百周年举办了隆重的纪念活动。如果柯瓦列夫斯卡娅能够选择，当然宁可要活着时在祖国的大学里有一个席位，而不是英年早逝灰飞烟灭后出版全集。这个国家诞生了索菲娅，却没有能够配得上她。

柯瓦列夫斯卡娅的一生，不断地离开俄国，又回到俄国，似乎是在不断地做选择，其实却一直没有选择。别忘了，她可是出身上层社会的贵族女子，祖上有欧洲王室血统，爸爸是将军，有当陆军中将和省长的表哥帮她说话，能直接惊动俄国科学院院长。她的境况尚且如此，对女性的偏见和歧视之深，也就可见一斑了。

柯瓦列夫斯卡娅是一个科学家，本应该全副生命从事科学研究和探索，但不幸是身为女性，不得不把更多的时间和精力花在争取获得科学研究的权利上，这件事比她探索数学真理艰巨得多。

最后说一条"花边新闻"。当时流行的说法是,女人的脑子天生比男人小些,功能弱些。柯瓦列夫斯卡娅的"惊人表现"引起了广泛关注,她为什么能碾压男性,因为变异?长了个男人脑?于是在她死后,便有好事者将她的大脑保存起来。

三年后,柯瓦列夫斯卡娅在海德堡大学的老师、当时全世界最有名的德国物理学家之一赫尔曼·冯·亥姆霍兹(Hermann von Helmholtz, 1821—1894)逝世。人们将两颗大脑放一起比较研究,结果发现,柯瓦列夫斯卡娅的脑容量比亥姆霍兹的大。

彭加勒
珍贵的错误

随着刘慈欣的《三体》火遍全球,很多人知道了"三体问题",也就是用纯逻辑的数学证明天文学的现实,即太阳系是稳定的,这需要解决太阳、地球、月亮间相互运动的问题。

但很多人不知道,"三体问题"是奥斯卡奖题目之一。这个奥斯卡奖当然不是美国电影艺术与科学学院奖(The Academy Awards),李安捧过的那个小金人,而是瑞典和挪威的国王奥斯卡二世(Oscar Ⅱ,1829—1907)设立的科学奖。

这个国王政治能力不咋地,但他却是文化、艺术和科学的爱好者和保护神,自己作诗作曲写剧本,科学领域尤其喜欢数学(因为大学时读的是数学专业)。他1889年过六十大寿的时候,为自己的生日庆典设立了一个奖项,他亲自出了几道最尖端的数学题,向全世界征集答案。其中的一个题目就是"三体问题"。

更多的人不知道,奥斯卡奖获得者昂利·彭加勒(Henri Poincaré,1854—1912),正是针对"三体问题"提交的论文。他的论文并没有真的解决三体或多体问题,但提出了很好的思路,也算有所突破。他在给评委的信中骄傲地说:"你们可以告诉你们的国主,我的工作虽然没有对所提问题给出完美的答案,但它具有这样的意义:它的公布将在天体力学上开创一个新时代。因此,陛下公开竞赛的预期目的已经达到了。"

评委们一致认为,彭加勒所言虽然有点儿骄傲,但不是吹牛。于是,评委会把奖章和一大笔奖金颁给彭加勒,他的论文随后也在著名的《数学学报》上发表。他就这样出了名。

说起彭加勒,那可是个具有传奇色彩的天才。这个法国人家世显赫,父亲是医学大教授不说,还有个当法国总统的堂兄。

当然,孩子倒霉不分贫富贵贱。彭加勒四五岁时,因为患白喉病和运动神经系统方面的疾病,语言表达能力和动手能力低下,视神经发育迟缓。但老天也给了他补偿:抽象思维能力超强。他视力差得上课看不见板书,干脆闭着眼,全靠听和记、心算、冥想。锻炼多了,他渐渐地能在脑海里完成非常复杂的数学运算。数万字的论文,他能在脑子里完成所有的构思,再一口气写出来。他要是学下棋,一定是盲棋高手,打遍天下无敌手的那种。

1873年,彭加勒中学毕业,报考了巴黎高等工业学校,因为绘图能力糟,几何画图得了零分,却被破格录取。因为面试特别加试的两道难题,他居然心算完成,直接说出答案,语惊四座。

彭加勒1879年获数学博士学位,先后在卡昂大学理学院和巴黎大学任教。从三十三岁成为法国科学院院士开始,他陆陆续续当选为三十多个国家的科学院院士。

他在数学的四大领域:算术、代数、几何和分析,都有突出贡献,是罕见的数

学全才,他开创了代数拓扑(algebraic topology),对于多复变函数、自守函数(automorphic function)、天体力学也有贡献,还是现代物理的两大支柱(相对论和量子力学)的思想先驱。

然而,他有多数聪明人都有的毛病:脑子快却显得草率,总乐于又急于发表个人见解,他自称一生从来没有发表过一篇"从内容到形式都没有遗憾"的论文。如果奥斯卡数学奖的评委们了解他的性格特征,在认定他成果时,也许会更慎重一些。

事实上,早在授奖阶段,已经有评委隐约觉得他的文章有问题,只是一时没想明白,就被他的自信宣言忽悠住了。

那个漏洞很快被发现,这时候,刊登他论文的学报已经送出去很多,评委不得不火速追缴回收,以免误导和遗毒学界。

彭加勒倒很干脆,在哪里跌倒,就从哪里爬起来。他开始对文章进行自查,居然又自行发现了另一个更大的漏洞:他在证明"三体问题"时,从一开始就预设太阳系是稳定的,因此忽略了一个重要的情况,即同宿点(homoclinic point)的存在。

这事儿前后闹了很久,彭加勒自然是糗大了。但颇具戏剧性的是,彭加勒正是在弥补和修正这个问题的时候,拽着"同宿点"这个线头,揪出了一个庞大的、现在火得不行的"混沌"(chaos)理论。相关论文随后在同一学报上发表,被公认为划时代之作。

发现混沌理论的整个过程,就像是科学的一个小小恶作剧和玩笑,那么恶狠狠、冷冰冰地封上一道门,只为了让被困的人注意到旁边的一扇窗——窗外的风景极好。

有奖征文的最初目的,在于证明太阳系的恒定,而九曲幽径的最后,却通向了与之对立的混沌学,即世界有无数的、可能永不能解的可能性。这或许就是科学的魅力所在：答案永远不可预测。从正确的起点出发，沿着正确的方向走，可没有人知道结果是什么。也许是豁然开朗，也许是别有洞天，也许正好是对起点的否定。

科学和宗教最大的不同亦在于此。宗教总有一个预设的终极真理，比如上帝，比如空，所谓的不同，只在于对这个终极真理的理解和诠释。而科学不是，科学是不可预测的，它从来不预设结论。

科学和宗教都是射线，但科学以射线的端点为起点，通向未知的、充满冒险和神奇的未来；宗教以射线的端点为终点，一切思考的目的是达到那一个恒定的点。所以，科学带来思想冒险的刺激，而宗教给予精神归宿的安全感。

特斯拉

被埋没和被铭记

很多品牌名都有典故。

无线电通信设备"蓝牙"（Bluetooth），来自北欧国王哈拉尔（Harald Blåtand），外号"蓝牙王"。他先后征服挪威和丹麦，然后跟秦始皇"书同文，车同轨"一样，制定了两国统一的传输标准。他还引进基督教，让上帝打败维京人的传统主神奥丁，维京人的海盗生涯随即走向终结，进入定居和文明进化阶段。蓝牙的徽标就是这位国王首字母 H 和 B 的古弗萨克文（Elder Futhark，玩游戏的同学注意了，游戏中用得最普遍的就是这种古文字。这说明玩游戏也得有文化）写法的组合。

耐克（Nike）是古希腊神话里有翅膀、飞行速度极快的胜利女神尼姬。

昂贵的白兰地酒人头马（Remy Martin），是希腊英雄、半人半马的喀戎（Chiron，又叫凯隆）。

爱马仕（Hermès）其实是古希腊商业、畜牧和旅行之神，宙斯的儿子赫尔墨斯（Hermes）。

达芙妮（Daphne）则是罗马神话里太

阳神阿波罗一直没有追求到的月桂女神，"桂冠"一词就来源于她。

还有古驰的酒神（Dionysus）系列，来自希腊神话中宙斯的私生子、酒神狄俄尼索斯的名字；大众的敞篷跑车厄俄斯（Eos）是黎明女神（太阳神和月亮神的姐姐）厄俄斯。

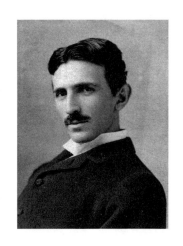

而今天挂着绿色能源车车牌、满大街跑着的特斯拉，既是世界电动车龙头老大的品牌，也是一个人的名字。

尼古拉·特斯拉（Nikola Tesla, 1856—1943）出生于克罗地亚（时属奥地利帝国），1889年加入美国籍。小时候家境贫寒读不起书。好不容易申请到助学金，得以进入大学，刚读了一年，助学金因故撤销，他随即失学，正规的受教育经历就此中断。

没学历就找不到工作，父亲又病逝，家里没了顶梁柱。二十八岁那年，穷途末路的特斯拉决定到美国碰碰运气。他的求职目标是一家电灯公司，即今天美国通用电气公司（General Electric Company，简称GE）的前身。原因只有一个，这家公司的创办人是自己的偶像，爱迪生。

老板爱迪生刚发明了钨丝灯泡，正指着这赚钱呢。灯泡需要稳定的电流，电流由发电机提供，可当时的直流发电机动不动就出状况，整机报废。

一方面是现实迫切需要，一方面也是要试试特斯拉的水平，爱迪生布置了一个任务：搞定直流发电机。他承诺如果问题解决，奖励五万美金。

特斯拉立即热火朝天投入发电机设计,几个月就顺利完成任务。他兴冲冲地把成果给了爱迪生,爱迪生很高兴地拍了拍特斯拉的肩膀,小伙子不错嘛。这事就结束了。

五万美元?爱迪生很惊讶,你在开玩笑吧?我那是开玩笑的。你刚来美国吧,还不懂得美式幽默。

特斯拉知道自己被耍了,昔日的偶像摔在地上碎成一片片。他愤而离开,不仅抛弃了爱迪生和他的公司,连电流都要对着干。他申请到摩根财团(Morgan Financial Group)的资金支持,开始研究全新的供电技术,交流电。

从一开始,交流电就奔着做直流电终结者的目标而去。

直流电的传输过程能耗高,能源转换率低,价格高不说,还不能远距离传送。一个发电厂只能覆盖半径一公里的范围,居民要普及用电的话,每个村或每个小区都得配一台发电机。这些毛病对高频交流电来说都不是事儿,交流电是可以高压传送,再经过减压进入用户家里,能远程传送,方便、快捷,还便宜。唯一的问题是,大家对它不熟悉,"高压电"这个词听起来很危险。

电力带来了第二次工业革命,人类进入电气时代。但用交流电还是直流电?大家都拿不准。爱迪生是直流电的发明人,当然希望世界是直流电的天下。特斯拉针锋相对,强调交流电能解决直流电的每一个毛病。就这样你一拳我一脚,世上影响最大的标准之战就此打响。

特斯拉和爱迪生关于电的斗法,跟牛顿和莱布尼茨争夺微积分,都是科学史上最著名、影响也最大的巅峰对决。

交流电的优势明显,对此爱迪生没话说,只能攻击交流电的安全性。较之直流电,交流电确实更危险,但爱迪生的证明方法既不地道(有混淆视听之嫌),也残酷荒唐,就是当众用交流电电死各种动物,从小白鼠到大象。

这个"证明"催生了一个副产品:死刑电椅。

那时候,美国执行死刑用的还是绞刑。绞刑架是固定的,死刑犯的胖瘦轻重却不同,于是常常出意外,有时力道太重,犯人尸首分离,太血腥。有时又轻了,犯人半天没勒死,蹬腿吐舌地痛苦,不人道。

爱迪生电完了动物,感觉说服力还不够,非要电死个活人才有直观感受和强烈冲击。他说服(其实就是买通)监狱用他发明的电椅行刑。

有个死刑犯知道了,主动申请用电椅,真是个对新事物充满探索精神的囚犯。但也可能跟新科技尝鲜无关,只是求生欲强。有一种说法是他与官方达成协议,如果没电死,就无罪释放。

结果他付出的代价超过想象。人类第一次使用电椅是一场异常惨烈的尝试。因为之前只电过动物,没在人体上试验过,行刑的心里没谱。先调到小白鼠的"剂量",电了一阵子,人活得好好的,只是抽搐不已,一咬牙调高点儿,还是不行,犯人扭曲得越发疯狂,小便失禁,死刑变成了活体电击。行刑者也吓坏了,猛地加到最高电流,犯人终于被烧焦了。

整个处死过程据说花了八分钟,犯人固然死亡,所有观刑人也只剩半条命了。

这场糟糕的行刑却完美地达到爱迪生的目标,现场所有人都深深地受到灵魂冲击。敢情用交流电不仅有生命危险,而且会死得这么惨。直流电这不好那不好,但至少不死人。交流电的民众支持率直接降到谷底，特斯拉做了很多努力都没有挽回颓势，一败涂地，被爱迪生整得破产。

但是人生就是这样，起起伏伏，逆境中只要坚持得住，就有咸鱼翻身、绝地反杀的机会。

对特斯拉来说，这个机会是 1893 年在芝加哥举办的世界博览会。供电系统招标，特斯拉所在的西屋电气公司（Westinghouse Electric Corporation）报价比爱迪生的低五十万美元，顺利中标。

特斯拉借着博览会的曝光率，不仅自己公开演示，让电流经过他身体点亮灯泡，挽回了交流电的声誉，而且为博览会研制出 500 马力大型交流发电机。

开幕式上，他请总统摁下总控按钮，几十万盏灯同时点亮，整个会场一片辉煌，好不惊艳。这一幕，简直模拟出交流电做电力能源时人类社会未来的样子。

一举定乾坤。

今天我们家家户户用的，就是交流电。而且，每次交电费时，也请感谢一下特斯拉，你本来需要出更多的钱。特斯拉要是像爱迪生那样收专利费，能成顶级富豪。但他放弃了交流电技术的专利，让全世界免费使用。而他自己，一辈子都活得紧巴巴的。

解决了交流电问题，特斯拉进而琢磨起无线供电技术，其研究成果和思路，为后来马可尼发明无线电通信奠定了坚实的基础。他发明并改进了特斯拉线圈、放大发射机、霓虹灯等，还为尼亚加拉瀑布（世界三大跨国瀑布之一，意为"雷神之水"）制造水利发电机组，在尼亚加拉成功开发电力被证明是特斯拉多项发明的转折点，尼亚加拉水电站至今仍是世界最著名水电站之一。

二战期间，特斯拉研究过引导闪电作为武器攻击敌人的技术。冷战时期，美国有心启用以前关于新型武器"死光"（即激光）的设想，研制弹道导弹防御系统以拦截苏联导弹或使其失控。但就在国会开会讨论这一方案的前一天，特斯拉去世，至今还被一部分人怀疑死于谋杀。

晚年的特斯拉变得有点儿神神道道。他对数字3、6、9有执念，认为它们承载了宇宙的终极奥秘。他的生日正好是卡巴拉教（Kabbalah，犹太教 Judaism 神秘主义的分支）里十大源质（The Ten Sephiroth，即生命树）之一的智慧（wisdom）开启的日子，而且文献记载那一天，天空突然电闪雷鸣，正跟他毕生从事的"电"呼应。特斯拉对此很在意，付出了很多努力，试图研制跟亡灵连线通话的设备。

相对爱迪生的鼎鼎大名，特斯拉被严重低估。特斯拉是真正的科学家（物理学家、电气工程师和机械工程师），爱迪生只是发明家、技术人员、擅长资本运作的巨商。爱迪生有多少发明，就有多少专利，特斯拉有几百项发明，却只有几十项专利，当然不是申请不到，而是宁愿给人无偿使用。

特斯拉远不如爱迪生善于经营，也远没有爱迪生有名有钱。就像胡克跟牛顿起纠纷，后果很惨一样，特斯拉跟爱迪生PK，也是明明赢了，却像输了。

有一年，美国电气协会为了感谢特斯拉的卓越贡献，要给他颁发本领域的最高奖。特斯拉兴冲冲去了，领奖时才知道，这个奖竟然叫"爱迪生奖"（IEEE Edison Medal）。特斯拉出名之后，爱迪生送给他一张签名照以示友好，那一次，他出于礼貌接受了，但这一次，他拒绝了奖金和荣誉。

不得不说，电气协会的情商，全宇宙都能排倒数第一，哪儿疼他扎哪儿。

当然也是没办法，谁让爱迪生有钱呢，这奖是爱迪生的通用电气公司设立的，电气协会只有两个选择：要么因为肯定特斯拉的成就而惹恼本人，要么因为不肯定其功绩而惹恼世人，并且有失协会的专业水准。

好在总有明眼人，能发现社会舆论和历史尘埃埋没的人才。一百多年后，马斯克开发电动车，没有像福特、奔驰和劳斯莱斯一样，用自己的名字命名，而是选择向特斯拉致敬。

特斯拉电动车的全球官方系列广告中，有一个名为"不是梦"（*Not a Dream*）的宣传片，炫酷的电动车开进原始部落，内中台词就来自特斯拉的一个演讲。马斯克凭一己之力，几乎让特斯拉的知名度赶超爱迪生，而且自带最新锐科技的光环。

齐奥尔科夫斯基
永不言弃,如此而已

已经没有人知道,1881年,当俄国的乡村中学教师康斯坦丁·齐奥尔科夫斯基(Konstantin Tsiolkovsky, 1857—1935)寄出平生第一篇论文时,是一种什么心情。

激动、紧张、期盼、忐忑……他花了很长时间研究气体运动理论,也相信自己确有独到见解和理论贡献,但是,彼得堡的物理化学协会可能认可他和他的工作吗?

要理解齐奥尔科夫斯基,必须结合他的经历。和爱迪生一样,又一个十岁时患猩红热的苦孩子,疾病导致他完全失聪。从此,他失学在家(又和爱迪生一样)。最开始,还能接受母亲的关爱和家庭教育。但两年后,母亲去世了。父亲要独自养活七个孩子,完全顾不上他。六个兄弟都去上学,剩下的一个不愿意出去遭到嘲笑,把自己独自关在屋子里,从十二岁到十四岁。那是他一生中最痛苦、最孤独、最忧伤的时候,或许,也就是在那个时候,他开始幻想飞翔,幻想拥有超能力,能飞向更高更远的天空。

书能改变世界,也改变了齐奥尔科夫斯基忧郁的童年,他无意中翻到父亲的书箱,简

单的科普读物却让他着了迷。他用几年的时间,把能找到的书都看完了。1873年,十六岁的他不再满足乡下的环境,请求父亲支持他去莫斯科求学。

父亲答应了,但每月只能给他十五卢布,这是他吃饭、租房、买书、买试验器材的全部来源。这点儿钱不可能供起学费,齐奥尔科夫斯基住在郊外,每天带一块黑面包和水,步行去免费开放的图书馆,看一整天的书。直到图书馆关门,再步行回家,关进小屋里做试验。他不吃晚餐(又省时间又省钱),抓紧时间做完试验,尽量早些上床睡觉,以免到了深夜,饿得睡不着。

他就这样度过了三年,自学了解析几何、微积分、物理化学、天文学,一切吸引他的知识。直到父亲听说了他的状况,写信要他回家。那时候,他已经骨瘦如柴。脱胎换骨就在这种"苦其心志,劳其筋骨,饿其体肤"中酝酿出来。

回到家乡后,他先是谋得一份家庭教师的工作,后来通过考试获得教师资格,迁居县城,当上了县立中学的数学和物理老师。

他是当地出了名的怪人、一个被众人嘲笑的自学成才的聋子,从童年起一直过着极端封闭、与世隔绝的生活,除了上班就是把自己关在屋子里不知道埋头捣鼓什么。他生活中难得的慰藉,除了科研探索之外,或许就是那个对他又好奇又同情还有点儿仰慕的房东女儿。她后来成了他的妻子。

他的论文寄出后不久,彼得堡方面就回信了,措辞礼貌客气,充分肯定了论文的结论正确。这是好消息。

而坏消息是:您琢磨的事儿二十多年前已经被人研究过,结论跟您的一样。

齐奥尔科夫斯基以后才会知道，这封信，是门捷列夫写的。他身在乡下，信息闭塞，对最新研究动态一无所知。

没人知道这封信给乡村教师带来的是打击还是希望。憨愚的齐奥尔科夫斯基默默地把信叠好，转身默默地继续沉溺于他关于火箭、飞艇、太空飞行的研究。

很快，第二篇论文《生物机体力学论》问世，并得到生物学家谢切诺夫的好评。但他的处境并没有改善，学术界始终没有真正认可和接纳他，几乎没人关心他的科研情况。他的著作都是自费出版，人家的学术著作缎面精装，附录是参考文献，他书后附的，是即将出版的科学随笔和科幻小说的广告。全家的经济负担压在他一人头上，家里还遭过一次火灾，他所有的研究资料和手稿都毁于一旦……

真正的时来运转发生在 1917 年之后，他本人对于那场巨大的政权变动毫无察觉，毕竟他在乡下，听不见"十月革命的一声炮响"，但革命者发现了他。他简直是为这场革命量身定做的样板科学家：出身底层，在旧俄国受知识精英的排挤，研究领域是新政权雄起最需要的航天航空。

几乎一夜之间，他从一个乡间小科迷变成了国家科学家。

地位变了，环境变了，科研条件变了，但齐奥尔科夫斯基没变，他"以不变应万变"，还是那么孤僻、沉默，埋头做他的事，不管是在乡下出租房里，还是国家顶级实验室里，不管在门边偷窥的是房东女儿还是领袖斯大林，无论是他贫困潦倒遭受众人耻笑，还是七十五岁时收到斯大林的生日贺电，他的生存原则"一以贯之"，"沉思、计算和实验"始终构成他几乎"全部的生活"。

齐奥尔科夫斯基发表了著名的《自由空间》和航天领域经典的

《利用喷气工具研究宇宙空间》；最早提出星际航行的理论和火箭制造及其燃料的构想；成功地用液氧将一枚60米高的火箭送上了高空；建成了俄国第一个风洞；第一个探讨了人造地球卫星的问题。

他1935年去世，却实实在在影响到十多年后的东西冷战（1947—1991），美苏两国在航空和战备方面的争霸，几乎每一场交锋里，都有他的印记。

他甚至写了不少科幻小说。

要了解齐奥尔科夫斯基的专注和勤奋，单想想一个事实：他一生共写了730多篇论文，从1881年算起（事实上那篇论文没有计算在他的科研成果中），他平均每年完成13.5篇论文，一个月一篇多，持续半个多世纪，直到生命的最后一刻。

现在我们说齐奥尔科夫斯基是"现代航天之父"或"航天技术和火箭理论奠基人"，一个头衔不过十几个字，谁能知道它背后浸透了什么？

生理残疾、教育背景（自学）、体制外生存、经济压力、研究领域的荒芜……齐奥尔科夫斯基似乎比任何人都更有理由自暴自弃，更有理由失败。而他做的，只是认准目标，坚持，始终不放弃。如此而已。

居里夫人
本名玛丽

随便问一个中学生，历史上有哪些女科学家，十之八九，得到的第一个答案会是居里夫人。不信的可以亲自试试。

可是，如果问一个重点大学的研究生，玛丽·斯科罗多夫斯卡（Maria Skłodowska）是谁？茫然的恐怕是多数。

玛丽·斯科罗多夫斯卡就是皮埃尔·居里（Pierre Curie）先生的夫人，也就是鼎鼎大名的居里夫人（Marie Curie，1867—1934）。

现在听起来如雷贯耳的名字、历史地位毫无异议的科学大牛，回归到她生活的现实里，却一直是不被承认的弱势群体中的一员。

1867年冬，玛丽生于被沙俄占领的波兰教师家庭，一出生就面对的是被侵略的民族、贫寒的家境。虽然高中毕业获得金质奖章，但当时的波兰大学不收女生，即使收，她也没钱读。从十六岁到二十四岁，一个女孩子人生最青春美丽的时光，她在华沙当了八年家庭教师，和这个家庭的长子谈了一场不成功的恋爱，终于攒够了去法国读大学的钱。

她的一生经历了一个普通女人能够经历的一切，而且表现突出：大学毕业后工作，二十八岁结婚，生了两个女儿，流产一次，操持家务，相夫教子，照顾体弱多病的丈夫。丈夫遭遇车祸意外去世后，独自养大两个孩子（那时候，大女儿才不过十岁）。但是，世上有几个妻子，能协助丈夫获诺贝尔奖？有几个母亲，能亲自把孩子培养成诺奖获得者和音乐教育家、传记作家？为人妻为人母的成功，已经莫过于此了。

而玛丽在此基础上，还做了一些别的事情，她发现了两种新的元素：钋和镭。她是放射性化学和物理的奠基人，还是世界上第一个两次获得诺贝尔奖的人，前后相距不过八年。

在百余年的诺贝尔奖历史上，两次获奖的人只有四个，而在两个不同的领域获奖的，只有鲍林（1954年的化学奖和1962年的和平奖）和玛丽（1903年的物理学奖和1911年的化学奖）。诺贝尔奖章一共才有多少？可是在三十几年的时间里，光他们家就有两对夫妻、四个人，先后拿了三枚。

而这些奇迹般成就的背后，是一个糟糕的社会大环境和一个糟糕的工作小环境。

当时的社会对女性充满偏见，科学界尤其如此。现在盛传的居里夫人是"巴黎大学第一位女教授"和"法国科学院第一位女院士"，其实都不准确，而且掩盖了一些重要的事实。

真实情况是，居里夫妇长期不受法国科学界待见，皮埃尔·居里两度申请索邦大学（巴黎大学前身的核心部分，居里当时在巴黎大学另一个附属实验室工作）教职、一次申请加入法国科学院，都遭到拒绝。直到居里斩获诺贝尔奖，索邦大学和法国科学院才变了脸，第一时间发来邀请。

而居里夫人的处境更糟。所有的采访和荣誉都围绕居里，留给居里夫人的问题只有"请问您如何协助您的丈夫""您对您的丈夫获奖……",玛丽·居里不得不反复纠正:"不是'我对我的丈夫获奖',而是'我和我的丈夫获奖'。"

即使在第一次获得诺贝尔奖之后,居里夫人还是只能在一所普通的女子师范学校教书,没有自己的实验室。直到1906年皮埃尔去世,她才获准接手丈夫在索邦大学的实验室,但没有得到他的教席头衔。

也就是说,居里夫人确实是"巴黎大学第一位做了教授工作的女性",但不是"巴黎大学第一位女教授"。实至名未归。

至于"第一位女院士",啊哈,如果法国评选1910年的"十大新闻",那么头条一定是关于居里夫人竞选下一年度法国科学院院士引发的全国性大争议。

虽然有数学家彭加勒等人的支持,但反对女性当院士的声音更大,有科学家甚至直接质疑:"你相信女性作为独立的人能取得科学研究成果吗?"1911年1月的科学院投票表决,居里夫人毫无悬念地落选,从此再也没有参选。

同年年底,她第二次获得诺贝尔奖。在收到祝贺的同时,她还收到了某位科学家的善意忠告,说她现在是个寡妇,寡妇门前是非多,建议她不要独自去领奖,最好是直接辞掉这个奖。

即使两次获得诺奖,玛丽的主要身份,还得是居里"夫人",居里的夫人。

我没有细究过西方从夫姓的传统。玛丽第一次获奖是作为居里夫人跟丈夫分享的,第二次获奖时,居里已经去世。如果其间她改嫁了"比里",要再次改姓吗?第二次获奖者会是"比里夫人"还是"居里夫人"?爱因斯坦那篇著名的给居里夫人的悼词中的高度评价

"（　　）夫人的品德力量和热忱，哪怕只有一小部分存在于欧洲的知识分子中间，欧洲就会面临一个比较光明的未来"，括号里到底该填"居里"还是"比里"？无论是居里夫人还是比里夫人，那个原来叫玛丽的波兰女子在哪里？

还记得读书时，我们常把"撒切尔夫人"简称为撒切尔，有时候连老师上课都这么说，可是考试时就一定会扣分——撒切尔是她丈夫，肯定没有哪科试卷会考这个男子是谁。

如果一种文化习俗认同妻冠夫姓或夫冠妻姓，而且这种习俗里没有或者已经滤掉糟糕的意味（比如人身依附），那就当作传统顺从好了，我并不会为此特别地腹诽或抗议。但仍然需要强调，在历史上，从"居里夫人"而非"玛丽"的称谓，从波兰平民的出身，从持续一生的被漠视被忽略，都可以看出，这个女子没有得到一个人本该拥有的生存环境和空间。就像萧红说的，"女人的天空是低的"。即使她的能力和才华已经放出万丈光芒，全社会还是徒劳地要把她塞到丈夫的身后，让她被遮挡和掩盖。

非要把玛丽藏在居里夫人身后的人，到底在害怕什么呢？玛丽们？

最后八卦一下居里夫人的"梅开二度"，这是一个女人（而非科学家）很重要的一面。

我一直很喜欢李清照，很重要的一点，就是在她和赵明诚童话般的婚姻结束之后，她能够顶着世俗的压力，嫁给张汝州。

当时，她带着一堆古玩收藏，在战乱中流离悲苦，遇到张汝州，张对她百般照顾，体贴温柔。两人特别的门不当户不对，李清照却执意接受这份被广泛非议的柔情，勇敢下嫁。

可惜她看走了眼,张汝州是个烂人,胸无点墨,家暴,还行贿买官。他对李清照的好,是冲着她的收藏来的。

识破张汝州假面后,李清照最难得的一面表现出来,她果断向官府告发,亲自给她的"百日婚姻"送葬。要知道,这不仅是自己打脸,而且按照当时的法律,妻子告发丈夫致其获刑,自己也要一同下狱。李清照不惜承受牢狱之灾,也要摆脱这段婚姻。所幸没几天就被"保外就医"了。

居里夫人和李清照一样,开始有一段"夫妇擅朋友之胜"的美好婚姻,后来单身了,生活又艰难,情感又苦闷,这时身边出现了一个人……

出现在居里夫人身边的这个人,叫保罗·郎之万(Paul Langevin,1872—1946),法国物理学家,科学院院士。他是皮埃尔·居里的学生,按道理得喊居里夫人"师母"。

郎之万在"一战"期间开展回波定位研究,即利用声波测定潜艇位置,为近代声呐研究奠定了基础。他宣传相对论,二战时是有影响的社会活动家、法国共产党员,信仰马克思主义,曾因反对纳粹而被捕。死后葬在先贤祠。

就是这么一个人,与居里夫人产生了感情。但他当时已经结婚,郎之万夫人还很厉害,公开了郎之万和"第三者"居里夫人的情书,将这段婚外情闹得沸沸扬扬。此事正发生在居里夫人第二次获诺奖期间,折腾得她心力交瘁。她最后也没有能够和郎之万修得一段姻缘,在人生的最后二十多年里,独自终老。

这份没有修成正果的感情,却留下了余响,多年之后,居里夫妇的外孙女和郎之万的孙子结了婚。

哈 伯
万恶的"爱国主义"

1915年4月22日,比利时西南部的古老小镇伊普雷,"一战"正打得如火如荼,英法联军和德国兵在这里僵持不下。

下午,风刮起来了。英法联军突然发现,一堵长六公里、高两米多的黄绿色气体墙,正从敌军阵地出发,顺着风、贴着地,迎面移动过来,随即降入战壕,停滞下来,覆压十多公里。士兵们很快感到鼻腔和喉咙刺痛,剧烈地咳嗽、呼吸困难、胸口疼痛,然后窒息倒地。

这种士兵们从来没有见过的"武器",是氯,一种有毒气体。它能溶解于上呼吸道黏膜和眼球里的液体,生成次氯酸和盐酸,使人体组织强烈氧化。据事后统计,五千多人死于这次战役,一万五千人中毒后出现肺水肿、腹泻,数千人双目失明。

这是人类历史上第一次将杀伤性毒气大规模投入战争,是现代化学战的开端。潘多拉的盒子就此被打开。

化学战的始作俑者,是德国的化学家弗里茨·哈伯(Fritz Haber,1868—1934)。

哈伯平生最重要的贡献,是发明了

人造合成氨。随着农业的发展，氮肥的需求量迅速增长，哈伯设法将空气中的氮气固定下来，并且和氢气反应，合成氨肥。该项目从理论构想到实验室模拟再到工业化投产，跨越了一百五十年的探索历程，哈伯为它画上了完美的句号。世界上第一次有了人造肥料，而且来自最经济的空气（氮）和水（氢）。人类不再受限于天然氮肥，世界的农业发展有了强大的后盾保障。

单凭这项发明，哈伯也有资格获得1918年的诺贝尔化学奖。可悲的是，合成氨同样也是火药的原料。有了哈伯的垄断技术，占整个大气78.03%的氮气，变成了德国最富足的军火储备原料，而且可以节约巨额的军费开支。德国不必再依靠从智利进口硝石来保障火药生产。发展了量子力学的德国物理学家波恩在《还有什么是可以希望的？》一文中说道：智利的硝石出口在战争爆发之初就被封锁了，"如果没有哈伯的发明，德国人很可能在开战六个月后，就会因为缺乏炸药而失败。在这种情况下，科学思想和技术能力就是世界史的决定因素"。

如果没有哈伯的发明，威廉二世在考虑发动战争时也许会更加谨慎，战争也会提前结束，减少无数伤亡，众多家庭免于破碎。

当然，发明被运用于何处，并不必然是科学家的责任，人们并没有因为诺贝尔发明火药、爱因斯坦研制原子弹而诋毁他们。但哈伯不同。哈伯的邪恶在于，他"热爱祖国"。

这个狂热的爱国主义者，"一战"中不但积极参与军事工业的科研生产，而且直接发动了毒气战。他甚至特意坐飞机低空观察毒气释放后的效果，为其巨大的杀伤力欢欣鼓舞，为改进毒气弹的性能收集第一手资料。因为错误的"爱"，爱德意志和爱雅利安民族，哈伯专职研究惨无人道的杀戮方式。

除了氯气，哈伯还研制出光气、芥子气等多种毒气。恶之所以为恶，不仅因为它自身为恶，更在于它能诱生更多的恶、激发更大的恶。底线一旦被突破，参战各国争相研制和使用化学武器。整个"一战"期间，化学武器造成近 130 万人的伤亡。

"爱国"也扼杀了"爱情"。

哈伯的妻子克拉拉·伊梅瓦尔（Clara Helene Immerwahr，1870—1915）也是犹太人、化学家，第一位取得化学博士学位的德国女性，毕业时获"指定优等生"。

克拉拉无论如何努力也不能阻止丈夫研制毒气，在绝望、愤恨和道德自责中，她饮弹自尽，死在独子赫尔曼·哈伯（Hermann Haber，1902—1946）的怀里。

克拉拉的自杀还与她的性别和婚姻有关。她出身于化学教授家庭，一直协助丈夫从事科研工作（当时的社会规定女性婚后只能待在家里），也是活跃的女权人士，但时时被沮丧和无力感吞没。她曾向朋友倾诉她在家庭中的附属地位：

> 人要完全发挥他的能力，试图活出每一种人类生活提供的体验，这样的生活才有意义，才值得。正是在这样的冲动下，我那时候决定结婚。我从生活得到的很少……主要的原因是弗里茨压制性地将他自己放在家庭和婚姻的第一顺位。因此（我这样）一个比较不会自我张扬的人格，就被摧毁了。

很遗憾，克拉拉的自杀没有带来任何影响，她咽气后的第二天，哈伯一大早就开赴东方战线，部署毒气战。

儿子赫尔曼后来移居美国,一度隐藏过于"知名"的姓氏,最终还是因为父亲的不光彩历史,在1946年自杀。哈伯和第二任妻子生的孩子路德维希·弗里茨·哈伯在1986年出版《毒雾》(*The Poisonous Cloud*),一本介绍毒气历史的书。

研制毒气的经历无论对晚年哈伯及其后代产生过什么影响,在事发当时,无论妻亡子恨,还是战争伤亡的惨烈,都丝毫不曾触动哈伯的心灵,撼动他爱国的意志。当一个人将"爱国"作为最高价值,就会这样不惜任何代价、做出任何事来。

民族国家是近代化过程中激发出来的概念,一种新的虚构共同体。从逻辑上分析,爱国和爱民族都不能够也不应该成为人的最高价值。原因很简单,世上有不同的国家和民族。如果以此为最高价值,不同国家和民族之间就有永恒的沟壑,相处也永无宁日。在国家民族之上,还有全体人类;那才能构成最大的共同体,实现真正的和平共处。

除了人类,还有其他价值也可以高于爱国和爱自己的民族。俄国的恰达耶夫对自己的国家激烈批判,以至于被沙皇贴上"不爱国"的标签,他在《箴言集》中为自己辩护说:"不,我在用另一种方式爱我的祖国。……不管爱国多么美好,但世上还有更美好的事,那就是对真理的爱。不是通过祖国,而是通过真理,才能走上正义之路。"

卢梭则在著作中创造性地引用塞缪尔·约翰逊的话说:"爱国主义是流氓的最后庇护所。"只可惜,恰达耶夫和卢梭的话,哈伯听不到。

哈伯能够以杀(敌)人为己任,他本人却相当怕死。战后,因为害怕被当作战犯抓捕并接受军事审判,哈伯逃到乡下躲了半年,并转而投入一项从海水中提取黄金的科研项目当中去,希望以此来生产黄金,帮助德国支付高额的战争赔款。这是他"爱国主义"的又一种表现，还是代表他对战时罪行的愧疚？不得而知。

海水炼黄金的项目失败后，哈伯远离政治和战争，全力投入常规的科学研究当中。他领导的威廉皇家研究院"物理化学及电化学研究所"（现更名为"弗里茨·哈伯研究所"）很快成为全世界化学研究的学术中心之一。诚如他自己所说，四十多年来，他一直以知识和品德衡量和选择合作者。而在被强制要求按照民族和血统来重组研究所时，他宁愿放弃现有的职位，也不愿意妥协。

历史从来都是荒诞和吊诡的。爱国和民族情怀使哈伯留下历史的污迹，这份感情又反过来唾弃和吞噬了他。

1933年，德国人基于强烈的"爱国心"和饱满的"民族感情"，将犹太人哈伯驱逐出境。他被迫放弃自己的研究所，离开他深爱的祖国，逃往曾经的敌国英吉利，向剑桥大学寻求庇护。

一年后，在度假途中，他因心脏病发作死于瑞士。爱国主义至上的他，却被祖国抛弃，最终也没能死在自己深爱的德国。至今，哈伯和克拉拉的骨灰埋在瑞士巴尔塞的墓园。合葬违背克拉拉的意愿，葬于异国也不会是哈伯的心意。

但不管怎么说，英年早逝仍然是他的幸运，"一战"中的战争狂人哈伯没有看到二战，犹太人哈伯也没有死在集中营。不过，奥斯威辛集中营的"浴室"（毒气房）喷头释放出气体，毒杀了无数跟他同一民族同一祖先的同胞，那些经济高效的毒气里，有他研制的芥子气。

野口英世
了解比判断更重要

　　设想一下,你身边有一个人,四岁时掉进火炉,把左手烧残,结果造成心理上的扭曲和变态,你对他友好,他怀疑你别有用心,你明明没有歧视他,他却会敏感地敌视和攻击你,甚至动手打人。他家里又很穷,父亲是个酗酒、嗜赌的二流子,那些坏毛病都遗传给了他,他见到你就借钱骗钱,却从来不还,他拿了钱就去买醉、赌博、嫖女人。为了钱,他可以无所不用其极,有时候是利用自己的身世和残疾,卖惨装可怜,有时候是吹嘘自己多么有天赋才华和伟大前途。为了钱,他可以轻易跟朋友亲人翻脸,他极度自卑又极度自负,内心阴暗、偏执、阴鸷,从不善意理解他人。他以自我为中心、自私自利,依赖别人的帮助却从不知感恩,好像全世界都欠着他的。有一天,他心血来潮决定只身出国"求学",没有入学通知,没有推荐信,什么都没有,八字都没一撇,他就逼着一直在帮助他的人去借高利贷,给他筹学费。

　　你觉得这样的一个人怎么样?恐怕所有人都避之唯恐不及吧。

　　再想象一下另一个人,从小身残志坚、自强不息、学习优秀、外语基础也好。他坚韧、倔强、执着,立志学医,留学海外。他研究蛇毒,培养梅毒螺旋菌获得成功,先后找到小儿麻痹症和狂犬病的特定病原体,三次获诺贝尔生理学或医学奖提名。为了能找到当时最可怕

的黄热病的病原体,他离开条件优越的美国,远赴厄瓜多尔,在那里发现了一种微生物钩端旋体属。为此,厄瓜多尔政府授予他陆军军医监、名誉大校称号,并设宴感谢。当有人对他的研究提出质疑,他没有气急败坏,而是为了探究真理,转战非洲的加纳,再次寻找病原体,结果在加纳感染黄热病,五十岁出头便客死他乡。

这个人怎么样?当然,他是为真理献身的科学家,一个大写的人。

前面那个人叫野口清作,后来他给自己改名野口英世(Noguchi Hideyo,1876—1928),就摇身一变成了后面那个人。

自从 1900 年前往宾夕法尼亚大学开展蛇毒研究,野口英世只在 1915 年回国一次,那次载誉归来在社会上轰动一时,毕竟在日本向西方学习的热潮中,他是早期留学并学成归国的先行者之一。

但与之形成鲜明对比的,是家族熟人圈和学界的反应。

他之前给家人、朋友、同事带来太多痛苦的回忆,所以,亲朋好友没有人欢迎他。而在日本医学界,始终没有任何单位和组织邀请他做过报告、演讲或参加会议。在很长一段时间,日本医学教材中根本没有他的名字。

这些遭遇深深刺激和伤害了他,从那以后,他与家人、祖国的医学界彻底反目,毕生不再回国。

所有这些恩怨,要到所有人都离世的百年后,才消散在历史长河中。日本终于可以无条件接受和赞美他了。2004年发行新版纸币，1000日元纸币上的头像不再是夏目漱石，而换成了野口英世。渡边淳一历时八年为他写成传记《遥远的落日》，还有日本漫画以他为原型创作励志故事。

人的复杂性真是匪夷所思。

小时候看抗战电影或谍匪片，角色似乎只有两个，"好人"和"坏人"。地主、日本鬼子、汉奸、国民党员，都是坏人，他们长得尖嘴猴腮、贼眉鼠眼、头顶生疮、脚底流脓。革命者、共产党员、贫农，是好人，永远那么正义、光辉、善良，长着国字脸，声音浑厚，一说话就把坏人吓得直哆嗦。

小时候考试，判断题的答案也只有两种，对或者错，标准答案掌握在判卷老师手里。一个普通的孩子，从六七岁开始接受正常教育，直到大学毕业，一共十六年。十六年的对错判断，十六年的非此即彼，十六年揣摩出题老师的心思，是会形成肌肉记忆的，这种思维训练对人的思想意识影响之深入，远远超出多数人的意识。它对一国的民众思想观念潜移默化的塑造，也远远超出多数人的想象。

世上本没有纯粹的"好人"或单纯的"坏人"。一个好人，未必是你能够容忍并与之相处的。让你刻骨思念、倾心爱慕的，也可能是一个坏人。如果非要给人做确定的是非道德判断，那么请问，野口是好人还是坏人？

所以啊，不要轻易评价一个人，不要简单判断一个人。了解比判断重要，事实也比原理重要。

爱因斯坦
被神化掩盖的世俗

作为公众名人的爱因斯坦（Albert Einstein，1879—1955），有很多众人耳熟能详的段子。比如他小时候做的三个小板凳（假的）、他的成功公式 A=x+y+z、他的小提琴、他的名言"想象力比知识更重要"，还有他总是衣衫褴褛地走在街头，开始是因为"没有人认识我"没关系，之后则是"所有人都认识我了"。

在一般人的印象里，这个出圈的科学神人不食人间烟火，是天才和顽童的结合体，永远是头发乱蓬蓬、眼睛深邃邃的形象。直到现在，世界上能真正理解相对论的人仍然不多，但绝不妨碍他出名，不妨碍他作为科学家的标志或智慧的象征而存在。

爱因斯坦被神化了。

而我个人的偏好，是寻求任何人"人"的一面，挖掘神化光辉下的世俗。倒不是恶趣味或黑粉，非要挖出人家的庸俗不堪（事实上我很敬仰爱因斯坦，也坚信能在科学、哲学和艺术等纯粹精神领域做出

巨大贡献的人，一定与世俗价值保持距离，具有相当的超越精神），而是任何人都活在人间。人是土做的，总得尘归尘、土归土。无论尊卑贵

贱，老幼黑白，君王还是乞丐，名流还是凡俗，我都喜欢他们人味的一面。

爱因斯坦在慕尼黑度过童年，大家都知道他晚熟，三岁才会说话，小时候表现笨拙。其实他中学时成绩并不差，只是有点儿偏科。真正糟糕的是，他与同学相处不来，老师也嫌弃他。他在学校待着很不愉快。

雪上加霜的是，全家迁居米兰，他却因为学籍，不得不独自留在德国，上完中学再走。他坚持了一段时间便忍无可忍，私自决定（跟爸妈商量肯定不会同意嘛）离开德国，"千里寻母"。

半途退学是没有文凭的，他为了争取拿到毕业证，伪造了一张病假证明，可惜没派上用场，他还没来得及提出病退申请，就被勒令退学了。

不难想象，当少年自行辍学，突然出现在意大利的家门口时，他的父母有多惊讶和恼火。这孩子自作主张，现在好了，没书读了。米兰的德语中学只收十三岁以下的学生，中学没毕业的又不能考大学，十五岁的爱因斯坦正好被卡在中间，两头都落空。

父亲没奈何，督促儿子赶紧找工作，并坚持要他做技师。爱因斯坦找不到活儿干，而且他喜欢的只有数学和理论物理，不愿意当技工。

后来终于打听到，瑞士苏黎世的联邦工业大学允许年满十八岁的社会人士以同等学力报考，但当时爱因斯坦只有十六岁。母亲费劲找了好多关系，才为爱因斯坦捞到入学考试资格，可儿子不争气，又名落孙山。

还好学校比较开通，见这孩子数学和物理成绩确实不错，答应他只要在规定时间内拿到高中毕业证，就可以免试入学。又是一通忙活，好歹联系到瑞士阿劳镇的州立中学,肯接收爱因斯坦。他又得离家寄宿,满心懊丧,但毫无办法,总得混到高中毕业嘛。

还好瑞士的中学不同于德国的学校,相对自由散漫,温情脉脉,比较对爱因斯坦的脾气,他终于过了一小段舒心的日子。

一年后的1896年秋天,终于高中毕业的爱因斯坦,进入联邦工业大学。却还是不争气,一入学就跟班上唯一的女同学米列娃(Mileva Maric)谈恋爱,经常旷课,学业跟不上,一到考试就提心吊胆,赶紧找同学借笔记抄。上实验课不好好听,不按教授规定的操作步骤进行,造成小小事故,受过处分。就是那种大错不敢犯,小错从不断,不让人消停和省心的主。

大学期间,父亲的生意破产,家庭经济陷入困境。爱因斯坦生为长子,对此却一筹莫展,他给妹妹写信说:"可怜的父母亲的不幸使我的心情十分沉重。作为一个成年人而只能消极旁观。对亲人说来,我只是一个负担,我要是没活着肯定还好一些。"自责的语调和想法跟任何一个消极的困境中的青年没什么区别。

他读大学的费用后来是亲戚资助的,他还每个月尽量省点儿钱攒起来,因为想将德国国籍转为瑞士国籍,办手续需要费用。直到大学毕业后一年,他才攒够钱,加入瑞士国籍。

1900年,大学毕业的爱因斯坦无比渴望留校,但怎么努力都没有成功(多年以后,母校求着聘请举世闻名的他,而他已经不需要了)。他开始了漫长的求职之路。

他把自己发表的论文寄给德国莱比锡大学的奥斯特瓦尔德(Wilhelm Ostwarld,1909年诺贝尔化学奖得主)和荷兰莱顿大学的卡默林·昂内斯(H. Kamerlingh Onnes,1913年诺贝尔物理学奖得主),

希望能得到助教职位，但求职信如泥牛入海，杳无音讯。他又向苏黎世大学提交一篇气体动力学方面的论文，以申请博士学位，没有获得通过。

无奈之下，爱因斯坦开始打零工，去中学当代课老师，做家教，都是干了今天不知道明天，连持续两个月的短期工作都很难找到。他打出来的广告，收费标准是每小时三法郎。

不断地求职，不断打短工，不断失业，爱因斯坦的生命状态越来越差，连父亲都看出来了，为他感到不安。父亲私下里给奥斯特瓦尔德教授写了封"不得体"的信求情，说："我的儿子今年二十二岁……目前失业在家，这使他深感难过。他越来越觉得他的科学事业已经失败，再也无可挽回。而最使他沮丧的是，我们家没钱，他感到自己是我们的负担，并且因此痛苦不堪。"

在信中，这个舐犊情深的爸爸说：我保证我的儿子成绩好、热爱科学、勤奋努力，而且有天赋。请您看一看他发表的论文吧，哪怕说两句鼓励的话也好，要是还能接受他做助教，我真是感激不尽。

这封信发出去后，同样没有任何回音。

在这期间，爱因斯坦的女朋友还生了一个女儿，因为是私生子，又没有抚养孩子的经济实力，这个孩子"下落不明"——没错，有神圣光环的人也有污点。

两年后，通过同学的关系，爱因斯坦终于得到瑞士专利局里一份固定工作，就是一个小职员的位置，却被爱因斯坦称为"幸福的所在"。同年，父亲去世。老爱因斯坦先生临终前，只看到儿子找到工作安顿下来，就此瞑目。他终生都不知道自己生了个神一样的儿子。

成家立业，或者立业成家。爱因斯坦工作稳定，可以喘口气，开始考虑结婚的事。可是好事多磨，他的"姐弟恋"婚事遭到母亲的激烈反对，母子俩一度关系恶化。

爱因斯坦还为自己的"职称"发过愁，他一直是三级技术员，几次申请二级技术专家，都没有通过。直到他用三篇论文将1905年变成历史上著名的"爱因斯坦奇迹年"，他才于第二年获得职务提升，工资也涨了。他又在小公务员位置上耗了三年，迟至1909年，苏黎世大学才邀请他去当教授，他这才算正式开始职业科学家生涯。

伪造证件、学业压力、求职不成、经济困难、子报父恩、夹在婆媳矛盾中间的亲子关系紧张……这就是神化爱因斯坦的凡尘俗事。这样一个潦倒落魄、左支右绌的爱因斯坦，比起那个潇洒演绎 $E=mc^2$ 的科学神人，更让我感到可爱、可靠和可信。当一个人成为一种符号，一种象征，我们常常会忘记他终究还是一个人，甚至忘了生命是场体验，人生是个过程。

一说鲁迅，就是那个苦大仇深、眉头紧蹙、到处跟人骂架的中年人；一说爱因斯坦，就是那个发现相对论、半年没理发也没梳头的老人。难道这些人从来没有年轻过？谁小时候没有尿过裤子、少年时没打过架？

人都活在凡尘中，能在凡尘中开出花来的，才是真正的伟大。

每个父亲都应该推着孩子的摇篮车散步，能同时推出相对论的，才是真的爱因斯坦。我喜欢这样一个接着地气、冒着人气的爱因斯坦。

魏格纳
看地球的角度

我至今还清楚地记得第一次看到美国版世界地图时的别扭。我们看惯的世界地图，都是左边亚欧非（中国居中略偏左），右边美洲，中间是广阔的太平洋，大西洋则分列两侧。

美国出版的世界地图，却是中间一大块美洲（美国正面亮相），边上是分成两半的亚欧非和太平洋。中国那只大雄鸡在画面的顶东方，却还面向着东方，构图上很不美观，怎么看怎么"不对劲儿"。

美国版地图当然没错，感觉不对劲只是因为中国人和美国人（东半球人和西半球人）习惯从不同的角度看地球。不难想象，一个因纽特人无论看美国还是中国绘制的地图，都会别扭。因为无论哪一版，北极都变形成顶部的一抹，干脆什么都看不见，不得不在"主体"地图的角落，另外配一个圆圈小地图，说明地球的某个犄角旮旯里，还有一方土地叫作北极圈。

其实，从北极的上空看下去，北冰洋是群国环绕的"中心湖"。中国的世界地图上，北京和纽约隔着太平洋遥遥相对，远得地老天荒，如果从北冰洋上空看来，两城之间，很近。

地图反映的是看世界的角度，地图看久了，对世界的印象也就定型了。

1910年,而立之年的德国人魏格纳（Alfred Lothar Wegener,1880—1930）躺在病床上,那时他还不是享誉世界的气象学家和地球物理学家（事实上他到死都不是,但现在是了）,很无聊,只能盯着墙上的世界地图发呆。注意,不是我们见惯的世界地图,而是以欧洲为中心的世界地图。

在这个地图上可以清楚地看到,大西洋两岸的大陆轮廓非常吻合。魏格纳开始浮想联翩,非洲大陆和美洲大陆以前也许是连在一起的,甚至地球上所有的大陆和岛屿都是一整块"泛大陆",被原始的"泛大洋"包围,后来大陆裂开、漂移,成了现在的模样。

不得不说,魏格纳的发现自有其偶然和"幸运"。他面对的"欧美版"地图,正好可以明显反映欧洲和非洲西海岸与美洲东海岸,尤其是巴西东面的凸出和非洲几内亚湾的凹进吻合,可是对着一幅亚洲版或北极版、南极版的世界地图看看,你能看出中国的东部拼进美洲的西海岸吗?

大陆漂移的想法相当疯狂,陆地又不是竹筏,可以在水里游移。但魏格纳被自己这个古怪的念头吸引住了,病好之后,他开始从古生物化石、地层构造等方面寻找证据,这样做的结果有二:第一,他证明了自己的大陆漂移猜想,揭示了地球大陆的一个历史秘密;第二,他直接为此付出了生命的代价。

为了进行实地考察,他先后四次前往北极的格陵兰岛,最后一次科考,他没有能够回来。在他失踪小半年后,搜索队终于找到他的遗体,从记录上看,他冻死在五十岁生日的第二天。我得说,我觉得这是一种浪漫而高贵的死法,在远离世界烦扰的空灵之地,在生命的最后一天,写下最后一条科考笔记,安静离去。

说完魏格纳,简单地回顾一下世界地图在中国扎根立足的经历。一直以来,"中国"在中国人的心目中,不仅是"在中间的国家",而且是唯一的文明国家,而且差不多就是整个世界。中国的四周是大海,海上散落着零星的岛屿,就是旧时国人知道的"外国",海外之国,化外之地。

1584年,意大利的天主教传教士利玛窦来华传教,他记录说:"在教堂接待室的墙上,挂着一幅用欧洲文字标注的世界全图,有学识的中国人啧啧称羡它……很愿意看到一幅用中文标注的同样的地图。"于是,利玛窦为中国绘制了第一张世界地图《山海舆地全图》。

《山海舆地全图》就是触发魏格纳灵感的那张图,大西洋和欧洲在中间,中国挤在右边有点儿变形。善意又好脾性的利玛窦,担心中国人看了不舒服,主动改造成《舆地山海全图》,抹去福岛的第一条子午线,在地图两边留下一道边,使中国正好出现在中央经线的位置。

这件事利玛窦做对了,因为"这更符合他们(指'有学识的中国人')的想法,使得他们十分高兴而且满意",地图获得"巨大的成功"[1]这就是我们现在看到的世界地图的早期样子。

利玛窦后来获得相当的荣誉,死后被皇上赐地,葬于阜成门外。在他以前,传教士无论在中国什么地方逝世,都要迁回澳门神学院的墓地。[2]

"耶稣会士利公之墓"至今留存在北京市西城区展览馆南二里沟的北京市委党校内,是明朝万历年间的遗物。"慕义立言"的匾额,碑

---

[1]《利玛窦中国札记》第二卷第六章。
[2]《利玛窦中国札记》第五卷第二十一章。

What makes a scientist

文介绍"利先生讳玛窦,号西泰,大西洋意大利亚国人"。它的东西两边,分别是南怀仁墓和汤若望墓。来北京旅游的同学,别忘了这个冷门却有意义的"景点"。

在利玛窦之后,另一位意大利传教士艾儒略(Giulio Aleni,1582—1649)将一本《职方外纪》献给中国皇帝,这本书成为中国历史上第一本世界地理学专著,比利玛窦的《坤舆万国全图》更详尽和准确。

不知道早已习惯了华夷图或禹迹图的皇上们,面对一张《坤舆万国全图》,会是种什么感受和心情,震撼?愤怒?失落?恐慌?不屑?难以置信,抑或黯然神伤?虽然它小心地保证中国是"中"国,但毕竟是世界地图呀。

每个人认识世界,都离不开一个"我"看,所以,中国人选择看地球和世界的角度,将世界地图做成现在的样子,本是理所当然。只是,我们至少应该知道还有别的模样的世界地图存在。下一次见到南极洲大气磅礴地舒展开敞,而亚欧非美洲统统在地图边缘探点儿零星的头,对于这样的"南极版"世界地图,也不至于莫名惊诧,匪夷所思,断然拒斥。

很建议同学们在自己的房间里,并排挂上三张图:中国地图、世界地图和银河系星象图,让宇宙在你面前逐渐放大,直到无边无际,再从无边无际的星际凝缩回自己。

多年来我也一直鼓励学生,无论学什么专业的,都学一点儿天文学和历史学(包括考古学)知识,一生至少用一个夜晚观测星空,用一个白天参观博物馆。不是为了增长知识,是为了"熏"出一种意识:空间有多浩渺,时间有多苍茫。人类在其间,不过一点,一瞬。那么,小小腔子里的一点儿自我,极端地微不足道,也珍贵到了极端。

弗莱明

大自然的知音

第一次世界大战期间，有多少人因为伤口感染而死，恐怕已很难统计。1918年，一场普通的流行感冒席卷欧洲大陆，一次就带走了两千万人的生命。伤口化脓感染和流行性感冒，都是微小的细菌导致的，而在弗莱明之前，没有人知道，怎么才能控制致命的细菌。

被笼统当作英国人的亚历山大·弗莱明（Alexander Fleming，1881—1955），其实是苏格兰人。跟每天实验完后清洗器皿、收拾整齐的同事相反，他的实验台永远凌乱不堪。

在一次工作中，感冒鼻塞的他无意中将鼻涕滴进了细菌培养皿，他也没收拾。几周后，培养基上长满了菌落——除了鼻涕周围。

难不成鼻涕中含有杀菌的物质？弗莱明开始到处找人"索要"鼻涕，重复试验。接着，他又收集眼泪（他把柠檬发给助手，发动他们去收集各人的眼泪）、唾液、血清等，看看这些不同体液中是否有什么共同的东西。

实验结果令人振奋，那种能制止细菌滋生的东西几乎无处不在，在人的各种体液中，甚至藏在头发和指甲里。这个

东西事实上是人体的第一道防御线，细菌只有突破了这道线，吞噬细胞才能起作用。弗莱明将它命名为"溶菌酶"，这是他一生的两大重要发现之一。

1928年，同样的一幕发生了。弗莱明拿着一个培养皿激动不已地给大家传看，那个有金黄色葡萄球菌的培养皿，现在却长满青色的霉菌菌落。某些细菌能抑制其他细菌的生长，这本是常识性的事情。但对人体来说，葡萄球菌是极度危险的致病细菌，什么东西竟能杀死它？

弗莱明致力于这种单株真菌的研究，发现了它的很多性质，包括超强的杀菌能力、对人体无毒害等，这种实用有效的抗生素就是弗莱明最重要的发现——青霉素（Penicillin）。

青霉素挽救了无数人的生命。很多现在看来很平常的"小"病（肺结核、伤寒、猩红热、白喉、脑膜炎、淋病、梅毒……），在青霉素发明之前，都曾是绝症。如今司空见惯、价格低廉的青霉素，几十年前曾是价值千金的名贵药物。统计表明，青霉素的运用使人类平均寿命增加了十年。

至于抗生素在今天被滥用到惊人的、违背科学常识的地步，那已经是另外一个话题了。同学们只须记住一点，不要轻易打吊针，那可能是在给细菌做陪练，帮助它们进化抗体。

弗莱明有一句名言："是大自然创造了青霉素，我只不过发现了它的存在。"这是他的谦虚，也更可见他是大自然的知音。大自然有很多"秘密"，其实埋得并不深，甚至昭然若揭。只是人类的马虎和疏忽，看不见大自然给予的种种提示。

世上从不缺少美，缺少的是发现美的眼睛。同样，大自然从不缺少溶菌酶和青霉素，缺少的是发现它们的眼睛。世上甚至都不缺少发现他们的眼睛，却缺少理解它们重要意义的大脑。

溶菌酶在人体和部分动植物体内，原本"无处不在"，青霉素也并不高深莫测。和某些重要的科学成果一样，弗莱明不是第一个发现青霉素的人，桑德森在 1870 年，李斯特在 1871 年，罗伯茨在 1874 年，丁达尔在 1876 年，还有 1896 年法国一个普通医学院的学生，都注意到了青霉素的存在。

相比之下，大自然并没有特别眷顾弗莱明。试想，青霉素落进一个有葡萄球菌的培养皿里的概率有多少？在无数玻璃器皿中的无数真菌中，不起眼的青色菌被注意到的概率又有多少？那个有青霉素的培养皿，弗莱明所在实验室的每个人都曾见到，但只有弗莱明激动地给它拍了照，这张照片至今留在大英博物馆。

所以，也只有弗莱明因此获得了诺贝尔生理学或医学奖。

当然，也必须客观地说明一点，弗莱明其实只是青霉素的"表层发明者"，他并没有意识到自己的发现意味着什么。他给健康的兔子和老鼠注射过青霉素，用来进行毒性试验，但完全没想到给患病的动物注射以进行治疗实验。我没有苛求前人的意思，只是感到遗憾：要是有人早一点儿意识到抗生素的作用，之后数年内会挽救多少因发炎感染而死的人。

医学发明和进步，不仅是在争个人荣誉的头功，更是在跟死神赛跑。早一日进步，早一日救天下苍生的性命。这是科学伟大的一面。

1935 年，牛津大学的生物化学家弗洛里（Howard Walter Florey，1898—1968）和钱恩（Ernst Boris Chain，1906—1955）重新研究青霉素的性质，并解决了青霉素的浓缩和提纯问题。青霉素才开始大批量生产,真正发挥拯救人类的作用。从这个意义上说,作为青霉素的"深层发明者",弗洛里和钱恩相当有理由与弗莱明分享1945年的诺贝尔生理学或医学奖。

戈达德
只因看闲书

这是一个典型的"差生":不喜欢读书,尤其是数学。经常逃课,总是留级,留成了班上的老大哥,十七岁还在读高一。他妈妈体弱多病,那病八成是被顽劣儿子气的。

老是留级,老师也就不指望,妈妈又多病,管不过来,这小子可就"自由"了。另外,人生往往如此,一个坏习惯就能毁掉一个人,一个好习惯也能拯救一个人。这孩子成绩不好,却有个好习惯:爱读书,虽然只是闲书。

如果这个老师不亲老妈不管的孩子,喜欢的是玩游戏而不是看书,之后的人生就完全不同了。

如果加一点儿戏剧效果,可以这么描写:有一天,这小子又逃学了。他躺在一棵苹果树下看闲书。什么书?赫伯特·乔治·威尔斯(Herbert George Wells,1866—1946)的《星际大战:火星人入侵地球》,还有一本《月球上的第一批人》。昨天他刚看了儒勒·凡尔纳(Jules Verne,1828—1905)的《月界旅行》,前天看的是《从地球到月球》。

既然说到了现代科幻小说的开创者凡尔纳,不妨补充一句,苏联的航空之父齐奥尔科夫斯基,也是从看科幻小说开始太空飞天梦想的。科幻文学对于点燃孩子的科学热情,激发创造力和想象力,可谓

功莫大焉。

当时,并没有一个苹果掉到这个差等生的头上,把他砸成牛顿。但小说中某个神奇的想法砸中了他,同样让他脱胎换骨。他激动起来,想,人类该飞出地球去,飞向太空!

只是,怎么去呢?嗯,他决定再找点儿书来看看怎么去。

十二年后,小伙子不仅知道用什么交通工具飞出地球,而且开始制造它了:火箭。这时候的他,已经从克拉克大学获得博士学位并留校任教。距离最后成为美国的"现代火箭之父"还有十多年的时间。

他叫罗伯特·H.戈达德(Robert Hutchings Goddard,1882—1945)。

十七岁之后,考试老不及格的戈达德突然像换了个人似的,洗心革面努力学习,从事他感兴趣的"火箭动力学理论研究"。为此,他制订了详尽而艰难的学习计划,包括补习他最头痛的数学。

不过,成绩不好就是不好,基础不够就是不够。三年后,他借钱进入非著名大学渥切斯特技术学院。但在读大学期间,他持续投入他的研究,写出了平生第一篇论文《空间民航》,成功点燃一枚放在真空玻璃容器内的固体燃料火箭,证明火箭可以在模拟太空的真空中工作。他作为优等生从大学毕业了,未来的路铺在脚下,明确而灿烂。

1919年之后的几年,他发表论文《一种达到极端高度的方法》,描述乘火箭进行宇宙航行的美好前景。他先后做过很多种火箭:多级火箭、固体燃料火箭等。过于艰苦的工作使本来就体弱的戈达德一度患上肺结核,这在当时是绝症,但他居然挺了过来,继续投入火箭研制的工作中——在这期间，中国在推翻清政府，为是否剪辫子纷争，袁世凯和南方革命军大打出手。

1926年3月16日，写入历史的时刻终于来临。戈达德在家乡马萨诸塞州的一个农场里，成功发射了世界上第一枚液体火箭。借助液氧和汽油，火箭升空41英尺（12.5米），飞行184英尺（56米），很不起眼的高度和距离，却是人类航天史上伟大的第一步。就在那一天，他说出了他那句标志性名言："昨日的梦想，就是今天的希望，也是明天的现实。"

现在，我们可以轻巧地说，戈达德昨天的梦想，已经是我们今天的现实。但在当时，历史时刻来临的时候并不那么美好。很长一段时间，戈达德和他的研究都是舆论的笑柄和谈资，《纽约时报》对此事进行了潦草又幸灾乐祸的报道，嘲笑"月亮人"戈达德先生连高中的基本物理常识都不具备，却想入非非要去月球旅行。他糟糕的中学成绩又被扒出来供人议论了一番。不过这些报道没怎么伤害到戈达德，因为他申请不到经费，完全靠自己赚钱省钱搞科研，穷得叮当响，很可能没闲钱买《纽约时报》看。

而且，当真是"祸兮福之所倚"，《纽约时报》的报道引起了一个人的注意。这人是个著名的飞行员、美国航空界的先驱。他知道这事后，没有理会报纸的嘲笑，开始关注起戈达德的研究，后来还为他筹到五万美元的科研经费。戈达德终于能够建立发射场，继续他的火箭研发了。

这之后，戈达德发射了携带仪器（气压计、温度计和照相机）的火箭、第一次超过了声速的火箭。他一生获得214项专利，包括火箭飞行器变轨装置、火箭发动机液氢液氧燃料泵、自冷式火箭发动机等。

但他终其一生，都没有获得学术界认同。所有的荣誉都是他死后追加的：被追授航天勋章，美国国家宇航局的一个主要研究基地被命名为"戈达德航天中心"。

戈达德被嘲笑和轻视，不是他的损失，却实实在在是美国的损失。直到他去世，美国的火箭技术仍远落后于其他国家。德国人却利用戈达德的设计，打造出 V-2 火箭，后来在二战中亮相，大出风头。1961 年苏联宇航员加加林上天，乘坐的是新型液体火箭。到那时候，美国才如梦惊觉，三十年前有个戈达德，不就是研究液体火箭的吗？现在美国悔断肠子也来不及了，太空中已经写下加加林的名字。

回顾戈达德的一生，一切奇迹和辉煌都是从几本高考不会考的课外闲书开始。所以你知道成功真正的决定因素是什么了吧：至少不是"赢在起跑线上"。短跑才赢在起跑线上，而人生是长跑。

在漫长的马拉松跑道上，需要强健的身心（用来扛过肺结核，用来应对挫折和嘲笑）、持久的兴趣、被发掘和培育的自我，还要一定的运气和外援助力。所有这些，都未必能体现在试卷上红红的分数上。

别着急，慢慢来，别停下——学习之余，且去苹果树下，看本闲书吧，像戈达德那样。

诺 特
抽象代数之母

她是女性,生活在人类性别意识觉醒初期、女权运动爆发之前;她是犹太人,生活在德国的纳粹时期。这个生不逢时的超级倒霉蛋,就是数学家艾米·诺特(Amalie Emmy Noether,1882—1935)。

1900年,几乎全世界的高等学府都不招女生。即使诺特从小在爱尔兰根大学的校园里长大,即使她父亲是该校数学教授,她也只能在该校当一名编外的旁听生,直到1904年才正式注册入校。三年后,二十五岁的诺特获得数学博士学位,当时全世界也没几个女博士。

即使今天,仍然流传这样的笑话:世界上有三种人,一种是男人,一种是女人,还有一种是女博士。那么,一个世纪前的德国,诺特小姐这样另类的"第三种人"会如何招人侧目,就不难想象了。

当时数学界的超级权威希尔伯特邀请诺特去哥廷根大学任教,却遭到教授委员会集体抵制。教授委员会拒绝授予女博士以讲师资格,因为"让一个女人当讲师,那她以后岂不是还可能升教授,进大学的评议会?怎么能让女人进大学的最高学术

机构呢"。倒是很懂防微杜渐、箕子惧象箸[1]的道理。

希尔伯特回答:"为什么不能?大学评议会是学术机构,又不是澡堂!"

反驳很精彩,但无济于事。多次交涉无果后,诺特只能曲线救国,以希尔伯特"私人讲师"的身份代课,主讲代数学。课程算在男教授名下,由一个非教授非讲师非教员非老师的——女博士讲课。

虽然她是历史上第一个站上哥廷根大学讲台的女性;虽然她为爱因斯坦的广义相对论给出了严格的数学方法,"诺特定理"为相对论、基本粒子理论提供基石;虽然她建立交换环论,使之成为代数学的重要分支,在代数几何、代数数论、拓扑学、复变函数论上都有重要应用,她因此被誉为"抽象代数之母";虽然她培养了众多的代数学青年学者,包括一个中国学生曾炯博士……但是,她始终没有获得正式身份,她得到的称谓,是不伦不类的"非官方副教授",她在高校终其一生都没有获得正式身份。

霉运还远没有结束。1933 年,希特勒上台,五十一岁的诺特迅速被驱逐。授课和讲座被叫停,工资也没了,她仓促逃往美国的普林斯顿研究院。

两年后的春天,一次不大的妇科手术引发致命的并发症,导致诺特去世,终身未婚。

细细想来,诺特一生的坎坷,都是因为她天然的身份,而她留在历史上的痕迹,都是因为她本人,包括美国设立至今的诺特博士后奖学金。用现在的观念看,按照天生的特征(某一种族、性别或社会身份,如奴隶)把任何一群人拒斥在人类整体之外,光是这种想法就荒

---

[1]《韩非子·喻老》里讲了个故事,商纣王做了副象牙筷子,他叔叔箕子看了表示"害怕"(其实是忧虑),意思是,用了象箸,就得配犀牛杯一类的餐具吧,用了这样的餐具,不能吃粗茶淡饭吧,得吃"旄象豹胎"。总不能在破房子里穿破衣服吃大餐吧,所以"锦衣九重,广室高台"。因此"吾畏其卒,故怖其始"。

谬又罪恶。可因为傲慢与偏见，人类居然花了几千年才认识并认同这一常识。可见真正阻碍人类进步的，唯有人类自己的观念。

请所有喜欢科学，却听过"女生学不好理科"打击的女生，勇敢护卫和追求你们的爱好，以后去申请诺特博士后奖学金吧！

爱丁顿
阴谋和阳谋

有人的地方就有江湖。科学家也是人,所以科学界也是一个江湖,也会演出人情冷暖、人性善恶的大戏。爱丁顿(Arthur Stanley Eddington,1882—1944)主演的,是一部夹杂阴谋和阳谋的无间道。

爱丁顿可不是小人物。这么说吧,要不是他1919年5月29日率领观测组在西非的普林西比岛进行日全食考察,证实太阳巨大的引力场导致光线弯曲,并测到星光偏折角,爱因斯坦的广义相对论可能到现在还没人相信。虽然他的数据后来被证明非常不准确。

爱丁顿出生于英格兰一个贵格会家庭,两岁时,做中学校长的父亲死于流行性伤寒,母亲独自拉扯大姐弟俩。爱丁顿是乖孩子、好学生,在曼彻斯特维多利亚大学攻读物理学学士学位、在剑桥大学读硕士,都拿到了奖学金,1905年毕业后到格林尼治天文台工作。

1913年,他接替达尔文的儿子,担任剑桥大学天文学和实验物理学的终身教授职位。第二年被任命为剑桥大学天文台台长,不久当选英国皇家学会会员,从1938年开始担任国际天文学联合会主席。

他是世界上少数几个弄得懂相对论是什么的人之一,用德文

发表的相对论之所以在英文世界里有巨大的影响,与他的关系极大。他用数学模型计算解释了造父变星的变化周期理论,并率先提出恒星的能量来源于核聚变。非中空中物体的发光强度极限被命名为"爱丁顿极限(Eddington limit)"。

就是这么一个出色的天文学家,却在他最优秀的学生钱德拉塞卡(Subrahmanyan Chandrasekhar,1910—1995)面前,扮演了一个很不光彩的角色。

钱德拉塞卡是印度人的骄傲,他大学毕业后赴剑桥大学留学,二十三岁获博士学位。在这期间,天体物理学界的权威爱丁顿一直是他的师长兼朋友。钱德拉塞卡认为白矮星会有一个最大质量,一旦超过这个最大极限,就会坍塌为中子星和夸克星,直到成为黑洞。

师生俩固定每周两次聚会,主要讨论的就是这个问题。爱丁顿一直很欣赏这个印度学生,悉心培养他,关照他的生活,并主动推荐他到英国皇家天文学会上去宣读论文,那是1935年的事。

不难想象钱德拉塞卡的感激和兴奋,他刚满二十五岁,前途似锦,有自己的学术思想和成果,又受到顶级学者的栽培。他为本次发言一定做了精心的准备,要在最高级别的学术圈展现自己的才华。

1月11日,一个改变钱德拉塞卡前半生的日子。他宣读完论文后,出乎所有人意料,爱丁顿站出来发言,极其严厉和苛刻地批评攻讦,断言黑洞是根本不存在的神话,并且当场撕掉钱德拉塞卡的论文!

这让钱德拉塞卡完全不能理解,他们那么多次讨论过这个问题,爱丁顿作为老师和学界前辈,从来没有表达过不同意见,没有疑问,更无争论,只是一味地鼓励他、支持他。就在刚才开会前不久,他们还在一起喝茶、谈笑。钱德拉塞卡刚刚获知爱丁顿也要就同样的问题发表论文，之前却只字未提。当旁人问及时，爱丁顿还神秘地笑道："会让你大吃一惊的。"他笑着对钱德拉塞卡挤了挤眼睛，一切看起来都是那么的和谐、默契、心心相印。事情怎么会这样？

一切都更像一个"请君入瓮"或"引蛇出洞"的阴谋，而不是正常的学术论战。

轰轰烈烈的新文化运动，没有碰撞就没有"响儿"，于是钱玄同化名为保守的"王敬轩"，狂骂白话文和新文化运动，刘半农则跳出来反驳，这样唱双簧，才终于引发关注。这么看起来，爱丁顿耐心地听钱德拉塞卡发表看法，热情地推荐他出席会议发言，也仅仅是需要一个出色的靶子，以便他展示高超的射击水准！爱丁顿完全想得到，以他当时一言九鼎的权威地位，这样做会轻而易举毁了钱德拉塞卡。对爱丁顿来说，钱德拉塞卡的前程可以毫不重要，自己痛快了就好。

不难想象，这件事之后，钱德拉塞卡在圈内的日子有多难过，用他自己的话说："世界就这样结束了，不是伴着一声巨响，而是伴着一声呜咽。"

因为爱丁顿在天文学界的影响力，钱德拉塞卡在英国找不到工作，因为政治原因，又不能回印度。钱德拉塞卡被挤兑得走投无路，几乎生活不下去，一年后凄凄惨惨"逃亡"到芝加哥大学，才终于安顿下来，直到1995年去世。

所幸天才是压制不住的，在爱丁顿给予毁灭性打击后的半个世纪，钱德拉塞卡持续他之前的思考和研究，最终因为持续地"对黑体的结构及其演变过程的理论研究，特别是对白矮星的结构和变化的精确预言"，站到了诺贝尔物理学的领奖台上，他还计算出白矮星的质量上限

（3×10³⁰ 公斤，太阳质量的 1.44 倍），这个数值被称为"钱德拉塞卡极限（Chandrasekhar limit）"。

功成名就后的钱德拉塞卡也不计前嫌，在爱丁顿的讣告致辞中，他将爱丁顿誉为那个时代仅次于施瓦茨希德（Karl Schwarzschild, 1873—1916）的最伟大的天文学家。

钱德拉塞卡后来对这件事有过回顾和分析，认为有些科学家，正是因为伟大，所以太过相信自己对世界的"规定"和"安排"，以这种傲慢的态度，强求自然"应该这样或那样"。爱丁顿坚持恒星不会变成黑洞，爱因斯坦坚持反对量子力学，并没有什么特别的理由，仅仅因为他们不喜欢也不愿意接受"黑洞"或"自由、随机"这样的想法。可事实上，大自然一次又一次地证明了构成自然基础的各种真理，超越了最强有力的科学家。

钱德拉塞卡的分析不是没有道理。爱丁顿确实表现出强烈的完美主义情结，他希望也认定自然是整齐规范的，一个突出的例子是，当时测到的微细构造常数 α 的数值接近 1/136，爱丁顿认定它"应该"是 1/136 整，后来测量到更精确的数值后，他又宣布它"应该就是"1/137 整，而事实上，目前最精确的测量数值是 1/137.03599976……这个数字肯定是爱丁顿不喜欢的，就像毕达哥拉斯不喜欢无理数一样。

但我对钱德拉塞卡的分析有不同的看法。真正让人不能接受的，不是爱丁顿在科学问题上认定了错误的观点，毕竟，最大的错误都是最强的人犯下的，等闲人犯不了巨大的错误。爱丁顿不能被原谅的，是他的做派。怀着恶意，把学生和青年学者当作猎物，先诱敌深入，再一招毙命；先让你畅所欲言，再露出獠牙，一网打尽。这已经不是简单的学术观点论战，而是人格和人品的问题。

不过，就算阴谋加阳谋全都用上又如何？大自然的真相，人不能凭自己的意愿改变，社会人际中的真相，骗得了一时，骗不了永远；骗得了一个人、一群人，骗不了所有人。爱玩阴谋阳谋的人，当引以为戒。

玻　尔
哥本哈根精神

我曾经见证一个场景，学生课间跑上讲台，质问老师上课为什么不按教材讲。老师回答：教材就是我写的，现在我的观点有变化了，新的修订本还没出来。

很难忘记那个学生的表情，仿佛挨了一闷棍，仍然气呼呼，但这气又发不出来，又郁闷又无奈地走了。

在这个学生心里，公开出版、白纸黑字的教材，应该代表了某种权威和神圣性，他想不到教材竟然是人写的，就像小孩子在校园之外——比如菜市场——见到老师，往往很惊讶，老师还吃饭？老师也是人，教材也是人写的；教材可以修改，甚至可能有错误！认识到这一点，有时会让人备受打击。

我也曾听到一个"平民"大学生感慨自己和"精英"同学的区别：我学的课文，就是他爸爸写的。课文要背诵，背错了扣分，他却在文章发表前帮爸爸改过稿。

由此我想到，学生们在好好学习课本知识之外，还非常需要认识尼尔斯·玻尔（Niels Henrik David Bohr，1885—1962），以及他的"哥本哈根学派"和"哥本哈根精神"。

学生固然要学习知识，却不是要匍匐在知识的脚下。相反，所有

的知识都只是前人探索和思考的结果,学习它们,是为自己以后探索新知识打基础、做准备。

人类构建了恢宏的知识大厦,我们怀着敬意进去,目的是在里面躲风避雨,安居乐业。而且要尽力修缮和扩建它,让后来人住得更好。这才是我们进入大厦的正确方式。它是安居的处所,不是朝拜的圣殿。

玻尔很可能从小就懂得这个道理。他的出身很好,爷爷是丹麦公立中学的校长,爸爸是哥本哈根大学的生理学教授,妈妈来自犹太富商家庭。玻尔在哥本哈根大学校园里出生、长大,从小跟着爸爸参加每周一次的家庭式学术沙龙,由此炼出一身"反骨"。七岁上小学,就敢指出教材和教师的差错。1907 年大学毕业,因为研究水的表面张力问题而获得丹麦皇家科学院的金质奖章。四年后,他获得哲学博士学位,去英国剑桥大学的卡文迪许实验室进修。

想要知道卡文迪许实验室有多牛,可以参看前文对卡文迪许的介绍,普通人在里头走一圈出来都像镀了金,一身光灿灿。玻尔同学呢,他第一次去见导师汤姆森(Joseph John Thomson,1856—1940,卡文迪许实验室第三任主任),懂事地带着见面礼——他写的一篇长论文,内容是对汤姆森各项研究的批评。

他还操着极不熟练的英语,把论文详细讲解了一通。从此再没见过主任的好脸色,他在剑桥的日子也不怎么好过。

所幸他不久在聚餐中认识了欧内斯特·卢瑟福(Ernest Rutherford)。卢瑟福被公认为是继法拉第之后最有才华的实验物理学家,被誉为"原子核物理学之父"。他出身贫寒,后来因为科学成就担任英国皇家学会会长,并被封为男爵,死后跟牛顿和法拉第葬在一起。

卢瑟福跟玻尔一样也是汤姆森的学生,个性鲜明张扬。但他们跟汤姆森的关系完全不同,这跟他们的出身有关。玻尔家庭优渥,目无下尘,能来卡文迪许实验室进修当然是美事,但也没有特别了不得。卢瑟福却是要靠学业改变命运的。剑桥大学录取通知书(还带奖学金)寄到时,他正在地里挖土豆,他当即丢掉锄头,仰天大喊:这是我这辈子挖的最后一颗土豆!

卢瑟福跟汤姆森的关系可谓"师慈弟子乖",1907年,汤姆森推荐卢瑟福去曼彻斯特大学担任物理系主任。玻尔赶紧跑去投奔,做了曼彻斯特大学的物理学助理教授。

年轻的玻尔没有眼力,但实力杠杠的。1913年入职当年,就发表长篇论文,创立原子结构理论,一举成为20世纪原子物理学的先驱,他的人生由此迎来转机,步入快车道。

之后是一系列让人眼花缭乱的荣耀:二十七岁回国受聘于哥本哈根大学,三十一岁成为教授,三十二岁当选丹麦皇家科学院院士,三十七岁获诺贝尔物理学奖,五十四岁出任皇家科学院院长……

这是玻尔个人的学术成绩,此外,他还做了一件影响世界科学格局的事情。

汤姆森退休后,卢瑟福回到剑桥,出任卡文迪许实验室第四任主任。临行前,他提议玻尔接受高薪邀请,在曼彻斯特建立一个现代物理研究的学术中心。

玻尔将卢瑟福视为"再生父亲",卢瑟福的提议也极有价值和诱惑力——除了"在曼彻斯特大学"这一点。

1920年，玻尔回到祖国，在哥本哈根大学创建了理论物理学研究所，并领导这一世界性的科学中心长达四十年。

在自己的国家，自己的物理学研究中心，玻尔将自己从小养成的"自由思考和讨论、高度的智力活动、快乐而大胆的科学涉险精神"，转化为著名的"哥本哈根精神"，使之成为哥本哈根理论物理学研究所的灵魂。

自由思想、独立精神、平等人格、真理至上，玻尔用这样的科学精神和态度跟爱因斯坦交往（两人做了一辈子的朋友，也为量子力学理论基础的问题争论了一辈子），也用这样的姿态面对小字辈。在他的周围，团结了一大批性格鲜明、思想活跃、才华横溢的青年学者，他们个个有性格，人人有段子：以尖酸刻薄著称的泡利，讲起笑话来满嘴跑火车的朗道，把画漫画写打油诗当主业、物理研究当副业的珈莫夫……他们中的很多人后来都获得了诺贝尔奖。

这个在北欧小国形成的"哥本哈根学派"，很快成为全世界量子力学的学术中坚，现代物理学者的朝拜圣地，其崇高地位和影响力持续至今。

玻尔自称能够将哥本哈根理论物理学研究所建设成为学术重镇，是因为他"从来不怕在别人面前暴露自己的愚蠢"。玻尔的声望达到了如此惊人的程度：给玻尔写信不需要地址，信封上写上他的名字，邮差就会把信送到。而要拜访玻尔，也不需要知道门牌号，你只须到哥本哈根，那里的司机都知道把你送到哪里。

玻尔1922年应邀赴德国讲学的活动甚至演变成德国的"玻尔节"。而就在那次玻尔节中，二十岁的大二学生海森堡（Werner Karl Heisenberg，1901—1976）对他提出了激烈的质疑。

玻尔没有像汤姆森对待自己那样对待一个大学生，他在会后约海森堡散步，做深入长谈，坦诚自己的疏漏，并邀海森堡前往哥本哈根做研究。

海森堡后来回忆说："我真正的科学生涯是从那次散步开始的。"玻尔则得意地说，他去德国讲学的最大收获，是海森堡和泡利。

同样，当玻尔在美国参与原子弹研制工作时，也能够从众多仰慕的人群中发现名不见经传的费恩曼，并主动邀请他讨论原子问题。

即使在盛名之下，也保持清醒，不被捧杀、异化和扭曲，不迷失自己。没有权威的"尊严"，没有顶礼膜拜，没有论资排辈，没有欺瞒压制，尤其是没有思想钳制，只有自由的思考和真理。

玻尔一直坚持这样的科学精神和原则，无论是在安逸的哥本哈根，还是在动荡的瑞典和美国。（二战爆发后，丹麦被德国占领。玻尔为躲避纳粹迫害逃往瑞典，后远赴美国参加原子弹研制工作，战后才回到祖国。）

玻尔就是这样，用他的人生为真正的科学和学术研究之道做了完美的诠释和注脚。哥本哈根精神是大学精神的典范。或许现在，大学老师更难回答学生的诘问：你为什么不按教材讲课？你为什么不提供标准答案？没答案我还学什么？你都不知道正确答案，有什么资格当老师？

最后说说玻尔和中国的因缘。1937年春夏之交，他应吴有训（1897—1977，中国物理学研究的开山祖师和奠基人。一代物理学家李政道、钱三强、钱伟长、邓稼先、杨振宁等，都是他的学生）和周培源（1902—1993，中国近代力学奠基人）的邀请，携妻儿到上海、杭州、南京和北平访问，对中国文化大为赞颂。

十年后,玻尔被封勋爵,亲自设计家族族徽,中心图案就是中国的"太极八卦图",还有一句拉丁文箴言作诠释:对立即互补(Contraria Sunt Complementa)。

如今,清华大学图书馆里还有玻尔文献室,保存有玻尔的诸多著作和文献。

拉马努金
天才和"普通人法则"

如果要列举著名印度人,一般都能想到第一个获诺贝尔文学奖的亚洲人泰戈尔、绝对打不还手骂不还口的圣雄甘地,或许还能说出几个著名影星的名字。但是还有一个人,被誉为"印度之子",被印在邮票上、拍成电影、写成书、演变成传奇或励志故事,在中国知道的人却不多。他就是拉马努金(Srinivasa Ramanujan,1887—1920)。

如果不是从科学家而是从个体生命的角度来看拉马努金,可真是悲惨。他一辈子几乎没开心过,从没得到过亲友真正的认同和支持,他很多时间都在生病、为生计担忧、承担各种他无心也无力承担的重任,不满三十三岁就离开人世,没有后代也没有学生。

究其原因,是他除了有数学天赋外,什么都不擅长。干啥啥不行,搞砸第一名。这样的人活在普通人的世界里,还能指望什么?

天才的数论学家与世俗的对抗,几乎从他一出生就开始了。拉马努金出生于没落、穷苦的婆罗门种姓家庭,成绩不好,严重厌学,唯一的爱好是做数学证明题。

他不知道从哪里淘到一本数学教材参考书,《纯数学和应用数学

概要》，里面收录了五千多个数学方程式，他以惊人的数学天赋和狂热爱好，兴趣盎然地一道道证明这些方程式，一口气写满了两个笔记本。这两个笔记本一度是他唯一的"财产"，后来改变了他的人生，直到现在还是数学家的研究对象。

1904年，拉马努金考取有"南印度的剑桥"之称的贡伯戈纳姆学校，并获得奖学金。

大学生活同样不能适应，拉马努金还是不怎么上课，独自徜徉在他的数学世界里。结果，英语不及格，奖学金被取消。

他十七岁，既没钱读书了，也没脸见人。没办法面对这样的人生境遇，他只能离家出走。在外流浪了一个多月，实在混不下去了，他只得灰溜溜回家。

被贡伯戈纳姆学校劝退后，拉马努金还短暂地进过别的学校，每一次都是数学能力突出，其他各种功课不及格，一直拿不到毕业证。倒是离家出走成了习惯，他难以面对时就玩失踪，甚至曾惊动警察，被"捉拿归家"。

但他消失不了，人生的麻烦和困境也不会消失。生活对他来说太艰难，他一直应付不来。书读来读去总也毕不了业，丢脸不说，没文凭还找不到像样的工作。拉马努金也不想工作。

恨铁不成钢的爹妈用特别有印度特色的古老办法，打击和摧毁了拉马努金吊儿郎当的生活。他们给二十一岁的儿子娶了个九岁的媳妇。"妻子"虽然还没成年，住在娘家，但拉马努金已"身为人夫"，就得有个当家人谋生养家的样子。

拉马努金不得不放低身段，辛苦求职，其中的狼狈不提也罢。按照"普通人法则"，不及格就不能毕业，没毕业证就别想有好工作。这些都是合理的要求和规范。拉马努金不能奢望特殊待遇。

他后来回忆说，那一段时间，他长期处于"饿得濒死"状态。有一次病倒了，他把从不离身的两本数学笔记交到朋友手里，请他必要的时候交给某位数学专家，这完全是交代后事的做派。

1913年，泰戈尔获诺贝尔文学奖那年，拉马努金终于孤注一掷，写信给剑桥大学顶级的三位数学家：贝克（Henry Frederick Baker，1866—1956）、霍布森（Ernest William Hobson，1856—1933）、G. H. 哈代（Godfrey Harold Hardy，1877—1947）。他在信中自我介绍说，他是南印度马德拉斯港务信托处的职员，年薪二十英镑，二十三岁，没受过大学教育，但学完了普通中学课程。信后面附了他解的一些方程式。

只有哈代一个人留意到这封莫名其妙、显然不知天高地厚的来信，写信者"知识的缺陷和其知识的深刻一样令人吃惊"。哈代当时也不过三十出头，但已经功成名就。天才总能从人群中一眼发现另一个天才。哈代给出了扭转乾坤的通行证，拉马努金终于可以漂洋过海去英国深造了。

可是，"普通人法则"持续发威。按照印度的习俗和宗教教义，远赴重洋跟抛弃圣巾、与寡妇结婚、吃牛肉一样，都是性质极其严重的罪过，是对家族和神圣种性的玷污。就在拉马努金出生那年，甘地执意要去英国留学，结果被家族除名，丢掉了自己的高贵种姓。

婆罗门阶层的拉马努金也经历了同样的挣扎和抗争。结果，不知道是偶然还是冥冥中的力量，他终于能动身了。但这件事仍然留下严重恶果，正统的婆罗门亲友一直没有原谅他，他载誉归来，没人迎接和登门问候，即使在他死后，亲友也拒绝送葬和见最后一面。

1914 年，拉马努金到达伦敦，他和哈代合作的那段日子，被哈代浪漫地称为"我一生中最浪漫的事"。但拉马努金在英国的生活并不如意，人生地不熟，饮食不习惯，气候也不适应，欧洲岛屿上的阴冷潮湿让习惯热带季风气候的他苦不堪言。他是高种姓男人，下厨房被认为是罪恶，他几乎没有生活能力，现在却要学着做饭，要处理油盐柴米和衣食住行。拉马努金严重水土不服，极度不适应，和一切都格格不入，感觉活不下去。

　　在英国人眼里，拉马努金也是个怪物，当然也没有朋友。他没受过高等教育，却在世界最著名的大学里从事最纯粹的研究，他有惊人的数学天赋，对数字充满灵感，在椭圆函数、超几何级数、发散级数、堆垒数论尤其是整数分拆方面成就斐然，却谨慎地保持正宗婆罗门的生活方式，虔诚相信神灵的存在。

　　他一直神经质地宣称，方程式之所以有意义，在于它代表了神的一个闪念。他坚信自己的数学天赋是纳马卡尔神庙里的女神赐给他的，女神把数学方程式写在他身体上，或者通过梦告诉他。所以，他沉溺于解梦、占星、拜神，甚至通过解梦和占卜预言自己活不过三十五岁。

　　真该死，居然预言对了。

　　在英国的五年，拉马努金用四年时间，发现了高度合成数的性质和拉马努金 θ 函数，让自己成为英国皇家学会会员和三一学院院士，却用了更多的时间生病、思乡、苦闷，其中最持久的病是肺结核。

　　拉马努金的病还为科学野史留下一个经典段子。1917 年 5 月，哈代去医院看望住院的拉马努金，因为不知说什么好，就没话找话说："刚才我坐计程车来的，车牌是 1729，一个没什么意思的数字。"拉马努金却立刻说："不，哈代，它是可以被用两种方法写成两个立方和的

最小数字。"（12^3+1^3 和 10^3+9^3，也就是 1728+1 和 1000+729）

但是，数字方面的天才没能化解数学家的愁闷，拉马努金最后甚至痛苦得想要撞火车自杀。他身体上留着两个痕迹一直保持到死。一个是两岁时发天花留下的，一个是撞火车时在胫骨上留下的。

1919年，"一战"结束，拉马努金终于能够衣锦还乡了。他已经名满印度，他的行程上了报纸，名流排着队拜访他，抢着资助他，马德拉斯大学给他教授职位和用不完的科研经费。但所有这一切，拉马努金都已经无力消受了，他回国以后一直在生病，因此不能举行净化仪式（按印度习俗，从"外面"回到印度后必须举行的一种仪式，表示洗干净一切从外面带来的"脏东西"），这又是一条不可饶恕的罪过。

1920年4月16日上午，他突然昏倒，几个小时后便永远离开了。当天下午安排火葬——他大概是真的厌倦透了这个充斥着普通人的世界，所以走得这么迅速，这么干脆。

讲拉马努金的故事，并不是要攻击这个普通人世界通行的"普通人法则"。

拉马努金明明特有才华，却处处碰壁，显得这个世界多么埋没人才。但我并不觉得这指控有道理。学校有学校的规矩，社会有社会的法则，这些规矩和法则，本来就是为普通人制定的。毕竟社会主要由普通人构成，学校主要的功能，也在于把普通的中智之人培养成可用之材、实用之材。至于那种人类历史上几百年才出一个的天才，只是要处理的小概率事件。所以，学校的录取、考试、毕业，自然有其条条框框。而且不得不承认，被这些"僵化"条款淘汰的人当中，中下资质之人远远多于卓越的天才。

这里说的"普通人"，不包含评价和价值判断，更没有歧视。因为我自己就是其中的一员。我要说的是,这个世界上总有天才和普通人,这是没办法的事。即使把普通人贬称为庸人,普通人和天才也还是要分享同一个世界,这就须要找到和平共处的方式。

普通人没有错,他们只是没有生而为天才。制定普通人法则也没有错,那就是他们的游戏规则,他们在数量上必然占优势,所以,普通人法则也必然是世界通行的强势法则。这个世界永远也不可能成为天才的世界,天才必须接受这一事实。学会跟普通人相处,要学会生活,学会妥协,学会迂回曲折地胜利。

另一方面,普通人须要学会分辨天才,并试着放天才一条特别的生路,允许他们不按常规出牌。

事实上,世俗通行的"普通人法则"并不只是毁灭天才,有时候也以它的方式照顾和袒护天才。拉马努金家虽然潦倒破败,但归属最高等级的种姓,就一直有其他婆罗门来帮他。无偿给他提供每月二十五卢比的资助,养着他"无所事事"地折腾数学;推荐他到马德拉斯港务局信托处财务科当名小职员;默许他在工作时间捣鼓莫名其妙的数学。

这些人既不理解拉马努金本人,也不懂数学,他们帮助他的理由,是普通人法则里的原则,他们以这种原则反对他出国、不参加他的葬礼,也以同样的原则支持他投身数学。

天才和普通人,就这样别别扭扭地身处同一个世界,同一个地球,彼此将将就就地过吧。

莱特兄弟
知识和想象力

一年一度的春运大拼杀，买不到火车票，不愿意坐长途汽车，自驾太辛苦……还可以选择乘飞机嘛。如此说来，要是没有莱特兄弟，中国的春运会更加紧张和混乱，而且恐怕还会有更多人不能回家团圆。看看，我们可以不知道任何科学家，但他们还是改变了我们的生活。

遥想当年，20世纪即将结束之际，风行过一阵"本世纪十大（事件、发明、人物）"之类的评选，莱特兄弟的飞机总是榜上有名，也就是说，即使把时间跨度拉大到一个世纪，莱特兄弟还是那么突出，难以被忽略。

可是，哥哥威尔伯·莱特（Wilbur Wright，1867—1912）和弟弟奥维尔·莱特（Orville Wright，1871—1948）活着的时候，没有人相信人类能飞翔。

兄弟俩是德－荷混血移民的后代，出生在美国印第安纳州的小镇，不能说他们受过足够的正规教育，哥哥连高中毕业证都没拿到，弟弟大三就退学了。按照美国习惯，兄弟俩从中学起开始干活儿，进行谋生训练：修自行车、当印刷工。发展到后来，兄弟俩办起了报刊，当出版商，又成立了自行车行。什么杂七杂八的事都干过。

造飞机，只是他们捣鼓的众多事情中的一件，也是他们最喜欢的事情。

莱特兄弟在非常寂寞的环境中开展工作，设计、制造、组装、调试、试飞。他们进行了上千次滑翔，制作过几百个不同型号的机翼，致力于制造一架真正的、留空时间长的动力飞机。

我们今天在路边看到跳街舞或玩街头篮球的小年轻，闲暇时会驻足多看两眼，忙时则熟视无睹。当时美国人对莱特兄弟的态度，就是这样的。在他们眼里，莱特兄弟就是那种贪玩的小青年，不做人生规划，不考虑未来，开心就好。当然，只要他们能养活自己，这甚至是一种受到鼓励的生命态度。

至于他们捣鼓的事情：让比空气重的大家伙飞起来？这就像永动机一样，怎么看怎么像蹩脚的科幻和伪科学。

人类一直有飞翔梦，但代价无一例外都很惨重，结果无一例外被证明是错误的。

在他们之前，渴望飞翔的德国人奥托·李林达尔驾驶自己制造的滑翔机，坠毁在山里头，死前说的最后一句话是"必须有人牺牲"；法国在此项目上的政府投资取消了;一个私人爱好者耗资十万美元,终于宣布破产,放弃了;世界各地频频传来"飞行-坠落""试飞-失败"的消息。

一时间,人类航空领域一片愁云惨淡万里凝,种种迹象表明,人类不能上天。退一万步,就算能,也轮不到乡下的穷小子莱特兄弟。

结果呢?莱特兄弟只用了四年时间,就制成四缸发动的"飞行者"一号并试飞成功,实现了人类的飞行梦想。而飞机被世人接受,同样花了四年。

今天,"飞行者"一号骄傲地站在华盛顿航空航天博物馆里,而在1903年,它刚诞生的时候,这个巨大又古怪的玩具得不到美国政府和公众的重视与承认,即使到1906年,飞机已经获得美国的发明专利,这种淡漠的态度还是没有改变。没人知道它是干什么的。

事实上,莱特兄弟自己也不知道飞机能用来干什么,最后灵机一动,终于想到了,他们的飞机有用!可以给不通车的地方空投邮件!

过了一阵,他们灵机一动,又想到,飞机也许可以帮助国家进行军事侦察工作。他们立刻满腔热情给美国陆军部寄去自荐书和相关介绍材料,可是陆军部看都不看,直接回了封打印的拒绝信,大意是,国家军事大事有我们,你们小平民闪一边凉快去。莱特兄弟不气馁,又写了封更恳切的信,结果收到一封跟上次一样的回信,连标点都一样。对此,陆军部长事后的解释是:我们以为飞机是不可想象的。

首先正确评估莱特兄弟成就的,是远在欧洲大陆的法国。法国人凭着他们民族的浪漫特质,从18世纪开始就热衷于热气球研制,飞天航空技术一度在世界上遥遥领先。他们隔着大西洋,也能闻到莱特兄弟的气味。

What makes a scientist

可以肯定，要不是1908年法国对飞机技术的肯定，莱特兄弟也不可能于次年获得美国国会荣誉奖，创办莱特飞机公司，并在之后几十年内，又赚大名又赚大钱。

爱因斯坦有句常被引用的名言：想象力比知识更重要。这是《科幻世界》最喜欢用的一句话，用在莱特兄弟身上再合适不过。也许更严谨的表达是：科学的想象力比知识更重要。或者说，知识和想象力同等重要。知识是基础，想象力是飞翔的翅膀。没有知识保障的想象力是灾难，没有想象力提升的知识是死水。知识如果缺乏想象力，则莱特兄弟无以诞生。还是孔老夫子一言中的：学而不思则罔，思而不学则殆。

附录：莱特兄弟的小妹——凯瑟琳

抱歉，我实在忍不住跑题，要在莱特兄弟之外，另外介绍一个人。她不是科学家，没什么发明创造，她只有一段令人唏嘘感慨的人生。她平生唯一的身份，就是"莱特兄弟的小妹"。

莱特家有七个孩子，其中最小的就是凯瑟琳·莱特，1874年8月出生。她和两个小哥哥的感情最好。虽是幺女，却最懂事。母亲去世后，十五岁的凯瑟琳开始当家。如果没有这个年轻的女主人，莱特家简直要乱套。无论是在俄亥俄州奥伯林师范学院读书期间，还是大学毕业后在中学教古典文学，她都操持和掌管这个大家庭，也一直支持两个哥哥的飞行探索。

说"支持"，绝非虚言。研制飞机是烧钱的活儿，凯瑟琳四处奔走游说，筹募资金；苦心经营自行车行，补贴家用；就连飞机研制出来，试飞时需要观众，也是凯瑟琳拉来同事"友情出演"，免得两个哥哥感觉太寂寞。

1908年,奥维尔在一次飞行中受重伤［这次事故还导致了美国陆军中尉托马斯·塞尔弗里奇(Thomas Selfridge)的死亡,他是人类历史上第一个死于飞机失事的人］,医院发了病危通知。又是凯瑟琳,放下工作赶到医院,悉心照顾两个多月,才从鬼门关把小哥抢回来。

莱特兄弟成名后,需要参加很多社交活动。但这两个人都超级内向,他们最著名的演讲词只有一句话:"只有鹦鹉才喋喋不休,但它永远也飞不高。"可是,飞得高的秃鹰如果总是扮酷不言语,观众们可不答应。这时候又是凯瑟琳冲在最前面,替他们接受采访、发表演讲、推销飞机、洽谈生意。

就连见总统之类的政要,也是莱特兄弟负责陪坐点头,凯瑟琳负责跟总统聊天。莱特公司成立后,几乎是凯特琳一手经营,公司股票上的签名都是凯瑟琳的。……从某种意义上说,飞机是莱特兄弟发明的,却是凯特琳让世界知晓和了解它的。

法国人也许最了解这一切,所以他们邀请凯瑟琳加入"法国航空俱乐部"(在此之前,该俱乐部为"和尚"俱乐部),颁发军队荣誉奖时,也给了莱特兄妹三个人。美国女子中,没几个能得法国军队奖章的。

凯瑟琳还在国际时装界留下了一笔。她要参加哥哥的飞行表演,但她不是玛丽莲·梦露,不愿意裙裾高飞地走光,所以登机前在裙子下面拴了条绳子。没想到这造型很快出现在巴黎时装的走秀T型台上,风靡一时。

从某种意义上说,莱特兄弟和小妹的关系并非常态。母亲死后,三个人曾经约定,永远在一起,谁都不结婚。莱特兄弟果然做到了。

What makes a scientist

凯瑟琳也基本做到了，她年过半百仍然孤身一人。这时候，大哥威尔伯已于1912年病逝，父亲也不在了。凯瑟琳和小哥哥住在乡间别墅里。

如果连冬天也有花儿开放，那么美丽大方又热情的凯瑟琳在知天命之年遭遇爱情，也不奇怪。但她必须瞒着小哥哥，和她的情郎秘密来往。这场迟来的爱情，谈得很甜蜜也很辛苦，真正是"岂敢爱之？畏我诸兄。仲可怀也，诸兄之言，亦可畏也"。

到了1926年，凯瑟琳终于决定跟邻家"仲子"结婚，她几乎一辈子都在经营哥哥的事业，现在也该经营自己的幸福了。她小心翼翼地将这个消息告诉小哥哥，奥维尔的暴跳如雷和沮丧痛苦都在她意料当中。奥维尔将这场原本美好的爱情理解为手足间的背叛，他把小妹赶出家门，拒绝参加她的婚礼，而且从此再也没有跟她联系过，更不用说见面了——即使在她重病期间。

奥维尔最后一次见他的小妹，是1929年3月3日，他被家人强行押到妹妹的病榻前，那时候凯瑟琳已在弥留之际，很可能不知道有人来了。

二十年后，孤老头子奥维尔去世。兄妹三人合葬在家乡的家族墓地里。他们终于永远在一起了，再不分开。

哈 勃
通过他的眼睛看世界

很久很久以前,高明渊博如亚里士多德,也认为地球是宇宙的中心。

后来,出了一个哥白尼,说,地球只是众多行星中的一个,太阳才是宇宙的中心。

再后来,英国出了个搞音乐的威廉·赫歇尔(Frederick William Herschel,1738—1822),他说,太阳只是众多恒星中的一个,宇宙有整个银河系那么大。

再后来,美国出了个律师埃德温·哈勃(Edwin Powell Hubble,1889—1953),他说,银河系之外,还有很多很多别的星系。宇宙,我们不知道有多大。

宇宙变得越来越茫茫。让人惊叹的是,人类的眼界到底能有多开阔?我们能看到的,只是平平的地面,要知道人类所踩的是一个球而非平面,需要怎样的想象力!从肉眼所见的太阳,到银河系和河外星系,又需要怎样非凡的观察、思考

和想象力？

银河系外还有星系，是哈勃的第一个重要论断。他的第二个重要论断，是"哈勃定律"：宇宙在不断地膨胀，而且膨胀的速度与距离成正比。

哈勃定律第一次为宇宙大爆炸提供了证据，他甚至提供了宇宙膨胀的速率——哈勃常数。

俗人如我等，总不免私下里猜度，像哈勃这样以仰望星空为职业和信仰的人，还会不会计较加班费和职称？会不会在意自己孩子的考试成绩是 88 分还是 90 分？当他知道，宇宙已经以这样的加速度膨胀了一两百亿年，他将如何看待自己人生短短的几十年？他还会不会害怕死亡？用无与争辩的观测证明了银河系外星系的存在之后，他如何看待自己那一团微不足道的肉身？会不会恐惧于自己的渺小？

说什么"个人在宇宙中如沧海一粟"，太阳和地球在宇宙中都是沧海一粟。

人类的命运让人叹息：能看到的世界那么大，能想象的时间那么长，但能掌控的世界有多大？能拥有的时间有多长？这种巨大的反差，对哈勃来说是困扰吗？或者，这恰恰是他超越自在和彻悟的契机？

当哈勃创立"哈勃分类法"，给河外星系形态做井井有条的分类时，是否发现自己的生命分配才是更大的难题？用多少精力来谋生，用多少时间陪家人，留给工作和个人兴趣的生命配额又是多少？……或者，他曾经无奈于，哈勃望远镜能看到几百光年外的星球，却没有工具能观测到人类的幸福和悲伤。

不过看起来，哈勃没有因为空间时间的无边无际而烦恼，他热爱生活，是运动健将，甚至够资格参加世界重量级拳击锦标赛。

他一度顺从父亲，放弃自己喜欢的天文学，远赴英国专攻法律。在牛津大学，这个美国人从没好好学习过，倒是花了很多时间学习英国绅士的派头，模仿上层人的口音、手势、衣着和吸烟斗的姿势。回国后，他开过律师事务所，也当过教师。

1917年，心仪已久的加州威尔逊山天文台终于递来工作的橄榄枝，哈勃当然求之不得。但适逢"一战"，美国刚对德宣战，他拒绝了邀请。赶完论文、通过答辩、获得芝加哥大学天文学博士学位后三天，他到军队报到，被派驻法国，然后是德国。

他进入威尔逊山天文台，是在两年以后，战争结束了。三十而立的少校哈勃终于如愿以偿，成为天文学家哈勃。

二战期间，哈勃作为弹道专家在美国战争部工作。这一次，他更多地关注武器的破坏性，并积极参与反核战运动。"一战"中为国效力，是正确的，二战中为了人类的利益和尊严而反对国家的军事决议，更是正确的。这是典型美国式的爱国精神。

哈勃还是个幸福的男人，找了个银行家的女儿做妻子，又有钱又崇拜他。哈勃的死也是最好的死法之一，脑血栓来得很快，没什么痛苦，当时他妻子就在他身边开车，他望着前方，头一歪就离开了人世。

无论多么优秀的科学家，都应该始终不丧失常识、本能和人性根本，这是很重要的一点，也是天文学家哈勃迷人的地方。

维 纳
神童问题

一个数字的立方是四位数，四次方是六位数，其立方和四次方刚好把0—9十个数字全都用上，没有重复，也没有遗漏。这个数是多少？

答案是18（18^3=5832，18^4=104976，喜欢做数独游戏的人应该对这两个数字很敏感）。

这个数字还表示一个年龄，一个人在这个年龄获得哈佛大学的博士学位。

这个人就是美国数学家诺伯特·维纳（Norbert Wiener，1894—

1964）。作为信息论的先驱和控制论的创始人，维纳是迄今为止最年轻的博士。

他无疑是神童，三岁能读写，十四岁大学毕业，之后成绩斐然。原因之一，是出厂设置好，善于投胎，很幸运地摊上了一个好爸爸。

老列奥·维纳生于俄国，十八岁时独自一人漂洋过海，移居美国，一生会四十多种语言，是哈佛大学斯拉夫语的教授。但他和大仲马一样，平生最大的成就，还是他的儿子。

老维纳对小维纳的教育其实够严厉，甚至多少有点儿"填鸭"式的揠苗助长，老维纳认为只要肠胃足够好，胡吃海塞也未尝不可，能够激发消化功能。世上有噎死的、饿死的，还有越吃越能吃的。可见教育中，错的不是填鸭，而是填错了鸭。

小维纳兴趣广泛而多变，这样的孩子容易浅尝辄止（事实上维纳虽然是著名神童，但真正有所成就还是比较晚），可在维纳小时候，他老爹就坚持给予严格按部就班的系统教育，这使得维纳在兴趣广泛的基础上，还是有其安身立命的"命点"。

他一生转战过哲学、数学、物理、生物学等多个学科，先是跟着罗素学哲学和逻辑，又转向函数分析，后来建立维纳测度、位势理论、维纳-霍普夫方法。信息论的创始人申农说，没有维纳前辈，就没有信息论。而维纳最重要的贡献，还是1948年发表的《控制论》，标志着新学科建立，并获得巨大的国际声誉。

就是这样一个人，在众多的领域纵横捭阖，所向披靡，如入无人之境。他刺激了多少望子成龙的父母的野心，巴望自己也能培养出天才宝宝来。神童总是令人神往的。

但"神童"自来就是一个问题。

在我国，远的《伤仲永》不必说了，有名的"负面消息"来自中国科技大学的少年班，据说早几届校友的现状都不尽如人意，尤其是曾经红极一时的宁铂，现状堪忧。说起来，宁铂一点儿也不输维纳：两岁半能背诗词，四岁识字四百多，五六岁学中医，十三岁与国务院副总理下围棋，两局皆胜。1978年，全中国的报纸、杂志、电视都在报道他。"那是宁铂和谢彦波的时代"。现在，他是五台山的出家人。另一个十一岁读大学的谢彦波，现在因为心理障碍几乎不能见人。

其实，少年班里也出了张亚勤，二十三岁获博士学位，三十一岁成为电气电子工程师协会有史以来最年轻的院士。曾任美国四大研究中心之一的萨尔诺夫（Sarnoff）公司多媒体实验室总监，现在是微软中国研究院的首席科学家。还有各省市都有的超常儿童班、少儿班等，也出过不少少年才俊，只不过人们认为这是理所当然的，所以不去说他。只揪着宁铂说事儿。

那些对宁铂和谢彦波扼腕叹息的论调，其实很没道理。

首先，天才有点儿"问题"再正常不过。科学早已证实，孩子的发育有节奏、不均衡，完全可能在一些方面表现超常天赋（通常表现在数学和音乐领域，因为不需要生活经验），而在另一些领域（如社交、运动）滞后和迟钝。维纳的情商也让人着急，时有出格言行，最著名的事例，是他第一次见英国著名数学家李特伍德（Littlewood），他大吃一惊后脱口而出："还真有你这么个人啊。我还以为Littlewood只是哈代（Hardy）写糟糕文章时署的笔名呢。"

其次，有没有问题有时候不是别人简单说了算的，成功也不能统一和简单定义。如果宁铂的理想是获得心灵的宁静，那么他突破重重阻碍出家为僧，从此心有所归，这就是他最大的成功。

日本曾经有个深受欢迎的演员山口百惠，二十一岁事业如日中天之际，撇下天下无数痴情粉丝，嫁给三浦友和，从此做了主妇，星光璀璨的事业彻底结束。对此影迷们大多能接受，虽然惋惜再不能在屏幕上看到她，但普遍能接受她的选择，认为婚姻家庭就是她的追求、她想要的生活，旁人唯有祝福，绝不认为是她人生的"失败"。为什么到了宁铂，就要格外痛心疾首呢？

　　最后，即使神童后来回归平常，甚至过得不如普通人，也没什么大不了。世上普通人多了去了，人家到底"曾经天才过"。再退一步，天才往前多跨一步，成了疯子，也没关系。牛顿和康德有精神分裂，恺撒和拿破仑患癫痫，普希金和歌德一直苦于狂躁抑郁症……事实上存在着一种理论：天才本来就存在精神分裂症的隐性基因。祸福相依，个人自己去掂量和承受吧。

　　所以啊，即使后来维纳"泯然众人"或疯了，那也是他的人生，独一无二的人生历程。如此而已。

　　当然，天才的潜力比常人大，如果后来没有发挥出来，对于人类总体智慧来说，还是莫大的损失。所以，后天能应顺和激发先天的资质，还是很重要的。

科里夫妇

如此神仙眷侣

著名学者张中行先生曾把婚姻分为四等：可意、可过、可忍、不可忍。这世上"可意"的婚姻有多少，不得而知，但肯定比"不可忍"的要少很多。不幸的婚姻各有各的不幸，幸福的却只有两种模式：一唱一随型（包括夫唱妇随和妇唱夫随）和比翼双飞型。

学术夫妻是比翼双飞模式中极好的一种，窃以为，比双双是艺术家的要好。说到科学界的学术夫妻，所有人都会条件反射地想起"居里夫妇"来。其实，除了两代居里夫妇外，还有一对科里夫妇，也是让人羡慕的神仙眷侣。他俩不仅同一年出生，同住在奥匈帝国（现在的捷克）的布拉格，考进同一所大学，结婚后共同进行科学研究、同一天获诺贝尔奖。看看，人家多有缘分，难道不够神奇吗？

本来没有任何迹象表明，妻子盖蒂·科里（Gerty Theresa Cori，1896—1957）会在科学道路上走多远。她父亲是炼糖厂总经理，擅长把甜菜制成糖浆，绝没打算把掌上明珠往科学道路上引导。盖蒂的教育经历来自家庭教师加女子学校，学的是基本读写、家政和礼仪，目标是培养成优秀的持家主妇。

盖蒂想读大学。但光想没用，大学的入学考试基本科目是拉丁语、数学、科学等,这些盖蒂通通没学过。在一个当儿科医生的叔叔鼓励下,十六岁的盖蒂用一个夏天学完拉丁语三年的功课,第二年补习数学等其他应试科目。1914年,这个不信邪的女孩子,考入布拉格一所大学的医学院,当时叫布拉格查理大学,现在则以她的丈夫命名,叫"卡尔·费迪南大学"。

大一的解剖课上,盖蒂认识了未来的丈夫卡尔·费迪南·科里(Carl Ferdinand Cori, 1896—1984),爱情甜蜜,情投意合。其间适逢第一次世界大战,卡尔被征入奥匈帝国军队,先后在空军和卫生队效力,但战争和分离都没有影响这对校园恋人的感情。两人在1920年毕业后结婚。

社会对男女性别的认同度和接受程度差距巨大,在毕业后立刻鲜明暴露出来,虽然同校、同学历,同样成绩优秀、能力卓越,卡尔很快获得维也纳一所大学药学研究所的聘书,盖蒂却只能找到一份儿童医院的护工工作。

更糟糕的是盖蒂的犹太人身份。虽然她婚后已经随丈夫改信天主教,但六芒星仍然像刻在她脑门上的红字。这比性别歧视更让人难以接受。夫妻俩决定离开故土,一起去没什么"背景",也不怎么注重"背景"的美国发展。

但是,社会差异和分层无处不在。在水牛城纽约州的恶性病研究所(今天的罗斯威尔公园癌症研究所)里,卡尔是正式的研究员,盖蒂只是病理

学助理，而且卡尔几度被"强烈建议"，不要试图与妻子合作，不要开夫妻店，不要以权谋私，不要发展裙带关系。盖蒂则被毫不客气地警告，她只是助理，严禁进入她丈夫的实验室。

外困之余，还有内忧。盖蒂性格热烈外向，充满激情，乐于表现自己，卡尔却内向、腼腆、不善言辞，这样"冰火两重天"的婚姻，没有摩擦是不可能的。还好彼此有爱情，还有共同的事业。

他们一起研究碳水化合物的新陈代谢，发现了酶在糖代谢中的促进作用，除盖蒂独自署名发表了十多篇论文外，两人还共同发表二百多篇学术论文，谁在研究中为主，谁的名字就排在前面。就连1947年，他们和阿根廷医生贝尔纳多·奥赛一起分享诺贝尔生理学或医学奖时，夫妻俩也是"排名不分前后"。

丈夫卡尔毫无疑义获得了更多的荣誉和认可，他比妻子早八年成为国家科学院成员。1931年，卡尔是圣路易斯华盛顿大学医学院的药物系教授，盖蒂只是助理研究员。她要升教授，还要等上十六年，获诺贝尔奖之后。月球上有一座环形山叫"科里环形山"，我们只能善意地理解为，这是以他们夫妻共同的姓命名的。

对于这些明显不公正不合理的待遇，心比天高的盖蒂肯定很恼火，曾经、难免、或许还影响了夫妻间的感情。时至今日，一百年已经过去，性别歧视和男女平权问题，仍然广泛存在于社会各界，令人叹息。所幸科里夫人实在已经做到可能的最高程度，科里夫妇也是美国科学界出名的"模范夫妇"。

最后说个卡尔的小段子。拘谨如卡尔，也难得有"耍酷"一刻。华盛顿大学医学院准备聘他做药学教授时，校学术委员会组成的甄选团里，有个家伙表示强烈反对，对卡尔的能力公开表示怀疑。作为测试，他把卡尔叫去办公室，桌上摆着个极其古怪罕见的骨骼标本。卡尔只瞄了一眼，轻描淡写道："这是鲸鱼的内耳骨。"那家伙立马服了，卡尔顺利受聘。

什么叫实力？这就是。

约里奥-居里
浪子回头？追星典范？

十八岁的少女艾米莉病了，她那给拿破仑三世当御厨的父亲心疼得不行，找了顶好的医生来看。医生诊断后说，这孩子病得厉害，随时可能死去。从那以后，艾米莉的大部分心思就用于保命，并因自己将死而忧郁。

就是从那时候起，她开始写日记，这一写就是七十年！（她活得那么久，让那个"顶好的医生"情何以堪。）艾米莉是平凡的女子，看的想的记的也是最琐碎的事情，绝没想到会有"历史价值"。而现在，科学史研究者逐字逐句翻检她的日记，就因为她记录了她六个孩子中最小的那位，弗里德里克·约里奥-居里（Frédéric Joliot-Curie，1890—1958）的一些故事。

约里奥的祖父是巴黎公社成员，主张人要有自由和尊严，个性张扬，人格健全。父亲是富商，有钱没时间。成长在这样的家庭里，约里奥自由放纵，为所欲为。十岁进私立贵族学校，全部精力就是用来玩游戏和嫖娼，眼看又一个纨绔子弟茁壮成长起来，病弱的母亲和忙碌的父亲拿他一点儿辙没有，慢慢也就绝望了。

还好这孩子突然醒悟过来，只是醒悟的代价太惨痛：部队来了消息，他应征入伍的哥哥"失踪"了，这是死亡的委婉表达。

约里奥正青春年少，肆意挥霍着生命，冷不丁与死亡撞了个满怀。他突然意识到人生的短暂和宝贵，他开始改邪归正，好好学习。

其实很早的时候，约里奥就有自己的偶像：居里夫妇。居里夫妇是实力派不是偶像派，没有巨幅海报出卖，约里奥就把报纸上的居里夫妇照片剪下来贴在房里，让这对夫妻整天看着他学习。中学毕业后，他当然想考偶像所在的巴黎大学，可是以他的水平，想都甭想。

约里奥只能先申请巴黎一所不入流的学校。学了一段时间，攒了些学业资本，转到巴黎理工学院，又攒些资本，到毕业时，终于被老师推荐进居里夫人的实验室里当助手。

这个回头是岸的少年浪子，终于走到了偶像的身边！他的兴奋可想而知，艰苦的追星行动终于有了回报。不过当时他绝对想不到，这回报还包括偶像的女儿、诺贝尔奖及其他。

与居里夫妇的大女儿伊伦·约里奥-居里（Irène Joliot-Curie，1897—1956）结婚后，这个狂热的追星族不惜修改自己原本的姓氏Joliot，将自己和妻子的姓合并为"约里奥-居里"（就是闻名于世的Joliot-Curie），等于光荣地入赘了。这件事曾引起法国科学界广泛又长久的讥讽和闲话，但约里奥不为所动，我行我素。

这对夫妻后来分享了1935年诺贝尔化学奖，并领导建成法国第一个原子反应堆。追星追到这份上，绝对算得上达到最高境界了。所以说，当"粉丝"不难，难的是找对偶像，并且当约里奥这样的高级"粉丝"。

科研中，小居里夫妇也犯过错，以至于两度与诺贝尔奖失之交臂，真是好不可惜。

第一次，他们发现了一种高能的"γ射线"，它有普通γ射线没有的本事：轰击含氢原子的石蜡，会打出速度相当大的质子。其实，他们发现的是中子。这是人类第一次发现中子。伟大的发现就在眼前，但是，小居里夫妇没有在意。好些年前，卢瑟福已经提出，世界上可能存在中子，可小居里夫妇对此动态竟一无所知。就在他们实验的前后，卢瑟福还曾经到法国讲学，做了一场关于中子猜测的报告，小居里夫妇也没有去听那次报告。他们就这样与中子擦肩而过。

第二次也一样，他们发现了正电子，又轻易地放过了。

结果是，1935年，卢瑟福的学生查德威克（James Chadwick，1891—1974）因为发现中子获诺贝尔物理学奖。第二年，这个奖颁给了瑞典裔美国人卡尔·戴维·安德森（Carl David Anderson，1905—1991），因为他发现了正电子。

如果这两次都不犯错，小居里夫妇应该是迄今为止人类历史上唯一一对三次获诺贝尔奖的夫妇，这是一个几乎不可被打破的纪录。

中国人可能感兴趣的是，受到爷爷的影响，约里奥-居里还是一个共产党员、社会活动家、坚定的无产阶级战士。为此他受到了一些政治迫害。不过他想得通，被解除原子能总署高级专员职务的时候，他指着窗外的百年老树说："看，种这棵树的人已经死了，但树留下来了，这是最重要的。"

最后可以提一下的是，追星族约里奥的学生中有一个中国绍兴人，是钱玄同的儿子，叫钱三强。他和妻子何泽慧被称为"中国的居里夫妇"。钱三强在研究铀核三裂变中取得了突破性成果，回国后极受礼遇，开国大典那天被请上天安门城楼。后来官至部级，是中国"两弹一星"的领头羊之一。

这再次证明了，约里奥追的星质量极高，"居里夫妇"这对典范，不仅成就了自身，还能演绎分化出"小居里夫妇版"和"中国版"。

鲍 林
维生素 C 的迷信和科学

围绕着美国的卡尔·鲍林（Linus Carl Pauling，1901—1994），有很多现成的话题：他是唯一一个两次单独获得诺贝尔奖的人，即 1954 年的化学奖和 1962 年的和平奖；他是重要的量子化学家，分子生物学的奠基人之一，第一个用"分子病"来描述镰刀形细胞贫血症的科学家，加州理工学院最年轻的教授（三十岁）和当时美国历史上最年轻的科学院院士（三十二岁），入选英国《新科学家》周刊评选的"人类有史以来二十位最杰出的科学家"。二战期间，他因为做出重大贡献，获得美国公民能得到的最高荣誉：总统勋章；随后又因为呼吁停止核试验，主动加入由爱因斯坦领导的原子能科学家紧急委员会，组织反战签名而遭到官方厌恶，美国政府认为他是共产主义者，严禁他出国，包括不让他去领诺贝尔奖……

但我想说的是另一件"小"事情：鲍林是超级狂热的"维生素 C 迷"。他什么都是（化学家、分子生物学家、社会工作者、和平斗士），唯独不是医生，却引发了医学界一场关于维生素 C 功效的旷日持久的大论战。

也许是因为从小家里穷，生活条

件差，鲍林经常感冒。后来不知道为什么，或者说，他没有任何理由地坚信，被称为"抗坏血酸"的维生素 C 可以治疗感冒，还有其他诸多功效，简而言之，基本上是"包治百病"的神药。

从 1966 年开始，他开始每天大量服用维生素 C，1 克起吃，之后逐年增加（上瘾了？），最后达到了每天 18 克。而当时，国家药物管理机构的"权威"推荐用量是每天 60 毫克。

作为比官方更牛的权威，鲍林不遗余力地宣传自己的这一治感冒偏方，1970 年写了本畅销书《维生素 C 与感冒》，全书概括起来就一句话：每天服用 1 克以上维生素 C，可以预防感冒、抗病毒。这本书被评为当年的美国最佳科普图书，迅速培养出一大批跟风的维生素 C 迷、维生素 C 崇拜者和依赖者，更是得到药厂和药店的大力追捧。维生素 C 的价格和销售量同步攀升，一时成为社会热点现象。

医学界很快就有人站出来反对鲍林，以正视听，指出没有任何证据表明维生素 C 可以防治感冒。动静闹大了，连业内最高权威、美国卫生基金会和美国医学协会都出面表态，奉劝广大不明真相的群众，不要听信非专业人士鲍林的说法。

鲍林很勇敢，不怕孤军奋战，还乐得舌战群儒。1979 年，他不但不退缩，反而更上一层楼，与人合作出版《癌症和维生素 C》，九年时间过去，维生素 C 本身毫无变化，其功用却从可以预防和治疗感冒，变成还可以延长晚期癌症患者的生命。他强烈建议癌症患者每天坚持服用 10 克以上的维生素 C！他甚至专门建立了一个药物研究所，全职研究维生素 C 的神奇功效。

道高一尺，魔高一丈，或者魔高一尺，道高一丈，总之，随着鲍林力挺维生素 C 的声势日益浩大，美国医学界倒维生素 C 派的立场也越来越坚定，态度越来越强硬。国家癌症研究所先后八次拒绝了鲍林的资金资助申请，愣不让他从事癌症和维生素C的关系研究，并一再声明，维生素C没那么神奇！

但架不住鲍林的影响力，维生素C崇拜者队伍还在迅速壮大。按照鲍林的说法，每日服用维生素C 6—18克，逐年增加，最后达到30克以上，可以延年益寿抗衰老。最可怕的是，现身说法最有说服力，近三十年来，鲍林大概一共吞了几十公斤的维生素C，而他本人确实比较有质量地活到了九十三岁高龄，八十多岁时还能欢欢喜喜来中国逛逛。

鲍林的力挺维生素C，在全世界范围内掀起一股维生素旋风。很长一段时间，每天服用维生素C跟刷牙或用牙线一样，成为美国人的日常生活习惯。

旋风所至，"敌方"阵营的堡垒都有所松动。美国心脏学会和部分营养学家开始谨慎地向美国国家食品与药品管理机构建议，将维生素C的每日摄入推荐量由60毫克提高到250—1000毫克。不久，美国国家卫生研究院果然宣布了相关声明。

不过，随着挺维生素C派领袖鲍林的去世，倒维生素C派的观点又占据了媒体更多版面。人们看到越来越多的权威科学家、研究单位和官方管理部门重复发言，说多吃蔬菜和水果确实对身体有益，但这并不是维生素C的功劳。

事实上，长期服用大剂量维生素C有毒副作用：会导致早期坏血病症状，血栓形成，草酸钙尿道结石和肾结石，以致血尿和肾绞痛；损害成骨细胞形成，降低妇女的生育力，且影响胚胎发育；增强肠蠕动，引起腹部绞痛与腹泻。

它甚至会致癌。美国癌症协会抛出一项为期六年的实验，证明服用维生素C的肺癌高危患者比未服用者的死亡率高出17%，因为争议太大，几乎引发社会撕裂，这项研究随即被勒令中止。

维生素C是"治"癌还是"致"癌，一时间大家都"不知道风往哪个方向吹"。普通公众常常会在科学家的争执中无所适从。昨天还在提倡多吃水果，今天又说适可而止；今天才说要多晒太阳，明天就发现了太阳辐射。

不管是挺维生素C派，还是倒维生素C派，只是依据零星的个别经验，都没有足够的证据支撑自己的观点，也没法说服和驳倒对方。维生素C和健康的关系过于复杂，效果的显现过于漫长和微妙，要在每日几毫克或几克维生素，和十年或几十年的健康情况之间找到某种确切的因果关系，几乎是不可能的事情。这成了一桩既不能证明，又难以证伪的问题。

挺维生素C派说，既然无力反驳，它就是对的。倒维生素C派说，只有能确切证明的事才是对的，这叫科学。你不能凭空相信一个东西，只要别人无法反驳就认定正确，那不是科学的态度，而是信仰的态度。

就人类目前掌握的知识来看，维生素C对于健康有利或者有弊，好像只是一个你相信哪个的问题。到最后科学家们吵架都吵累了，异口同声对头晕目眩、一头雾水的公众留下一句话，你自己看着办吧。"信还是不信，这是一个问题，你的问题。"

有时候，你简直没法判断，科学和迷信之间的距离到底有多远。或者，科学本身就是某种形式的迷信？

What makes a scientist

费 米
领错的诺贝尔奖

"我们去吃饭吧",这是一句世界名言。说的人是20世纪最伟大的物理学家之一,恩利克·费米(Enrico Fermi,1901—1954)。

人类进入原子时代新纪元的第一步,是他迈出去的。元素周期表上第100号元素叫fermium,简写作Fm,镄,说的就是他。他的名字留在很多物理学术语中:费米子、费米面、费米年龄、费米方程、费米谱、费米能量、β衰变费米理论。美国原子能委员会还有个"费米奖"。而他最奇特又搞笑的人生经历是:在获得诺贝尔奖后的第十二天,他赖以获奖的科研成果被证明是错误的。

这个生于罗马的大帅哥,1922年获得比萨大学博士学位,随后前往德国追随波恩研究理论物理,后辗转荷兰莱顿研究所和罗马大学工作。

年轻的理论物理学教授于1929年当选意大利皇家科学院院士,原因是他描述了一类叫"费米子"的粒子(电子、质子和中子都是费米子)的"聚会活动",费米子遵循泡利不兼容原理。

费米设计了一种全新的统

计定律来描述费米子的活动，这一量子统计法被称为"费米－狄拉克统计"，是量子世界的基本统计规律之一。费米的发现不仅发展了量子统计学，而且深化了对原子核的研究。他还建立"托马斯－费米原子模型"，提出了β衰变的定量理论。

自从中子被发现以后，"贪玩"的费米按照元素周期表的顺序，用中子轮流轰击每一个元素。由此产生人工放射现象，进而研究核反应，开始了中子物理学研究。他发现中子在到达被辐射物质之前，如果和氢原子核碰撞，速度会降低，这种"慢中子"更容易引发核反应。为此，他被誉为"中子物理学之父"。

1934年时，元素周期表的最后一个元素是92号铀。铀被中子轰击激活后，产生了被费米认为是93号的新元素。这一实验报告立刻轰动了全世界。虽然当时缺乏有效的手段分离出93号元素，但大家还是基本接受了他的表述。因为实验被不同的科学家在不同实验室里重复多次，结果都一样。

于是，1938年，费米因为"认证了由中子轰击所产生的新的放射性元素，和发现由慢中子引起的反应"，获得诺贝尔物理学奖。

11月，费米登上飞机，前往瑞典领奖。与此同时，在柏林的威廉皇家化学研究所里，奥托·哈恩（Otto Hahn，1879—1968）和弗里德里希·斯特拉斯曼（Fritz Strassmann，1902—1980）正在重复费米的实验。

他们用慢中子轰击铀元素，结果铀核分裂成了56号元素钡，这是以前从来没有过的事情。虽然哈恩表示"很不愿意迈出和所有以前原子核物理学的经验相抵触的这一步"，但十二天后，证伪了"93号元素"的实验报告被整理为论文，寄往德国《自然科学》杂志，第二年发表。

费米在巨大的郁闷中重复了哈恩的试验，结果确实是 56 号元素，不是 93 号元素。也就是说，他的发现是铀的裂变，而不是新元素出现。费米随即发表他的实验结果，表现出一个真正科学家对真理的尊重，瑞典方面也没找他要回奖金和奖状。

此时的费米已身在美国。在墨索里尼统治下，他反对法西斯，又有一个犹太妻子，这使得他从斯德哥尔摩的红地毯走下来后，被迫直接前往纽约，进入哥伦比亚大学。

在哥伦比亚大学，费米开始了划时代的链式反应研究。铀核裂变会放射中子，中子如子弹般激发新的铀原子裂变，逐渐递增，达到一定的规模，将产生无比巨大的能量，相当于三硝基甲苯 TNT 炸药的两千万倍。那就是原子弹爆炸。

理论上是这样，但由于希望太渺茫，全世界只有费米一个研究小组在做试验尝试。为了减慢中子的速度，他选择高纯度的石墨作减速剂，将铀和石墨分层垒堆，这就是核反应"堆"。但他只有几克铀和同样少的石墨，没钱买试验原料。

链式反应有用于军事斗争的可能性，所以费米试图获得美国海军的兴趣和投资，但没有成功。几个月后，同盟国方面获知德国在核裂实验方面的最新进展，加上爱因斯坦给罗斯福总统写了信，原子弹计划才正式进入美国军事日程表并开始启动。

费米被转到芝加哥大学，主持核反应堆链式反应试验，这是制作原子弹的关键一步。试验地点选在一个宽阔的网球场，搬运工费米的主要任务，是把金属铀和几吨石墨码放好，整个搬运工作进行了一个半月。

1942年12月2日，试验开始了——在城市中心进行核试验！从理论上说，实验是可控的，不会爆炸也没有核辐射，但试验，谁知道呢？核反应堆里有三根可控的镉棒，可以大量吸收中电子，抑制反应速度。镉棒一点儿一点儿地抽出，反应开始了。

此时已到中午，所有人都在密切关注试验反应，空气凝固了一般。只有生活一向规律的费米，无视紧张压抑的气氛，说："我们去吃饭吧。"

下午三点半，链式反应顺利完成，实验成功，人类的原子时代开始了。此时距离1939年人类发现核裂变现象还不过三年。

此后，曼哈顿工程计划全面展开，飞速进展。1945年，世界上头三颗原子弹在美国制成，一颗用于试验，"小男孩"于8月6日投在广岛，三天后，"胖子"降临长崎。持续了多年的第二次世界大战随即结束。

其他国家爆炸第一颗原子弹的时间分别是1949年（苏）、1952年（英）、1960年（法）、1964年（中）。此外，印度、巴基斯坦和朝鲜也拥有核武器。

后来，全面禁止核试验条约组织（Comprehensive Nuclear-Test-Ban Treaty Organization，CTBTO）成立，并于1996年签署《全面禁止核试验条约》（Comprehensive Nuclear-Test-Ban Treaty，简称CTBT），核试验在世界范围内变得非法。原子弹第一次用于战争也是唯一的一次，此后，核反应堆只拥有和平的生产能源和有用的放射性同位素，是人类重要的能源来源。

当然，常言所谓"身怀利器，杀心自起""手里拿着锤子，自然看什么都是钉子"，自从原子弹诞生起，就一直有人摩拳擦掌地想用用它。最近的俄乌战争,就也有演变成核战争的危险,让国际社会很是心慌。就在你看这本书的此时此刻,原子弹仍然是悬在你我头顶之上的一把达摩克利斯之剑,随时可能掉下来。人类自己做的孽因。终究不知道在未来会结出什么恶果,会是整个人类和地球的毁灭吗?

与科学领域的较真、玩命不同,费米对于政治问题一直保持着矜持和沉默,虽然他的研究跟政治和国际形势有着过于密切的联系。

二战后期,围绕着是否在日本投放原子弹,美国政府专门成立委员会加以讨论,委员会的科学顾问组有四位成员,费米是其中之一。

当时"民间"很多科学家都表示反对。当年怂恿爱因斯坦上书罗斯福总统发展原子能研究的齐拉德(Leo Szilard, 1898—1964),如今又反过来说服爱因斯坦上书杜鲁门总统,反对使用原子弹。

有迹象表明,费米是理解和同情齐拉德的,但他一生没有就任何政治问题公开发表过意见,这一次也不例外。他从来没有"同意"投掷原子弹,但也"没有反对"。他只做了一件事:美国的原子能委员会(Atomic Energy Commission,简称AEC)下设科学家组成的顾问委员会(General Advisory Committee,简称GAE),成员由总统亲自任命。费米从一开始就是成员。但1950年任期届满后,他坚决辞职不干,委员会主席专程跑到芝加哥大学去拜访和说服他,他也没答应。

对此,杨振宁羡慕或者遗憾地评价说,一百个物理学家里头,恐怕只有一个人会辞掉这么重要的一个聘任。这显然不是一个能理解费米价值观的人说的话。

附录：宏大历史里的个人选择

文中涉及几位在德国的科学家，值得提一下。

奥托·哈恩让人一言难尽，一方面，他很了不起。他是原子核裂变的奠基人，其研究对于德国发明原子弹有至关重要的作用。他却拒绝与纳粹合作，直言他不会为祖国德国制造原子弹和核弹，而且如果希特勒得到这些武器，他将自杀。他因此遭到囚禁，直到二战结束才重获自由。为此人们设立奥托·哈恩和平奖，仅次于诺贝尔和平奖。

但另一方面，他因为发现原子核裂变获得 1944 年诺贝尔化学奖。这并不公正。在他有所发现之前，他有过一个从 1907 年开始的合作伙伴，丽斯·迈特纳（Lise Meitner，1878—1968）女士。可以肯定的是，没有物理学家迈特纳的工作，化学教授哈恩很难有那项载入史册的发现。

迈特纳生于维也纳，后加入德国国籍，但她是犹太人，在二战时期的德国，处境可想而知。就在费米领奖、哈恩重复那个重要实验之前仅仅四个月，生命受到威胁的迈特纳，不得不放弃她的放射性研究，逃离德国，流亡到斯德哥尔摩的诺贝尔研究所。

即使分处两国，两人还通过书信交流彼此的研究，在哈恩发现核裂变之后，迈特纳还和她的外甥奥托·弗里施（Otto Robert Frisch，1904—1979）一起发表论文《中子导致的铀的裂体：一种新的核反应》，为哈恩的实验结论提供理论解释。

然而，哈恩却罔顾三十多年的合作情谊，刻意隐瞒了迈特纳在核裂变发现和证明过程中举足轻重的贡献，将本应分享的诺贝尔化学奖，变成了他独自享有的荣誉。

但迈特纳的成就没法抹杀，她被尊称为"原子弹之母"，三次获得诺贝尔提名,第109号元素"䥑"就是她。而她作为把原子弹用于战争的坚定的反战者,多次拒绝加入美国的曼哈顿计划。她曾表示,关于她的研究,她没有愧对自己的良心。

至于与哈恩合作实验的弗里德里希,值得一提的是他对时局也有自己的看法。他曾将犹太人藏匿在家里,这意味着他全家人都可能丧命。但他坚持做了危险但正确的事。

当年,全世界被打得满目疮痍,只有德国和美国在竞争核武器的研发,谁先成功,谁得天下。事实上,德国处处领先一步。幸运的是,做相关研究的德国科学家,几乎都默默地反对纳粹,他们推迟、拒绝相关研究,甚至移动小数点,故意给出错误的结论,宁可牺牲自己在学术界的功业,也要用他们的方式拖慢研究进程。

当巨大的历史车轮滚滚而过时,渺小的个人是否只有被碾压和随波逐流的份儿?相当一部分德国科学家给出了否定答案。每个个体都可以也应该对世界和时局做出独立的判断,而不是被盲目地裹挟。每个个体也都可以以自己的方式主张个人的观念,改变历史面貌和走向,虽然只是微调,但历史本来就是由无数人的微调决定的。

图 灵
一份与众不同的感情

英国的数学家阿兰－图灵（Alan Mathison Turing，1912—1954）因为一份不同于常人的感情而受争议。

图灵是什么人？计算机逻辑的创始人，人工智能之父，对于学计算机的人来说，"图灵机"（Turing Machine）和"图灵测试"（Turing Testing）可谓如雷贯耳。其中图灵机是现代计算机的老祖宗，至于图灵测试，你可能不知道是什么，但肯定知道 1997 年 5 月 11 日，IBM 公司生产的计算机"深蓝"与国际象棋顶级高手加里·卡斯帕罗夫对决，结果机器战胜了人。他们的对局，现在已经是国际象棋最著名的棋谱之一。这就是最著名的一次图灵测试。在全世界还没两台电脑的时候，图灵就设想，可以用某种方法测试机器能否像人类一样地思考。他有篇传世之作《机器能思考吗？》（Can Machine Think？）讨论的就是这个问题。

冯－诺伊曼就是根据图灵的设想设计出人类第一台计算机，所以他多次表示，图灵才是现代计算机设计思

想的创始人,要把"计算机之父"的称号让给图灵。美国计算机学会(Association for Computer Machinery,简称 ACM)的年度"图灵奖",是世界计算机领域的诺贝尔奖。

图灵不仅是计算机领域的权威和开拓者,他在数理逻辑、生物化学方面也颇有建树。他是哲学家、逻辑学家维特根斯坦最优秀的学生之一。现在让很多理工科大学生学到头痛的非线性力学,就是他创建的。

这个天才有不少辉煌,八岁时就完成了一部关于显微镜的"科学专著",虽然里面有很多错别字,十六岁开始研究相对论,十九岁进入剑桥大学的国王学院,二十三岁成为国王学院院士。从美国普林斯顿大学拿到博士学位后,他回到剑桥大学工作。

在二战期间,纳粹的通信密码系统代号为 enigma,意思是"谜",这个谜的"谜底"就是图灵揭开的,他担任英美情报部门密码破译单位的总顾问,还破译了德军的 U-潜艇等多种密码,并因此获得了国家荣誉勋章。这段经历,曾经被拍成电影《模仿游戏》(*The Imitation Game*)。

三十四岁那年,他因为在计算机程序设计方面的突出成就,获得了皇室授予的爵士爵位。五年后成为英国皇家学会成员。

就是这么一个灿烂的人,却在四十二岁那年死于非命,原因是爱。这个世界上每天都有人爱上另一个人,图灵也在做同样的事,只不过他爱上的是一个男人,这件事就变得大逆不道、天人同弃。

1952 年,他因为特殊的恋情曝光,被警方逮捕。图灵在法庭上宣称自己没做错什么,只是做得跟别人有点儿不一样,他在计算机领域的工作不也做得跟别人不一样吗?他还有严重的花粉过敏症,这也跟多数人不一样?

为了避免下大牢,他"选择"了为期一年的激素注射,作为"性向异常疾病"的"治疗"。如此不人道的"治疗"后果,是他丧失性能力,在生理上产生某些不可逆转的损伤,也严重影响了他的情绪和精神。

一年后,他吃下了氰化物泡过的苹果,自杀身亡。今天,我们都熟悉的苹果公司的徽标,一个被咬了一口的苹果,就是为了纪念死于一小口苹果的图灵。

这个人喜欢运动、热爱生活、精力充沛、身体健康,他本来还能在计算机领域继续做贡献。

我们为什么就容不下跟普通大众不同的人?不允许不同的人生、不同的生活方式存在?我曾听过一个给育龄妈妈答疑的电台节目,有个女人恭恭敬敬地问专家,怎么才能纠正自己孩子的左撇子,专家就很专业地告诉她该如何做。我听得心生悲哀。左撇子怎么了,为什么要纠正?左撇子唯一的"毛病"就是与别人不一样。想明白这一点,我有点儿为那个孩子难过,他摊上这么个妈,这么没有勇气跟别人不同。世界上多了这样的老妈、这样的专家、这样的庸众,出众又与众不同者如图灵,不自杀反倒奇怪了。

爱多士
小写的美国

我想平息愤青对美国的敌意时，常推荐他看普林斯顿高等研究所的历史，美国为战争中流亡世界的知识分子建立了怎样的"雅典学院"。

我想驳倒亲美的精英分子时，总建议他读铁幕时期的历史，"白"宫怎样森严粗暴地防范"红"色。

有趣的是，在这两段历史中，都可以邂逅匈牙利数学狂人爱多士（Paul Erdos，1914—1996）。

爱多士是犹太人，1938年，二十四岁的他逃离匈牙利，辗转到了普林斯顿，如果不是这样，他极大概率"消失"在集中营，他的家族几十口人，只活下来两人，而且肉体和精神上的伤害终身没有修复，直到死亡仍然千疮百孔。

普林斯顿救了爱多士的命，他在那儿度过了神仙般的一年（1938—1939），科学界最尖端的人聚集在一起，整日在草地上散步，在咖啡馆聊天，没有经济和政治压力，也没有学术上的强制考核要求，而这

也是爱多士平生最多产的一年。

一年后，虽然没有获得普林斯顿研究院的续聘，但美国有的是大学想聘请爱多士，他在各大学之间流转，成果迭出，称心如意。

如果说普林斯顿的一年是爱多士与美国的蜜月，以后的十多年就是他们美满的婚姻生活。只是他没想到，在有生之年会再次遭遇政治上的伤害。他和美国的婚姻关系陷入了危机。

1950年，为了清算和防止红色地区的人在美国的渗透，麦卡锡的内部安全法案颁布，获得美国签证变得困难。而凡是遭美国拒签的，往往又被本国政府认为是红色或粉红色共产分子，无端生出很多麻烦。

为了方便与境外学者交流，美国的很多学术会议改在本土之外的地区举办。可这样一来，同样的麻烦转嫁到住在美国的外国科学家身上。他们出境开完会后，要想再回美国，必须申请往返签证。爱多士就在1954年的申请过程中出了岔子。

首先，爱多士的母亲是匈牙利共产党员（事实是，匈牙利是共产主义国家，如果不入党，她就会失去国家科学院的工作）。

其次，他在日本长岛旅行时，曾与朋友边走边聊数学，忘乎所以地走近了雷达装置，留下了被捕记录。

再次，他曾与华罗庚通信，开头就是"亲爱的华……"，而"亲爱的华""逃回"了社会主义的中国。

更要命的是，他在回答移民归化局官员提问时，并不隐讳自己的左翼立场，虽然他事实上不是共产党员，而是自由主义者，但是偏左的自由主义。

结果，他没拿到往返签证，这意味着，他或者一步都不离开美国，或者离开后再不能回去。

爱多士选择了离开。朋友的解释是他"强烈地信仰个人自由",不能接受被"囚禁"在美国境内。而且,他坚持认为国家的作用就是为了保护个人自由,任何不遵循这一原则的国家,都被他鄙夷为帝国主义,只配用小写字母来表示。

从那以后,在爱多士的笔下,美国和苏联就一直是小写的 samland 和 joedom。他不屑于做任何小写国家的公民。朋友试图劝阻他,但他宣称:"我的行为符合美国最好的传统:不要听任政府的摆布。"

爱多士有他独特的幽默感和搞怪爱好,生造词语就是其中之一。他称孩子为 ε,孙辈就是 ε^2,他创造的最有名的专有名词是"SF"(Supreme Fascist,极端法西斯),用来称呼上帝。

另外,他还喜欢冒充外星人,他会问别人"你是什么时候来的",意思是"你是什么时候出生的";相应地,"死亡"到了他嘴里就是"离开",不是离开人世,是离开地球。

他当然也会用"死亡"这个词,但意思跟日常的意思不一样。如果一个人健康活泼地活着,但五年没有思考和工作、积累和进步,没有出成果和发表论文,在爱多士的语言系统里,就是死了五年。他绝不接受这种"像死一样地活着"。

在荷兰开完学术会后,爱多士被迫前往以色列,之后开始在全世界各地漂流,这样的生活持续到他生命最后一刻。他自称是在空中(飞机上)待的时间最长的数学家。

作为世界知名的科学家,爱多士的遭遇受到全世界新闻媒体的关注,一直有学者和媒体对美国政府提出请愿或抗议,但"反共"狂潮中的美国以不变应万变,凡是爱多士的签证申请,统统"咔嚓"。以至于爱多士开玩笑说,美国的对外政策有两点是永不动摇的:不许红色中国进入联合国，不许爱多士进入美国。

直到1963年，爱多士才被获准重返美国国土，他在演讲中嘲笑说："小山姆终于接受我了，因为我已经老得不能推翻他了。"爱多士说这话时，纽约的自由女神早已是美利坚举国的标志。

梅达沃
皮肤上的舞蹈

人体最大的器官是什么?皮肤。一个人皮肤的总面积有多少?1.5—2 平方米,铺开来和你们家的床差不多大。它负责保护人体,防止外界物质与人体其他器官接触,如果人体是一个国度,皮肤就是边检战士和国防军。

所以可以想象,当一个人三度烧伤,60% 的表皮被破坏,会是什么后果。这个人被送到牛津大学病理学系的彼得·梅达沃(Peter Brian Medawar,1915—1987)教授面前,当时正值二战期间,受伤者是轰炸机飞行员,因飞机失事爆炸被严重烧伤。

常规操作是将病人自己的皮肤移植到受伤部位,因为用别人的皮肤作异体移植,会有排异反应,几乎不可能存活。

可是,伤员全身只剩下小半部分有皮肤,不够覆盖全身。梅达沃能做的,是尽量拉伸和扩展皮肤,让一块皮肤抵几块用。他把一块块碎皮放在培养基里,希望它们能长大些。

经过实验,他发现胰蛋白酶能促进细胞分裂,但只能促进表皮细胞生长,对真皮细胞无能为力。而植皮需要的，恰恰是真皮层的细胞。表皮细胞只能减少和避免体液从伤口流失，真皮细胞才能防止伤口收缩。而伤口收缩是烧伤病人最大的危险。

这名飞行员后来是被另一个西班牙医生救活的，办法是邮票植皮法。简单地说，就是把自身完好的皮肤割成邮票大小的方块，间隔2—3毫米种植。这种方法类似如今现代都市里种草，为了节约成本，一小块一小块地铺上草皮，小草慢慢长开，就连成了一片。

以这件事为契机，梅达沃开始考虑异体植皮问题。人体为什么不能接受别人的皮肤？人体如何识别和分辨自己和异体的生物细胞？免疫系统的秘密是什么？为此，他前往格拉斯哥皇家医院烧伤科工作，整天提着干冰罐、切片机和保温瓶，做皮肤切片和收集。

他为一个烧伤病人植了两种皮：病人的自体皮和志愿者的异体皮。风平浪静几天之后，白细胞开始攻击异体皮，它们非常排外，可以识别并攻击进入人体的"异己分子"。在此之前，还没人知道这种叫作淋巴细胞的白细胞对人体有什么作用。

第一批异体皮发炎、坏死脱落后，梅达沃再次植入同一志愿者的异体皮。这一次，淋巴细胞没有迟疑，一开始就进行攻击，也就是说，人体免疫系统不仅有识别功能，还有记忆功能。

一篇文笔优美的《人类异体皮肤移植的命运》成为免疫系统的奠基性文本之一。正是梅达沃们的努力，才使得免疫学摆脱了从属于细胞学的地位，成为生物学一门单独的分支学科。

战争有战争的"好处"，梅达沃从医学委员会的战争创伤分会申请到一大笔钱。他买了很多兔子，25只一组，每只兔子的皮都植到其他兔子身上。也就是说，只要其中一只兔子出了问题需要更换，他就要再植皮625次。这样的工作量显然可以累死人，何况梅达沃教授还没有助手，需要亲自喂养兔子、打扫兔笼、提着兔子耳朵，从一个实验室往另一个实验室跑。

知道了免疫系统排异的原理和程序后，梅达沃对症下药，在小白鼠的胚胎里接种异体的组织细胞，胚胎长大后，不再把"青梅竹马"的异体细胞当外人，就是"获得性免疫耐受性"，可以实现异体移植。因为这项发明，梅达沃与弗兰克·伯内特（Frank Macfarlance Burnet，1899—1985，澳大利亚微生物学家和病毒学家）分享了1960年诺贝尔生理学或医学奖。

梅达沃的出生有点儿复杂，父亲是黎巴嫩商人，娶了个英国太太，所以他是阿拉伯裔英国人，出生在巴西的里约热内卢，在英国接受教育。

他1948年获牛津大学博士学位，其时已是伯明翰大学的动物学教授。1951年转到伦敦大学。获得诺贝尔奖后，他出任英国国家医学研究所负责人，在其任职的十年内，研究所在免疫学领域成为世界一流，那正是他专长的领域。

梅达沃是个爱好广泛、富有生活情趣的人，除了科研，还乐于写随笔和小说，尤其是科幻小说，出版有《给年轻科学家的忠告》和自传《一只会思想的萝卜》。他还拥有通达和开明的宗教观念，认为不是因为有上帝存在所以大家相信，而是因为有人相信所以上帝才存在。他自己不信上帝，也没有宗教信仰，但他很乐意看到上帝给相信他的人带来精神的慰藉和灵魂的满足。

1969年，正是年富力强的时候，梅达沃突然中风，几乎瘫痪，之后行动和言谈都不利落。但他还是乐呵呵地挺了过来，继续做英国皇家学会的教授和皇家研究生医学院（该学院于 1997 年并入帝国理工医学院）院长，直到 1987 年。

他曾说，这个世界变化太快，人长大后，不仅失去了青春，还失去了年轻时所处的世界。但梅达沃没有失去勇气，没有失去自己，所以，他也没有失去自己的世界。所谓"自强者，天佑之"是也。

费恩曼
咖啡盘子的跌落

乐观的科学明星费恩曼（Richard Phillips Feynman，1918—1988）也有郁闷的时候，那是1945年前后，他目睹了原子弹爆炸的毁灭性力量，感受到生命的脆弱和人类的渺小，同时又经历爱妻的死亡、父亲的去世，他变得抑郁、颓废、萎靡不振、灵感枯竭。两年多时间，他甚至不能思考，遑论从事物理学研究。

费恩曼后来在康奈尔大学的咖啡厅里摆脱了这种不良精神状态，一个见习生不小心把咖啡盘子摔了，盘子跌落的过程中既有转圈又有摆动。他开始胡思乱想：转和摆的关系也许可以用公式表示。他用了很多精力做这个"毫无意义"的事，最后居然成功了。

他兴奋地向朋友报告这一最新研究结果，朋友饶有兴趣地听完后，问："非常正确，但证明这个有什么用吗？"

在人类历史上，科学（哲学、思想）有什么用，一直是被反复提及的问题。科学家对这样的怀疑，自有其不同的回答。

有的正面肯定科学的价值，只是短视者见不到。

一个阔太太问避雷针的发明者富兰

克林的新发明有什么用,他反问:"新生的婴儿有什么用?"更离谱的是基尔霍夫,他曾用光谱分析证明太阳上有金子存在,遭到一个银行家的讥笑:"太阳上的金子有什么用?你又拿不到!"他把因光谱分析成果而荣获的金质奖章晃给银行家看:"你瞧,这就是我从太阳上得到的金子。"

对于不理解其发明价值的政府官员,法拉第的回答是:"我现在还不知道,但有一天你可以从它们身上抽税。"我从法拉第的回答中受到启发,有一次被问到"哲学有什么用",便回答:"我现在还不知道,但有一天它可以救你的命。"我的意思是,当一个人绝望、悲观、恐惧到要自杀时,能救他的往往只有一种新的想法和观念。

其实,对于"某某有什么用"的最好回答就是"没用","为什么要活着、登山、写作、科学思考……",最好的回答是"不为什么"。有些东西没法说明或证明,就像那个"爱不可言"的著名叙述,关于爱的感觉,没有爱过的人别人怎么说也不能理解,而爱过的人不需要别人说。

除了物理学研究之外,费恩曼还花很多时间做其他好玩的事情:修理无线电、破解保险柜密码、学跳舞、学习手鼓演奏、学习和破译玛雅象形文字、陪脱衣舞娘聊天、跟资深赌徒研究赌注输赢概率问题……所有这些,都是有趣的、让人生丰富愉快的事情,跟物理学一样。

对于朋友的疑问,费恩曼当然也只能承认,用来描述咖啡盘子跌落的公式没有什么实际价值。但这对他来说却是一次深刻的领悟,论证过程让他安心和开心,让他走出情绪的低谷。他从事科学研究应该纯粹出于兴趣和快乐,而不是功利目的,虽然这件事实际上有转移注意力、疗愈抑郁的功效。

1965年,这件"无聊无用"之事,又一次派上用场。费恩曼因量子电动力学的研究,跟施温格尔(Julian Schwinger,1918—1994)、朝永振一郎（1906—1979）分享了当年的诺贝尔物理学奖。具有讽刺意味或隐喻意义的是，餐碟旋转公式同时适用于电子旋转的规律，大自然的法则真是奇妙，而且富有幽默感。

反观我们的日常思维，关于"功用"的考虑过多，对于兴趣的价值、真理本身的追求则大大不够。《三字经》论证为什么要读书，道理就是："犬守夜，鸡司晨，苟不学，曷为人？蚕吐丝，蜂酿蜜，人不学，不如物。"意思就是，要有用。

相对于课本，课外书就是没用的；相对于老师画的重点、考试大纲里的内容，标明不考的就是没用的。相对于主课，副课就是没用的，浪费时间，除非考艺术特长。

用这种思路，我们很容易明白"技术"，却几乎没法理解"科学"。这种思维习惯，不仅太重功用，而且对于功用的理解，还过于狭隘和短视。

一个娱乐节目采访相声演员，他说自己读书时，成绩不好人缘好，因为特喜欢说段子逗同学乐。老师很生气，骂他不好好读书，整天嬉皮笑脸，油腔滑调，"你能靠这个吃饭？"他成名后就特想告诉老师：我现在真靠嬉皮笑脸和油腔滑调吃饭了。

我倒没觉得这老师特别不对，毕竟小时候善于逗趣的孩子，没几个真能入相声小品行，多数还是得考试、升学、谋职，过一份常规生活。但另一方面，老师不妨给这样的孩子多留一点儿气孔，没必要用狭义的读书论填满学生的全部生活。善于逗乐，以后遇到挫折能自我解嘲，人生低谷能自娱自乐，团建时能活跃气氛，更容易化解矛盾，营造良好的人际关系，这些都是大用场，是高分提供不了的"功用"。

我还曾经在快餐店"偷听"过一个愤怒母亲与委屈儿子的对话："天天玩游戏！你怎么就这么喜欢玩游戏，啊？"

"好玩。"孩子怯生生回答。

"好玩好玩,就知道好玩!(中间数落一大通,大意是玩游戏造成多大的损失)都这样了,为什么还要玩?!"

"因为好玩。"

我看到妈妈被这回答憋得一口气上不来,一时不知道该说什么。

即使从功利角度,开心、喜欢、心情愉快,算不算"用"?乖巧省心优秀的"别人家的孩子",后来因为抑郁症而辍学辞职的,还少吗?

从某种意义上说,感觉到人生的快乐,甚至可以是最大的"功用"。归根到底,人不是犬鸡骡马或机器(蚕吐丝、蜂酿蜜也不是为了给人类使用,人只是盗用而已),人生是用来感受、体验和经历的,不是用来"使用"的。

当然,快乐有高低之别。玩低级游戏刷短视频傻乐是乐,像费恩曼这样探索真理、经历精神洗礼、感受深度思考的愉悦,也是乐。

美剧《生活大爆炸》里有个情节,一帮天真"幼稚"的科学家,利用电脑指令,连入光纤电缆,传输到另一个城市,再通过地球同步轨道卫星传送到另一个国家,将数据切换到跨大西洋海底电缆,通过微波中继传输回来,到互联网服务供应商,通过信息连接,打开了他们客厅的灯。

所有人都为此激动不已。其实这盏灯就在他们身边,触手可及,让他们兴奋和满足的,不是打开灯,而是用这种方式打开了灯。

这就是纯粹而高级的快乐,乐在其中,不在其外。

总之,完全沉溺于简单低级的快乐是糟糕的,但为了所谓的前程和功用而否定兴趣和非功利的价值,同样糟糕。人类应该追求的,不是一切为了功利目的,也不是非功利的低级体验,而是非功利的高级愉悦。这才是高品质生命该有的样子。

罗莎琳德
智商和情商

从传世的照片看,罗莎琳德·富兰克林(Rosalind Franklin,1920—1958)是个非常美丽的女子,面部线条柔和而圆润。她出身高门,是伦敦银行家的孩子,从小在仆人的簇拥下长大,受着最良好的教育,二十六岁博士毕业,会讲流利的法语,还会自己设计衣服。她的同事和学生都盛赞她严谨、果敢、刚毅、雷厉风行,工作之余又幽默、热情、合群。她是工业化学领域公认的权威,墓碑上刻着"DNA分子结构研究的先驱"。

但事实比这些简单描述要复杂很多。首先,在某些传记里,她被描述为古怪、不友好,作风强硬粗暴,不擅合作,不喜闲聊,没有女人味。其次,她与DNA螺旋结构发明的关系,并不仅仅是"先驱"那么简单。

作为女人,罗莎琳德终身未婚;作为科学家,她终身没有找到工作伙伴,一直孤军奋战到死。

当时抢着研究DNA的有三拨人。一是美国印第安纳大学的沃森(James Dewey Watson,1928—)和克里克(Francis

Harry Compton Crick，1916—2004）。

二是美国的鲍林，他提出了 DNA 三链模型的猜想，后来却因投身社会政治活动和宣传维生素 C 的功效，疏于相关科研，半途而废。

三是英国伦敦大学国王学院的实验室，主要有罗莎琳德和维尔金斯（Maurice Hugh Frederick Wilkins，1916—2004）。

罗莎琳德曾经是全世界唯一全职研究 DNA 的科学家，而且长期保持世界领先，她的合作者维尔金斯则善于分析数据，缜密严谨，非常敏感。他俩本是极好的互补性合作伙伴，也最有希望获得最后的成功。

事实却是，外向干脆、口齿伶俐的罗莎琳德让内向的维尔金斯感到紧张害怕，罗莎琳德也不喜欢维尔金斯的羞涩、被动、优柔寡断。两人的紧张关系和不睦，从第一次见面一直持续到罗莎琳德去世。

那个时候，女性科学家仍然受到很大程度的歧视，比如在国王学院，女教授不允许进入高等教员休息室，这些陋俗伤害了罗莎琳德，也进一步刺激了她本来就好胜的性格。

罗莎琳德改进了 X 射线照相机，拍摄到公认为有史以来最清晰最美的 DNA 照片。看到这张照片后，敏锐的维尔金斯在第一时间得出结论，这张十字型 B 态照片暗示了 DNA 的双链螺旋结构。但罗莎琳德反感他的草率，并没有注意听他的意见，她继续孤独地钻研另一张 A 态照片。这张 B 态照片被她丢在抽屉里，一封数年。

而就是这张照片，几年后在罗莎琳德未授权也不知情的情况下，被克里克看到。那一刻，正百思不得其解的克里克豁然开朗。随后，罗莎琳德的一份内部报告也奇怪地流失到克里克手中，印第安纳大学的师生组由此获得精确而重要的数据。这是她的领先研究成果第二次帮助她的竞争对手战胜了她。

  1953年3月，罗莎琳德开始放弃对A态照片的研究，转而翻出那张尘封的B态照片，研究很快得出正确结论，她正准备与学生一起发表论文并公布B态照片。此时《自然》杂志来电，告知沃森和克里克已经构建起DNA双螺旋结构，并提交论文《核酸的分子结构——DNA的一种可能结构》。这篇论文成了生物学的标志性成果，开创了人类基因探索的新时代。

  在这场研究竞赛中，罗莎琳德一直跑在前面，她甚至不知道对手什么时候爬上了她的车，被带着走了一程，在最后冲刺时跳下车，超过了她。

  如果罗莎琳德和维尔金斯能精诚合作，DNA研究领域的主场不可能是克里克和沃森的。但历史并不是这样写的。她去世四年后，诺贝尔生理学或医学奖颁给了克里克、沃森和维尔金斯。无论是《自然》杂志发表的论文上，还是在诺贝尔授奖答谢词上，都没有人提到罗莎琳德，因为没有人喜欢她。

  沃森在多年之后仍然说，他并不因为看了罗莎琳德的照片而负疚，因为那是一张老照片，罗莎琳德并不认为它很重要。这话说得很不地道，但又确实有部分是事实。

舒尔金
佛魔一念间

2021年,一部美剧《成瘾剂量》冲上收视新高,在此之前,该剧的原型普渡药业(Purdue Pharma)刚刚宣布破产。这家制药公司为追逐利益,大力生产销售阿片类止痛药物,在获取百亿美元利润的同时,也使得超过50万人因为过量使用药物而上瘾甚至致死。

现在,漫长的官司还在进行当中,而公司所有人萨克勒家族已离开美国,"流落"在欧洲,子公司继续从事药品研制销售。

是药三分毒。而将药物"改造"成毒品的黑暗现实,触目惊心,也从未间断。在普渡药业之前,还有一个"科学家",也从事过同样的魔鬼事业,他就是舒尔金(Alexander Shulgin,1925—)。

你可能不熟悉这个名字,但一定知道摇头丸(一种人工合成毒品,主要成分为亚甲二氧甲基苯丙胺,即MDMA)。舒尔金就是摇头丸的

发明者。

舒尔金是生物化学家、精神病药物学家，也是制毒大王。在美国加州的实验室里，他独自研制出了近200种迷幻化合物质，其中第109号就是MDMA。

公正地说，舒尔金对配制迷幻物有兴趣，意并不在杀人，有人因为吃摇头丸致死，也不能全怪舒尔金。总不能因为有人被刀砍了，就问铁匠的罪吧。毕竟，科学发明是一回事，发明的具体运用是另一回事。刀可杀人，也可切菜，生命之源的水还能呛死人、淹死人呢。

但是，科学发明之为双刃剑，又分两种情况。

一种是科学家已经预见到其可能的恶果，诺贝尔发明炸药、爱因斯坦等人发明原子弹时，都声明不希望用于战争，只是他们在现实中的力量有限，无法控制自己发明物的利用。

另一种则是，在科学摸索的过程中，恶果一时间还没有被认识到。最切身的例子，我们小时候，破皮流血从来都抹红药水，长大到再也不磕碰摔跤时才知道，红汞是有毒的，现在已经不用了。六七十年代，四环素被当作消炎的首选药物广泛应用，直到用过药的孩子长大，四环素牙才被注意到，现在已经普遍禁止孩子使用该药了。现在中国抗生素、消炎药的过度使用，部分属于此类（还有部分属于愚昧的惯性）。

国人一提到鸦片，就好像它恶贯满盈，带来了全民族的病弱屈辱，殊不知鸦片的痕迹早早留在新石器时代的遗址里。它被用作药品的历史有四千多年，还是受欢迎的快乐植物、高级饮料、忘忧药。张骞出使西域时，鸦片就被带进了中国，并很快被华佗用于临床医学。古人没有麻醉药，手术前先给病人放血，直至昏迷，中外都如此。使用鸦片相对于失血休克而言，是多大的进步！鸦片在中国成为全社会的灾祸之前，是当作药品使用的。所以准确地说，不是鸦片害人，是人自取其害。就是现在，谁要是把感冒药当饭吃，也是会出人命的。

还有 X 射线的多舛命运。它被发现之初，人们只是担心它的透视功能有伤风化，后来因为医疗方面的"神效"而备受追捧。皮肤痛痒的，照几次 X 光就"好"了。我们现在知道，那是因为皮肤组织被杀死了，当然不痛不痒。如果这也叫治病，那刽子手真是最好的神医了。可这种情况，当时谁知道？直到接触 X 光的人一个个患了癌症，死于非命，人们才知道天使也有魔鬼的一面。

对于这一类的情况，我们只能说，科学进步须要付出代价，上帝和撒旦原本就是邻居，人类要万分小心。

有了这么多"情有可原"，舒尔金却还是声名狼藉，这就有他自己的问题了。他不仅没有对自己发明物的魔性保持应有的警觉，反而一味大力地推荐给精神病医生和药剂师，执迷不悟地研究、宣传、推广，任由其泛滥。

尤其令人难以接受的是，那些因为服用摇头丸或其他迷幻剂而死的年轻人，"我不杀伯仁，伯仁因我而死"，对于这些过早凋零的生命，舒尔金表现得过于冷淡，无动于衷。或许正如《纽约时报》评价的那样：他试图避免让自己产生任何内疚感。

科学家如果想破坏和毁灭，比其他任何人都容易。这就超出了上面所说的两种情况，而变成了科学家对其发明物的恶性了如指掌，却仍然推波助澜。这种情况下谴责发明者，实在不能算是苛刻。

迷幻性药物原来没有这么大的影响力和破坏力，以著名的摇头丸为例，早在 20 世纪初，德国达姆斯塔特梅尔克公司的科研团队在研制减肥药时，发明了一些让人"感觉"肚子很饱，由此降低食欲的药物，并为之命名为MDMA，并于1912年圣诞节前后申请了专利，但这种药并没有受到重视。

20世纪四五十年代，美国军方发现了这种尘封已久的"减肥药"，试图将其改造成麻醉药剂，目的是使间谍在迷幻状态下坦白招供。但实验显示，药的效果并不明显，MDMA仍然没有走出冷宫。

直到舒尔金的出现，MDMA的命运才发生了彻底的转变。他研制成功后推荐给精神科和心理医生，医生的处方上开始频繁出现MDMA的名字。

很快，一个毒贩子在一次学术会议上得知了MDMA的存在，开始批量生产，并出于"市场需要"，为此取了个"艺名"——摇头丸。

摇头丸曾风靡一时。在达拉斯和休斯敦的迪厅和夜总会里，摇头丸像香烟、口香糖一样可以轻易买到；一次吞食18粒摇头丸，就可以轻易地死去。

舒尔金痴迷于研究迷幻药品，合成、试验，并积极推荐给心理医生朋友。很快，各类迷幻药被心理医生们作为治疗药物开给病人，并很快从心理诊所流向社会，在各种娱乐场所（酒吧、舞厅等）泛滥成灾。

但是很多毒品对大脑的伤害是器质性的、不可逆的，最终的结果只有一个——发疯，然后死亡。

舒尔金这个俄国移民的儿子制造了相当严重的恶果。但他仍然不迟疑、不懈怠地推荐使用迷幻药，并孜孜不倦地研制新药，即使在20世纪七八十年代，包括摇头丸在内的大量迷幻药在英美被宣布为非法之后。

中国古代的炎帝曾亲尝百草，以判断什么能吃，什么能入药，以此教化百姓。据说他周身透明，能看到吃下去的东西在胃肠的蠕动，这是他从事"人体科研"的先决条件，最后死于断肠草。由此，他成了"神农氏"、人类一支永远怀念的祖先。

舒尔金研制的毒品，每一种他也都亲自吃过，他一生吃过四千多种迷幻药，大概是世界上吃毒品最多的人（排在世界第二的可能是他的妻子，这个业余医生吃了两千多种）。

神农氏和舒尔金，似乎相似，却又判若云泥。一切只在两人的选择不同。佛魔一念间，佛魔只一线。

沃 森
冒天下之大不韪

美国有个生物学家,科学院院士,哈佛大学教授,叫詹姆士·沃森(James Dewey Watson, 1928—),三十四岁获诺贝尔奖,而获诺贝尔奖的科研成果,竟然是他二十五岁时取得的。这个成果就是破解了DNA双螺旋结构之谜,他因此被誉为"DNA之父"。

就是这么一位年少成名的科学家,后来却饱受争议,差点儿被赶出他的研究所和实验室。晚年还因为穷困,拍卖掉诺贝尔奖金牌。发生了什么?

他通过研究得出了冒犯了很多人的结论:人类基因有差异,黑人和白人的智力不同。

人类细胞DNA的相似度极高(不同研究得出的具体差异数据不同,从0.1%升至0.5%甚至更高不等),但就是因为那百分之零点几的不同,人类个体在肤色、发质、体质、遗传疾病等诸多方面有了巨大差异。

说到这里,顺便澄清一个常见的误解,所谓人和狒狒、猩猩、黑猩猩的基因差异很小(同样的,目前研究得出的数据

不同，从 1% 到 10% 不等)，"相似度极高"的结论并没错，但多数人对这个结论的理解有误。

这个极高的相似度，取的是人类从远古始祖（类人猿和类猿人）到今天的基因库数据总集。而且基因库里的信息，得以表达出来的性状只是少数，绝大多数是隐性作为储备的。打个比方，有两个存货极其接近的巨大仓库，堆满成千上万的东西。人和猩猩只能从各自的仓库里拿十样东西出来，人拿出来的是珠宝和钻石，而且越到后来，选择的货物越贵重，而猩猩拿出来的，一直是瓦砾和石子。

人和人在基因上高度相似，表达性状却有巨大差异，也是同样的道理。但这只是纯科学的解读，跟社会认知、价值判断、族群共处的观念基础等，完全是两码事。

"种族""智商"，在美国人心里，本来就是最高级别的敏感词，是严肃的科学禁区。沃森却毫不理会西方社会的"政治正确"，公开发表了白人、黑人智力有差别的结论。

他还在接受采访时声称，同性恋受基因因素的影响（后来有遗传学家在此基础上发现了"同性恋基因"）。如果通过检测，判断胎儿有同性恋可能，准妈妈应该有堕胎的自由选择权。

这些都触及西方主流价值观最敏感的神经，自然引起轩然大波和铺天盖地的攻击。要知道，当年希特勒屠杀犹太人的"理论基础"，就是基因筛选、种族纯净性和优生原则。沃森被指责滥用科学支持自己的私人偏见，令人厌恶和反感。

迫于巨大的社会舆论压力，他也曾经在某些场合表示过道歉，但在另外的场合和采访中，他又坚持自己的研究结论，而且越到晚年越态度明确。他说自己很乐意修正认识，如果有研究能证明的话，就接受"后天教育比先天基因更重要"的结论。但他认为自己的研究目前受到的反对、批评和攻击都只是基于价值观念,并没有有说服力的科学证据能反驳他的结论。

在基本上身败名裂的同时,也有少数人支持他,表示他本身并没有价值判断,只是诚实地公布了自己的研究结论。

不管怎么说,沃森发现了DNA,也似乎打开了潘多拉魔盒。在他之后,陆续有科学家成为他的追随者,继续种族智力差异的研究。

有的科学家,开始是单纯从事基因研究,却意外得出了严重冒犯主流价值观的"科学结论",例如芝加哥大学的蓝田教授(Bruce T. Lahn),在做大脑容量对比研究后,得出了自己难以面对的结论:不同人种脑容量有明显差异。因为太过敏感和引发争议,他选择中止相关研究,改变了科研课题,表示科学可探索的知识很多,但有些知识还是不知道的好。

但也有些敢于挑战的人,不仅坚持研究,大胆公开结论,甚至犀利地将问题变成:"人种差异这么明显,你怎么可能相信不同种族会有相同的智力?"其中有代表性的是英国阿尔斯特大学的退休教授理查德·林恩(Richard Lynn)。

林恩的研究集中体现在《种族智力的差异:一种进化分析》一书中,他通过大数据收集和分析,甚至列出了"世界各种族智商排行榜"。

后来,不知是为了应对过于激烈的抨击,还是研究确实有所进展,或人类智商水平在持续变化,林恩修改了部分数据,但并没有改变他引发众怒的核心观点。

这些极具争议性的观点、疑似歧视的观点,不妨留待同学们见仁见智,独立思考和判断。

黛 安
不能不这样

黛安（Dian Fossey，1932—1985）未必是一个能够名垂青史的科学家，甚至她能在多大程度上被称为"科学家"都难以确定。但她显然已经成为一个话题，她的故事是《美国国家地理》的素材，她写的书和据此改编的电影《迷雾中的大猩猩》(*Gorillas in the Mist*) 都曾引发全球关注。

只因她传奇的一生。

她本是一个普通的加利福尼亚女孩，除了性格内向些、个性要强

些之外，别无特点。她长相平平，才智也平平，大学毕业后，成为一个业绩平平的医生，过着平平的生活。

传奇开始于 1967 年的一次旅行。

黛安向往热带雨林风光，独自前往卢旺达旅游。她自小就喜欢动物，这一次，在维龙加山脉（Virunga Mountains）的原始森林里，她爱上了人类的近亲大猩猩。

当了解到大猩猩在当地被狩猎和捕杀的情况后，没有受过任何专业训练的黛安开始为大猩猩们奔波呼吁。她住进非洲森林，筹建了"卡里苏克研究中心"，研究大猩猩，保护大猩猩。十八年后，她为它们而死，与它们葬在一起。

一边是古老的原始丛林，几乎没有任何现代设备的篷屋，刚果内乱中军队的驱逐，具有攻击性和伤害力的野猩猩，高山丛林疾病，林中独居的危险和孤独；另一边是专为人类需要而建的现代都市、加州情人、优裕的生活。她随时可以撤退回美国，撤回到普通人的普通人生中。她和普通人不同的，仅仅在于她有梦想，而且执意于实现梦想。

为此，男朋友离开了她，她终身未婚，一辈子守护着猩猩。

其实，黛安对自己的结局，未始没有预见，她嗅得到危险的味道。只是她在做自己认定的事情时，正如布鲁诺所说："当飞蛾扑向火焰，它没有想过自己的结局。"

黛安痛惜这些黑猩猩在地球上已经所剩无几。发誓保护它们，她刚烈地组织起自卫护林队，用过激的方法来警告和惩处她痛恨的盗猎者，捣毁他们的陷阱，没收他们的猎捕工具，戴上骷髅面具恐吓他们，利用各种媒体宣传谴责他们。如果可能，她甚至绝不放过鞭打被捕盗猎者的机会。

而盗猎者也厌恶和痛恨黛安。猎杀黑猩猩是当地人的主要生存手段,除此之外,他们似乎没有别的活路。而这个本不属于当地的白种女人,却千里迢迢跑来断他们的财路。

1985年圣诞节后的两天,黛安被发现死在她的研究室里,头上被砍六刀,血肉模糊。她的手伸在枕头底下,但没来得及抓起那支从不离身的九毫米口径手枪。她用生命验证了奥地利动物学家乔伊·亚当森(Joy Adamson,1911—1980)的断言:"最可怕的不是动物,而是人。"

在黛安被杀前五年,激进的动物保护主义者乔伊同样在非洲营地遇害,凶手保罗·纳克瓦雷·伊凯(Paul Nakware Ekai)辩称,乔伊雇他,名为助手,实际上是苦力,还常常拿枪威胁他,他出于自卫才杀害了乔伊。后来,他因为未满十八岁,免于死刑,现在还在内罗毕服刑。

而杀害黛安的凶手,至今没有找到。

黛安刚到卢旺达时,那里的猩猩濒临灭绝,她死的时候,这里已经是猩猩的天下和猩猩研究的世界中心。她被葬入猩猩墓丛,墓碑上刻着"尼依拉玛西比莉",这是卢旺达当地一种方言,斯瓦希里语,意思是"终生活在密林中的女人"。这是她生前对自己的描述。

她本来可以不那么早死,死得不那么惨,她可以晚年死在家乡自家的床上,身边有爱人和孩子……但是,她追逐自己的梦想,坚持自己的信念,最终义无反顾地走进自己的宿命,也走进自己的传奇。

所以,布鲁诺说的也许不够准确,当飞蛾扑向火焰,它想过自己的结局,知道自己的结局。只是,它不在乎,它在做不得不做的事情。这就是某种真正的科学精神。

陈景润
何以成功,最后一页

人的一生有三种遭遇最容易让人同情:父母早亡或离异、身体羸弱、家道中落。

陈景润(1933—1996)几乎占全了这三条:舞勺之年丧母,从小病怏怏,经历家道中落。

他家本是"邮政之家",大伯父是中国邮政总局考绩处处长,二伯父是福建省邮政视察室主任,父亲也一直在邮局任职。要知道,当年邮政可是实打实旱涝保收的肥差。

可在抗战期间,连年战乱,家境断崖式下跌。他父亲一度失业,全家没了经济来源,还流离失所,加上孩子多,简直活不下去。后来好不容易谋到福建三明市邮政分局局长职位,生活得以恢复,也没耽误陈景润受教育。但紧接着的解放战争再一次改变了父亲的职位和家庭收入,生活仍然可以维系,却一直捉襟见肘,入不敷出。这巨大的变故给他和他的家庭造成深刻的影响。

但如果说就是这些因素促成了陈景润的成功,我决不相信。这些因素只导致了

他"毛病"特多：孤僻、不通人情、不善与人交往，他在生活上也幼稚得过分，生存能力和生活自理能力都不强。

1953年，他从厦门大学数学系毕业，被分配到北京四中教书，因为话讲不清楚，不能上讲台，被建议回老家"养病"。

他的论文得到华罗庚的欣赏，被邀请到北京参加科学会议，他第一次见华罗庚，紧张得手足无措，只是一个劲儿地点头，说"华先生好，华先生好"，让华罗庚没法跟他说话。

刚调到中科院工作时，他不能适应四人一间宿舍的集体生活，主动住进厕所，这间厕所面积只有三平方米，没有暖气和窗户，现在还在，有兴趣的同学可以去参观。

在"文革"中，他被逼着交出研究哥德巴赫猜想（Goldbach conjecture）的手稿，他知道交出必被销毁，宁可自己死也不愿看着自己的研究成果被毁于一旦，于是他二话不说，闷着头跳了楼。要不是被外面的电线挡了一下，就没有下面的事情了。那栋楼现在也还在。

陈景润很"抠门"，总是在省钱和存钱，总是担心有一天没饭吃活不下去。

他成名后，被通知参加全国第四届人大会议，他竟然背着大铺盖和洗漱用具去星级宾馆报到，搞得负责接待的工作人员哭笑不得。

另一次，他应邀参加全国科学大会，身体状况也得到了"领导的重视"。邓小平下达"最高指示"，安排他在解放军309医院住院治疗。他住进去不久，竟然突然"失踪"，几乎惹出轰动性新闻来。他偷偷开溜不为别的，就是住院后突然想起自己那个小破屋门锁不严，而家里还藏了点儿钱，他害怕被窃，要回家守着。

这种不很光彩的事情，都是源于心理症结。一来是小时候，受一夜之间家道中落的刺激。二是年轻时，有过一次卑微的失业：他从北京四中被"退"回家乡后，生活无着落，只得在街头摆个小摊糊口，贩卖香烟，出租小人书。

后来厦门大学校长王亚南撞见，怜惜他的才华，才让他去厦大当了图书馆资料室管理员。这一生活无着的经历，对陈景润的心理伤害很大，从此，他对金钱和生存就一直没有安全感和自信心。

就这样一个在生活中处处狼狈的人，却解决了华罗庚数论研究中的"塔利（G. Tarry）问题"，被调到中科院数学研究所工作。数论研究据说能挑战人类智力的极限，陈景润却仅凭纸笔和一副头脑，运算出被誉为"陈氏定理"的 1+2 的详细证明，将二百多年都没证明出来的哥德巴赫猜想，推进了一大步，至今无人超越。

先介绍下哥德巴赫猜想。克里斯蒂安·哥德巴赫（Christian Goldbach，1690—1764）是德国数学家，出生在今天的俄罗斯加里宁格勒，在牛津大学时读的是法学，后来对数学产生兴趣就改了行。

他在数学研究中提出了一个猜想：任一大于 2 的整数都可写成三个质数之和。他认定这个命题是对的，但自己不知道怎么证明，便于 1742 年给瑞士顶级数学家莱昂哈德·欧拉（Leonhard Euler，1707—1783）写信求助。但欧拉也无法证明，倒是回敬了另一个猜想：任一大于 2 的偶数都可写成两个质数之和（被记作"1+1"）。

18 世纪最优秀的数学家也证明不了，于是这个"哥德巴赫猜想"便作为世界近代三大数学难题之一，流传下来。

因为数学术语的变化，这个猜想现在被表达为：任一大于 5 的整数都可写成三个质数之和，并且分成"强哥德巴赫猜想"（也叫"关于偶数的哥德巴赫猜想"，即任一大于 2 的偶数都可写成两个质数之和）

和"弱哥德巴赫猜想"（也叫"关于奇数的哥德巴赫猜想"，即任一大于7的奇数都可写成三个奇质数之和）。两者的关系是，如果证明了"强猜"，"弱猜"也就成立，但反之不然。

目前，经过好些数学家接力棒式的努力，弱哥德巴赫猜想已经得到证明，还剩下强哥德巴赫猜想，横在人类的面前。

数学好的同学们加油！

再来说陈景润，他在1966年证明的，就是"1+2"成立，这个证明挺了不起的，怎么个了不起法呢……就这么说吧，我就知道1+2=3，没了。

数学好的同学们加油！

好歹我知道陈景润能取得如此成就的原因，除了天赋，还有专注和勤奋。

新中国成立初期，厦门地区每晚都有武装民兵彻夜巡逻，有一天，民兵发现了"敌情"：一扇窗户总是诡异地整夜亮着灯，间谍在活动？民兵持枪前去抓捕，破门而入，看到的是"啃书"的陈景润。

有一天早上，中科院数学所的图书管理员开门上班，发现里面竟然有人，是头天下班时，缩在书架间的陈景润没听到下班铃，被锁了一夜。

陈景润的成就被人关注后，人们才知道，他已经在一间没有电的小屋里住了四年，四年里，他在煤油灯下完成的草稿装了几麻袋……

说来说去又绕了回来。世上固然有超级天才，普通人出生后掉在地上，还没回过神来，天才已经能够这样那样了，根本不给普通人竞争的机会，那实在也是没办法。但这样的天纵英才毕竟是极少数，世上多的，还是中智之人，谁又比谁天生聪明多少、蠢多少？智商总在

90以上110以下。剩下的竞争，除了正确的方向和方法外，也就只有"勤奋"两个字了。

我坚定地相信世间没有奇迹。所有的奇迹都是必然，人们只不过看不到"前因"，就把"后果"称为奇迹。蝴蝶飞不过海洋，骑自行车到不了月球，在"三尺冰冻"之前，必有"千日之寒"的积累。

图书馆的书，尤其是大部头或分上下册的，大多都有个特点，前面是旧的，后面比较新，或者上册翻烂了，下册还簇新，果然是"靡不有初，鲜克有终"。同学们也不妨检点下自己的书架，是不是有不少前面翻松、后面簇新的书，前面写了几页的练习册和作业本。

成功的人，大多没有什么技巧，只是把书读到最后一页，题做到最后一道而已。

萨 根
允许狂想

你相信有外星人存在吗？如果有，你愿意跟他们联系和交流吗？为什么？怎么做？还有，如果一个人毕生致力于寻找外星人，你觉得他是疯子还是科学家？卡尔·萨根（Carl Edward Sagan，1934—1996）就是这么一个又像疯子又像超酷科学怪杰的家伙。

萨根的一生，似乎都在不着边际的狂想中度过，最早的胡思乱想始于他八岁时读的一本科幻小说，里面说到外星生命和一种全新文明。小萨根着了迷，立刻向全家人宣布，长大后要当一名天文学家，寻找外星人。

请注意萨根的出生年份。插播一段历史，1929年10月24日是美国载入史册的"黑色星期四"，股市全线暴跌，无数人一生积蓄在几小时内化为乌有。从这一天开始，梦幻般繁荣和经济高速增长的20世纪20年代结束了，美国"带领"整个西方世界滑入经济大萧条（The Great Depression）。

非常值得读的著作《光荣与梦想——1932—1972年美国社会实录》，一

开始就写到大萧条时期的惨状:"千百万人像畜生一样生活,才免于一死。"

直到富兰克林·罗斯福于1933年当选总统并开启"罗斯福新政",形势才从谷底慢慢有了回升和好转的迹象。接着,萨根降生了。

萨根的父亲是第一代移民,在服装厂做裁剪工,辛苦卖命,从经济衰退中九死一生。儿子说要学习天文学,他自然支持并且欢喜,但没忍住,随即就问:可学了天文学找不到工作,没工作你吃什么?

小萨根没想到还有这个问题,深受打击。但学校有个生物老师告诉他,在美国,天文学家就是职业,可以谋生。将信将疑的萨根写了封信,誊抄很多封,寄给所有他能搜罗到地址的天文学家,问生物老师说的是不是真的。居然有很多人给他回了信,肯定地说:"yes!"

有了这样的现身说法和权威支持,萨根再无顾虑,撒开脚丫子奔赴他的梦想。十七岁时,他申请进入芝加哥大学。

经过研究,萨根意识到,能导致生命诞生的元素,并非地球特产。这时候的他已经非常接近他后来开创的那门新学科——地外生物学,而且着手建立起一套生命起源的理论,他以这套理论获得学士学位,之后又一口气读到了博士。

运气不错,萨根读博士期间,正是美苏太空争霸、美国天文学发展最好的时期,他躬逢其盛。苏联抢先发射了人类第一颗人造卫星,接着又是载人飞船上天。美国大受刺激,在最短时间内启动了"阿波罗计划",大张旗鼓地招兵买马。萨根由此因缘进入美国国家宇航局,主持地外生命探索工作。

但好运气总有用尽的一天,萨根很快就遭到了平生第一次大打击。之前,大家相信火星上有生命,因为天文观测发现,火星表面有黑色带纹,其形状和大小随季节变化,跟地球上的植物一样。但1965

年,空间探测器"水手4号"发来的近距离火星表面照片,彻底否定了这一切。那些被误以为是植物春华秋实的规律变化,不过是火星季风的路径,沙尘过处,侵蚀火山岩留下的痕迹。

这件事很快通过现代媒体被民众获知。要知道,宇航局花的是纳税人的钱,民众觉得自己的钱被政府胡乱烧了,岂肯善罢甘休?要求有关部门裁员和削减开支的呼声日高,航天局尤其是地外生命探索部门压力骤增。

对萨根来说,是继续狂想下去,还是放弃探索,这是一个问题。

他决定继续狂想。他坚信科学和幻想的界限并不像人们想象的那么泾渭分明,分明只是因为人类的成见和思维的自我限定。

但他单方面做出选择没用,地外探索工作正面临舆论汹汹,他得扭转这个局面。他以极大的热情投入科普工作,向民众解释为什么和如何"寻找外星人",说服大家允许国家继续拨钱支持他的工作和项目。

1966年,萨根开始了他的艰难探索。他先是与人合作出版了一本科幻小说《星》,描述木星上的美好生活。畅销一时。接着,他通过当时最先进的"可视远程电子媒体"(听起来有很尖端高科技的感觉,其实就是电视机),不断向公众介绍和讲解他想象中的地外生命,推广他的理论,再次获得成功,一个科普节目居然创了收视率纪录。

他在科学探索之外的另一项重要工作——科普并激发人们对科学的热爱——就这样阴差阳错地开启了。

在中国拨乱反正即将进入改革开放的那段时间里,电视机便把萨根打造成家喻户晓的天文明星、《纽约时报》的封面人物。很多美国人因为看了他的节目,重新对地外生命充满探索的好奇。他成了炙手可热的科普明星,是第一届阿西莫夫科普奖获得者,而今天,他被尊为科普领域的"教父"。

无数了不起的科学家，都是因为小时候阅读科幻小说或科学普及读物，产生兴趣，投身科学。但是，却很少有科学家愿意做科普。

一方面，这有点儿像大学教授去教小学生，教授们难免觉得跌份儿，或者大材小用。另一方面，大多数科学家其实做不好科普工作，他们擅长做复杂的运算，写只有同行看得懂的论文，却不知道如何用简洁、平白和生动的语言，给零基础的孩子讲清楚高深的科学知识，以及这些东西哪里有意思。

萨根却可以。他只须把他从八岁开始的奇思妙想、胡思乱想、冥思苦想，自然地说出来，就能迷倒一大片对自然和宇宙充满好奇的人。

他写了很多本小说和科普读物，制作的十三集纪录片《宇宙》倾倒了六十多个国家的观众。灌制星际唱片作为人类对浩瀚宇宙的殷切问候。他用一本《魔鬼出没的世界》，告诉大家怎么分辨科学和伪科学，他最著名的科幻小说是《接触》，《暗淡蓝点》则介绍了人类探索太空的方方面面，所有这些，现在都可以在他的个人网站（http://www.carlsagan.com）上找到。

在科普之余，他也从没停止科学工作，他是天文学与空间科学教授，长期主持康奈尔大学的行星研究室，一直深度参与美国的太空探测，成立了行星学会，太空中第2709号小行星和火星上一个撞击坑，都叫作萨根。

他就这样一边从事科学探索，在茫茫宇宙中捕捉微弱的信息，试图在其他星球上找到生命，让人类不再孤独；一边激发孩子和年轻人对他做的这些工作充满惊奇，愿意加入进来。他两方面的工作都取得了巨大成功，也都坚持做到了生命的最后一刻。

在大家为他举办的六十岁生日聚会上，一个致敬演讲如是说："赫胥黎曾经说：'过了六十岁还从事科学工作的人，他的作用会是弊大于利。'这对我们很多人适用，萨根却是少数的例外。"

早在 1972 年，美国发射"先驱者 10 号"航天飞行器，在完成既定的木星探测任务后，它还可以在茫茫太空中漫无目的地溜达几十年，深入任何未知的太空。萨根决定让这个太空漫步者携带一张地球名片，说不定什么时候，在什么地方，就邂逅了外星人呢？

萨根亲自设计了地球名片，镀金、铝制，上面标明：太阳系和九大行星，我们与银河系脉冲星的距离，可以联系到我们的无线电波长，人类制造的宇宙飞船的形状，还有一男一女两个人的形象。

"先驱者 10 号"，连同这张名片，发射升空后一年半到达木星，完成勘测，然后飞过海王星，飞出了太阳系。在杳无音信之前，它向地球发回一千多亿个信息单位的资料，我们今天课本上美丽的木星照片，就是它拍的。二十五年后，人类停止了与它的联系，宣布它退休。但它或许至今还在太空的某一个角落游荡，向无限远的、人类一无所知的地方发出信号，等待外星的戈多，等待未知的奇迹，等待一份神秘的宇宙缘分。

一切都在可能和不可能之间，而萨根开创的"寻找地外智能生命行动（SETI）"现在还在持续，网址是 http://www.seti-inst.edu 或 http://www.seti.org。这里持续提供 SETI 讲座，相关研究资金支持，你也可以上传一段你想对外星人说的话。

萨根已经去世，但他的狂想留了下来，并将持续下去。也许有一天，你用普通话或你的方言对外星人说的那句"你好"，会收到一声回答："你好，地球人。"

贝 尔
损害和补偿

常有这样的事,你知道一个人是科学家,接着产生了疑惑:科学家怎么会这样?怎么会那样?太不像了,不符合"科学家"的身份。然而,那只是你的看法。从他自己的角度,他只是一个"人",他做人生选择,是基于自己的考量,不会考虑你给他贴上的标签。他对自己的人生负责,而不对你以为他是谁负责。

要明白这个道理,你才能理解乔瑟琳·贝尔(Jocelyn Bell Burnell,1943—)的人生。

1968年2月,《自然》杂志发表的一篇天文学论文震惊了全世界,论文宣称发现了一颗脉冲星,发现者是一个年仅二十五岁的女博士生,她就是贝尔。

贝尔的家乡北爱尔兰的贝尔法斯特附近有座天文台,是她父亲建筑设计的。一颗求知、求学、爱好天文的种子就此种下。父亲和家庭植入她生命的第二颗种子是宗教。她全家都是虔诚的贵格会(Quakers)教徒,这是一个主张直接接受圣灵启示、有点儿神秘的教派。

贝尔的成绩不算好,没有通过升学考试,只得进纽约一所贵格会

寄宿学校。教会学校风气保守，男女分开上课，男生上科学类课程时，女生学烹饪和针线活儿等家务。贝尔求助于父母，才争取到学校的第一次破例，她得以跟男生一起上课。

同样的情况在大学又发生了。她在格拉斯哥大学读物理学专业，全班仅有的几个女生后来都转了专业，只有她坚持到毕业，成了男生堆里一朵花。

毕业后进入剑桥大学研究生院，攻读天文学博士学位，仍然是万绿丛中一点红。

直到今天，女天文学家虽不是绝无仅有，但是仍然是稀有的。这部分是由天文学的学科性质决定的，天文台大多设在偏远的山上，工作时间是深夜，男女一起多有不便，女子单独工作又不安全。架天线、搬仪器之类都是体力活儿，也不适合女性。

天文听起来是很浪漫的"仰望星空"，其实是无比枯燥的工作。望远镜持续地扫描天空，自动记录仪每天吐出三十多米长的图纸，贝尔的工作就是分析这些线条里的信息。在绵绵不断永无止境的曲线中，排除地面的干扰信号（电视、广播无线电波，甚至附近汽车打火系统的信号），分辨出宇宙传来的闪烁又含混的信号。

因为刚开始的速度跟不上，不到三个月，贝尔就积压了三百多米长的图纸来不及分析。神奇的是，即使被数量可怕的图纸淹没，她也没有昏头，而是敏感地注意到一组奇怪的信号。这组"脉冲流"每隔 1.337 秒出现一次，非常有规律。中间因为换了新的记录仪，这组信号一度消失了，导师安东尼·休伊什（Antony Hewish，1924—2021）对此没有留意，他以为贝尔只是发现了一颗普通恒星，现在恒星死了。

但贝尔坚持用一种"认真到近乎迂腐的"态度钻研新仪器和新数

据。很快,她重新捕捉到了信号。

但对于这个神秘脉冲信号的性质,所有人都没法判定。大家甚至猜测这会不会是外星人发来的问询。于是,贝尔将她发现的第一个"小绿人"(Little Green Man,简称LGM,是威尔士一部科幻小说里能进行光合作用的外星人)称为"小绿人1号"。

学校确定这一发现后,曾经私下里开会,半真半假地考虑销毁数据。因为如果科学界相信了这个发现,真的存在地外文明的消息传出去,很难保证没有疯狂的科学家跟外星人联系,从而可能引来对地球的攻击;而如果不被科学界认可(单一信息源的数据确实没有说服力,不足以构成科学结论),那他们就会成为学界的笑话。

贝尔意外地知道了老师们的态度,心理压力巨大。她舍不得自己的发现被"消失",但又说不清楚它是什么和有什么价值。

那是1967年平安夜,学校已放假,第二天是她和男友的订婚仪式。

贝尔晚饭后本来要回家,但想到自己命运未卜的数据,又去了实验室。她熬到凌晨两点,仿佛有神启一般,她再一次捕捉到同样的信号。她欣喜若狂,终于确定自己发现的是一种全新的天体。后来这一天体被命名为脉冲星(Pulsar),一种快速自转的中子星(neutron star)。因为绝大多数脉冲星都是中子星,但中子星不一定是脉冲星,有脉冲的才是脉冲星。

天快亮的时候,贝尔留下关于"小绿人2号"数据的信息,赶回家订婚。这是她作为普通研究生的最后一天。

当时,随着恒星演化研究的深入,科学家们正怀着极大的热情寻找中子星,却从未如愿。而贝尔竟然先后发现了四个,并将信号的周期精准到 1.33730113 秒。这就不难理解消息公布后的轰动了，贝尔一夜成名。

事实上，脉冲星被认为是 20 世纪 60 年代四大天文发现之一。其他三个分别是：类星体、星际有机分子和宇宙 3K 微波辐射。

后来事情的发展却令人错愕和惊疑。发现了新星的学术新星贝尔，毕业后却"消失"了，这在整个科学史上都相当罕见。

原因是她一毕业就依照既定的人生计划结婚了。在那个时代，加上贝尔的宗教观念，她认定女子婚后就要回归家庭。

于是，贝尔婚后随丈夫到处迁居，每到一处，她都在当地的学校找兼职工作，因为各个学校的研究侧重点不同，她的研究便在各领域间变来变去，没有系统，没有中心，也没有大的成就。她还一度计划当全职妈妈。她似乎完全脱离了科学研究。

这固然是贝尔自己的选择，但她博士毕业时，学校没有挽留她，也没有科研单位邀请她，这也是她毕业后就几乎中止科研的原因之一。

之所以会这样，很可能部分地因为导师休伊什。当年在《自然》杂志上发表的论文《快速脉冲射电源的观察报告》，五人署名，导师休伊什"理所当然"排第一。从那时候开始，就有她发现脉冲星之后受到导师排挤的非议，但贝尔一直拒绝说明她毕业前后的详情，世人也就不得而知。

事态发展到爆发点，是 1974 年，诺贝尔物理学奖颁给了"在发现脉冲星过程中的决定性作用"的休伊什，这是第一次有天文学家获诺贝尔奖。

消息一出，在科学界引起轩然大波。很多人提出质疑，认为师生应该共享诺贝尔奖。诺贝尔奖被讽刺为"没有贝尔奖"（no-Bell Prize），休伊什怎么能"偷"学生的成果和奖励？而休伊什面对讨伐，曾公开宣称：贝尔只是学生，在他的指导下研究，成果和荣誉归导师并非无理。

另一种质疑的声音是诺贝尔奖对女性科学家的习惯性漠视。

之前也有类似的情况引发争议，实验物理学家吴健雄于1957年初用实验验证了弱相互作用下的宇称不守恒，当年10月，诺贝尔物理学奖就颁给了理论提出者李政道和杨振宁，而无视理论证明者。

时至今日，"休伊什既没有发现也没有解释脉冲星，他只是申请到了一笔钱，招到了一个好学生"这一论述仍在持续，贝尔终于与诺贝尔奖擦肩而过也成事实。

对于这场诺贝尔科学奖史上最大的争论，贝尔本人倒很平静，她表示诺贝尔奖应该颁给长期从事研究的人，而她不是。之后几十年时间内，她都没有对她的老师发表过任何评论，更无一句恶言。这与她的性格，尤其是严格的宗教信仰和道德约束有关。但毕业后师生俩便再没交集。直到近些年，她才温婉地谈及半个世纪前科学机构的一些"陋习"，比如对学生和女性的成绩不够重视。

不过，人间自有公道，贝尔离开了科学界，科学界却没有忘记她。

1993年，诺贝尔奖颁给普林斯顿大学的天文学家赫尔斯（Russell A. Hulse，1950— ）和小约瑟夫·泰勒（Joseph H. Taylor Jr.，1941— ），因为他们发现并持续二十年精确观测双中子星状态的脉冲星。意味深长的是，赫尔斯是小约瑟夫的研究生，这一次是师生共同获奖。而诺贝尔奖委员会特别邀请贝尔参加了这一颁奖仪式，可以算作诺贝尔奖对她委婉的道歉和"荣誉赔偿"。

时至今日，贝尔还在回应记者关于那场争议的提问，她曾温和地说，这不怪诺贝尔奖委员会，颁奖时他们可能根本不知道她的存在。

贝尔的遭遇，使得年轻研究生和女性科学家长期受到不公正待遇这一问题引起了广泛重视，社会加强了对科研界"弱势群体"学术成果的重视和保护，推动了学术界的公正，可谓功莫大焉。

近年来，获诺贝尔奖的女性明显增多，光2020年，就有三位女性获得诺贝尔奖，这在过去是难以想象的。

而真正让人伤感的是，贝尔选择"放弃"天文学，做一个贤妻良母，最终却没有能够维持住婚姻。她是英国历史上第三个女物理学家，第一个成名的天文学家，现在却是单亲妈妈。

但这未必不是一件好事，离婚后的贝尔谋到了平生第一个固定的全职工作。虽然已经错失从事科研的最好时机，但终于还是重返高校和科研第一线。

而且，贝尔获得了诸多荣誉，包括哈佛大学荣誉博士学位、普林斯顿大学和牛津大学的客座教授，得到女王伊丽莎白二世颁发的勋章并晋升爵士头衔。人们用各种方式对她错失的诺贝尔奖给予补偿，也以此还学界一个公正的科研环境。

自行车
最伟大的发明

《泰晤士报》曾发起一个"二百五十年来英国最伟大的发明"的评选活动,结果在二十项候选项目中,"电"和"接种疫苗"分别列第二、第三名。你能猜出得票数为"电"的三倍的冠军得主吗?

是自行车。

有意思的是,自行车的发明权没法给予任何一个人。在中国,康熙年间有个叫黄履庄的人,造了辆双轮小车,"长三尺余,可坐一人,不须推挽,能自行。行时以手挽轴旁曲拐,则复行如初。随住随挽,日足行八十里",虽然只是野史(《清朝野史大观》)里的记载,而且是孤证,但听起来还是蛮像那么一回事的。

俄国人会说,人类首创木制自行车的是一个俄国农奴,他把这发明献给沙皇亚历山大一世,皇帝一高兴,赦免了他的农奴身份。据说是1801年的事儿。

欧洲人则说,自行车是他们发明的。说来真是话长,首先是1790年,一个法国人在木马下钉了俩轮子,坐上去后两脚在地上蹬,也不省力,也不优雅,但速度比步行快。

晚些时候,德国的卡尔·德莱斯(Karl Drais,1785—1851)想找到一种新的代步工具取代马匹。他用两个木轮一个座、外加一车把,拼成了"双轮跑动机"。名字叫得高大上，其实就是双轮木车。不过这木车不仅能蹬，还可以转弯，速度也不赖，可以用4小时跑完马车15小时的路程。

德莱斯很得意，不仅出版了设计图纸到处宣传，而且先后申请了德国和法国的专利。所以现在大家一般会把自行车的发明权归属在他名下。可见有知识产权意识的，就是不一样。

当然，这话要是说给发明卡拉OK的井上大佑听，只会增加其懊恼和悔恨。

德莱斯那个怪模样的发明最开始备受世人的讥讽，没有哪家厂商愿意生产销售，专利算是白申请了。紧接着，英国铁匠丹尼斯·强生（Dening Johnson）将木制车轮换成铁的。在此之后，作为玩具的自行车（Hobby Horse）渐渐流行，成了一种时尚。

人类总能找到新玩具。18世纪末，热气球在法国风靡一时，现在轮到自行车了。从法国开始，自行车蔓延到欧洲各国，很多地方办起了培训班，教贵族和淑女们如何蹬车，如何拐弯，而且不跌跤。

务实的德国人用自行车取代马车，作为邮差的交通工具。贪玩的法国人却办起了蹬车比赛，竟然盛况空前。这个活动后来因为发生了著名的德雷福斯事件[1]，而演化成著名的环法自行车赛（Le Tour de France）。

1839年，苏格兰工人迈克米伦（Macmillan，1812—1878）完成了比较关键的一步改造，用曲轴和链条驱动后轮，前驱动轮大，后从动轮小。"自行车"才取代"脚蹬车"，终于名实相符了。

---

[1] 法国军官阿尔弗雷德·德雷福斯（Alfred Dreyfus，1859—1935）因为其犹太裔身份遭到诬陷，以叛国罪入狱，引发大规模的营救和反思，知识分子（intellectual）一词也因此诞生。

这带来了又一波流行。骑在高高的车轮上，确实很拉风。问题是，摔下来可够呛。

再之后，法国的婴儿车制造商米肖尔（Michaux）在前轮安上蹬踏方便的脚蹬曲轴，前轮取代后轮成为驱动轮，这就安全多了。他后来成立 Michaux 公司，批量生产自行车。

之后一百多年还有很多人，点点滴滴地改进着这种代步工具。一个人想到在轮子里装上钢丝，另一人把前后轮改成大小一致，一个人调整了链条驱动，另一个人设计了刹车，还有一个人发明橡皮充气轮胎，取代了硬邦邦的铁圈轮。

终于，有了我们今天看到的自行车。

现如今，冰上水上登山自行车、多轮自行车、折叠自行车、电动自行车之类的变种层出不穷。自行车的改进从来没有停止过，扶手从弯的变得平直，轮胎加厚或变窄，材质从铁到钢到各类合金……

另外，自行车上装个马达，就是摩托车；摩托加俩轮子，就是汽车的雏形；汽车包上铁皮，就是装甲车；装甲车装上履带，成了坦克；汽车脱了铁衣和履带，再套上俩翅膀，就有点儿像飞机了……变革和改进无边无际、无穷无尽。

人类很多的文明成果，就是这样由一个个人接力，一步步发展改造来。每个人都踩在前人的肩膀上，每个人都挺直腰板，让后人踩着自己的肩膀站得更高。这样的人梯上，有些人更高大，有些人较微小。可某个微小的人被撤掉，人梯也可能会塌。在人和人的链接网中，每个环节都是一点一滴的进步，对于人类文明的进步都有意义。

每个人都很重要，每个人都能带来变化，谁都没理由妄自菲薄，谁都没理由不承担自己在人类文明梯队上的责任。

在世界不同文明圈，都有人终其一生努力奋斗，做出贡献，但有的是巍峨高峰，有的却成了绝壁孤木。究其原因，个人功绩大小固然有别，更重要的，却是后继有人还是后继乏人。所有的文化昆仑，都不是一人成就的，都有赖于一代又一代人的继承和发扬，从孔丘到释迦牟尼，从苏格拉底到耶稣，莫不如此。

对于读历史惯于只看本纪和帝王家世的人来说，重要人物和重大事件都巍巍峨峨，直插云霄。座座高拔孤峰，就可以构成历史的全貌。哪管山头和山头之间，是雾锁云绕的茫茫虚空。

其实，若守到云开雾散时，便能发现，山峰之间还是山峰，不过有高低之别。高山峰和低山峰之间，也是大陆相连，山都从地面上隆起，没有横空出世平白生在云层中的。人类文明更新、社会进步和科技发展，都像是珊瑚，要很多很多珊瑚死了，在它们尸体的基础上，再由某一个格外幸运的珊瑚，完成最终的造型。

人类很多发明都是"无主"的，轮子没有发明者，却是人类进程中最重要的发明之一。如果说自行车的发明还能找到一批创造者的话，那么轮子可以归功于人类，无数人的才智和奋斗，支撑起人类这个物种在动物界的崛起，延续辉煌文明的更新迭代。

所以，对于人类这个类族来说，每一个人都是一个独立自由的宇宙，每一个人都无比重要，你和我因为基因、时代、个人或运气等各种原因，或许成不了卓绝的历史伟人，但我们可以做自行车和轮子的发明者之一。即使后人不知道我们曾经存在过，但我们在有生之年，没有愧对生命，可以骄傲地说，在人类生生不息的悠远旅程中，我起过正面作用，而不是倒行逆施。

向轮子所有的发明者，致敬！

附 录

吴国盛：science 辞源及其演变[1]

中文"科学"一词是对英文 science 的翻译，用法也基本接近英文 science，即 science 首先默认指 natural science，中文"科学"也默认指"自然科学"。这个用法与法语的 science 比较接近，但与德语的 Wissenschaft 用法不太一样：德语的这个词虽然也译成"科学"，但并不优先地、默认地指称"自然科学"。

所以，英文的 science 含义相对比较狭窄。中文的"科学"继承了这个特点。中国科学社的创始人任鸿隽（1886—1961）早就认识到这一点："科学的定义，既已言人人殊，科学的范围，也是各国不同。德语的 Wissenschaft，包括自然、人文各种学问，如天算、物理、化学、心理、生理以及政治、哲学、语言，各种在内。英文的 science，却偏重于自然科学一方面，如政治学、哲学、语言等平常是不算在科学以内的。"

如果我们的科学溯源只追溯到英文 science 这里，那就太不够了。事实上，虽然英语里早在中世纪晚期就已经有词形上源自拉丁文 scientia 的 science 这个单词，但人们一般不怎么使用它。科学史上的英国大科学家，从哈维、波义耳（1627—1691）、牛顿、卡文迪许，直到 19 世纪的道尔顿，都没有自称也没有被认为是从事 science 研究的，更没有自认为或被称为 scientist（科学家）的。

---

[1] 参见《科学》2015 年第 6 期。

这些后世被尊为伟大科学家的人，当时被称为"自然哲学家"（natural philosopher）或"哲学家"（philosopher），从事的是哲学（philosophy）工作。比如，牛顿的伟大著作标题是"自然哲学的数学原理"，道尔顿的著作标题是"化学哲学的新体系"。英国皇家学会的会刊名字叫《皇家学会哲学学报》（1665年出版）。

从19世纪开始，science一词在英语世界被广泛采用，这一方面可能与法国思想的影响有关。英国历史学家梅尔茨说："只是在大陆的思想和影响在我国占有地盘之后，科学这词才逐渐取代惯常所称的自然哲学或哲学。"

众所周知，科学史上的18世纪后期至19世纪前期是法国人独领风骚的时期，法国的科学名家层出不穷，星光灿烂。梅尔茨认为，法语的science一词从17世纪中期就开始获得像今天一样的用法，即特指"自然科学"。1666年巴黎科学院（Academie des Sciences）创建，其中的science跟今天英文和法文中的science意义相同，均默认是"自然科学"。借着法国科学的巨大影响，法语"科学"（science）一词影响到英语世界，也逐渐启用science一词以取代natural philosophy，这是完全可能的。

science一词在英语世界被广泛采用，另一方面可能与英文单词scientist（科学家）被发明并逐渐被广泛采用有关。1833年，在英国科学促进会的一次会议上，英国科学史家和科学哲学家威廉·休厄尔（1794—1866）仿照artist（艺术家）一词发明了scientist一词，用来指称新兴的像法拉第这样的职业科学家一族。他在1840年出版的《归纳科学的哲学》书中写道："我们往往需要一个名称来一般地描述科学的耕作者。我乐于把他叫作科学家。这样一来，我们可以说，艺术家是音乐家、画家或诗人，科学家是数学家、物理学家或博物学家。"

虽然法拉第本人不喜欢这个词包含的狭隘含义，而更愿意像他的前辈们那样自称"自然哲学家"；虽然直到19世纪后期还有像赫胥黎这样的大科学家不愿意被称为"科学家"，但是，19世纪后半叶自然科学的专业化、职业化已成定局，自然科学从哲学母体中脱离出来独自前行，也是不可抗拒的历史潮流。这个单词的诞生恰逢其时，因此最终还是被人们接受。也正是随着 scientist 一词被接受，science 也开始被广泛采用，以替代从前的 natural philosophy。

如此看来，即使在英语世界，science 的使用也就是一百五十年左右的时间。这一百五十年，正是"现代科学"完成了建制化，从而独立发展的一百五十年。这里所谓"现代科学"是指相对于理性科学的实验科学、经验科学，相对于纯粹科学的应用科学、技术科学（techno-science），相对于"哲学"的狭义"科学"。

但是，如果我们的溯源只追到 science 这里，也就只追溯到一百五十年前，而没有考虑这种独立于理性科学、哲学之外的经验科学、实验科学、技术科学是在何种背景下诞生的。

事实上，语词的变迁总是滞后于观念上的变迁，语词只是固定了先前业已发生的观念变革。从 philosophy 中独立出来的 science，恰恰是从 science 和 philosophy 不分的那种思想传统中孕育出来的。这是一种什么样的思想传统呢？

我们或许可以把这种思想传统称为理知传统（Rational-Intellectual tradition），从用语上说，代表这个理知传统的是希腊文的 episteme 和拉丁文的 scientia。

拉丁文 scientia 是对希腊文 episteme 的直接翻译，它们的意思差强人意可以译成"知识"。但在现代汉语里,除了"知识分子"这个词还有点高度外,"知识"这个词已经被严重泛化、淡化。包括日常经验知识,不管程度有多低,均可称为知识。

episteme 或 scientia 指的不是一般的"知识",而是那些系统的、具有确定性和可靠性的知识。这个意义上的知识,用现代汉语来说,就是高端知识、典范知识,是我们归于"科学"的那些东西。

这样一来,将希腊文的 episteme 和拉丁文的 scientia 译成"科学"又仿佛更合适一些。可是,"科学"在中文语境下,跟英文一样,优先指向现代科学(经验科学、实验科学、技术科学),没有办法凸显出"知识典范"(理想知识)这种一般的意义,尽管许多人认为现代科学就是唯一的知识典范。西方思想史的实情是,即使现代科学可以看成是现代的知识典范,也肯定不是历史上唯一的知识典范,更不要说在许多哲学家看来,它根本就不是现代的知识典范。从这个意义上讲,把 episteme 和 scientia 译成"科学"容易引起混乱。

麻烦在于,现代汉语中"知识"和"科学"两个词并存,以及"科学"一词被优先地特指现代科学。这个麻烦可能来自英语。跟现代汉语一样,英语里既有一个对应于"科学"的词 science,也有一个对应于"知识"的词 knowledge。它们其实都来自拉丁文 scientia。我们中国人耳熟能详的弗朗西斯·培根的名言"知识就是力量",其拉丁文就是 scientia potentia est,英文译成 knowledge is power。这里的 scientia 从英文被译成了中文"知识"。如果按照中文的字面意思来理解,"知识就是力量"仿佛是在表达中国式的"知识有用"的实用主义思想,但是,在西方语境下,这个短语的意思应该理解为,自希腊以来西方学人孜孜以求的那种高端知识,本身就是一种改造世界的物质力量和政治权力。

所幸德文 Wissenschaft 保留了 episteme 和 scientia 的完整意义，是这两个古典术语的现代忠实译名。它并不优先地指向"自然科学"，但也没有像汉语的"知识"那样被泛化、淡化到包括普通经验。相反，在德语学术语境中，经常会有"哲学何以成为严格意义上的科学""化学还不是严格意义上的科学"之类的说法。episteme、scientia、Wissenschaft 表达的是对事物系统的理性探究，是确定性、可靠性知识的体系。它们是西方思想传统中历史最悠久、影响最深远的"科学"传统。

这个意义上的"科学"，在古代希腊，包括数学和哲学两大科目；在中世纪，加上了神学；在近代，又加上近代科学，也即英语和法语中的 science。近代科学吸纳了数学，取代了自然哲学，成为"科学"家族中的新兴大户，但它仍然属于整个西方科学传统或者理知传统。

西方"科学"词汇、科目变迁简表

时代	词汇	分支科目
古希腊	Episteme	数学+哲学
中世纪	Scientia	神学+数学+哲学
近代	Wissenschaft（德）	科学+哲学

表中近代一栏中出现的"科学"在法国称为 science，在德国称为 exacte Wissenschaft（精确科学），在英国先是称为 natural philosophy，后来，差不多到 19 世纪中期，称为 science。

由于语言习惯的这些差异，讲英语的人往往会说，科学过去是哲学的一部分，但后来从哲学中独立出来了；而讲德语的人往往会说，哲学是科学的一个组成部分;有些德国哲学家还会说,哲学是最接近真正科学、严格科学的那一部分。

我们通过辞源考辨给出了西方科学的两个传统,一个是历史悠久的理知传统,一个是近代出现的数理实验科学传统。很显然,前一个传统是大传统,后一个是小传统;前一个是西方之所以是西方,是西方区别于非西方文化的大传统,后一个是西方近代区别于西方古代的小传统。毫无问题,后一个小传统仍然属于前一个大传统。为了理解来自西方的科学,我们须要理解这两个传统。